柏楊精選集

柏楊精選集㊲
醜陋的中國人

作　　者——柏　楊
責任編輯——游奇惠
發 行 人——王榮文
出版發行——遠流出版事業股份有限公司
臺北市 104005 中山北路 1 段 11 號 13 樓
電話／2571-0297　　傳真／2571-0197
郵撥／0189456-1
著作權顧問——蕭雄淋律師
2008 年 5 月 14 日　初版一刷
2022 年 1 月 16 日　初版三十八刷
售價新台幣 300 元（缺頁或破損的書，請寄回更換）

ISBN 978-957-32-6315-9
YLib 遠流博識網
http://www.ylib.com　　e-mail: ylib@ylib.com

醜陋的中國人

醬缸國醫生和病人（代序）

話說，從前，有個「醬缸國」，醬缸國裏每天最大的事就是辯論他們是不是醬缸國，而最熱鬧的事就是醫生和病人的爭執，結果當然是醫生大敗，大概情形是這樣的——

病人：我下個月就要結婚了，大擺筵席，你可要賞光駕臨，作我的上賓。我的病化驗的結果如何？

醫生：對不起，我恐怕要報告你一個壞消息，化驗的結果就在這裏，恐怕是三期肺病，第一個是咳嗽……

病人：怪了，你說我咳嗽，你剛才還不是咳嗽，爲什麼不是肺病？

醫生：我的咳嗽跟你的不一樣。

病人：有什麼不一樣？你有錢、有學問，上過大學堂，喝過亞馬遜河的水，血統高人一等，是不是？

醫生：不能這麼說，還有半夜發燒……

病人：不能這麼說，要怎麼才能稱你的心、如你的意？半夜發燒，我家那個電扇，用到半夜能把手燙出泡，難道它得了三期肺病！

醫生（委屈解釋）：吐血也是症候之一。

病人：我家隔壁是個牙醫，去看牙的人都被他搞得吐血，難道他們也都得了三期肺病！

醫生：那當然不是，而是綜合起來……

病人：好吧，退一萬步說，即令是肺病，又是七八期肺病，又有什麼關係？值得你大呼小叫！外國人還不照樣得肺病？爲什麼你單指着鼻子說我。我下個月結婚，誰不知道，難道你不能說些鼓勵的話，爲什麼要打擊我？我跟你有什麼怨？有什麼仇？你要拆散我們？

醫生：你誤會了我的意思，我只是說……

病人：我一點也不誤會，我一眼就看穿了你的肺腑，你幼年喪母，沒有家庭溫暖，中年又因強姦案和謀財害命，坐了大牢，對公平的法律制裁，充滿了仇恨，所以看不得別人幸福，看不得國家民族享有榮耀。

醫生：我們應該就事論事……

病人：我正是在就事論事，坦白告訴我，你當初殺人時，是怎麼下得手的，何況那老太太又有恩於你。

醫生（有點恐慌）：診斷書根據你血液、唾液的化驗，我不是平空說話。

病人：你當然不是平空說話，就等於你當初的刀子，不會平空插到那老太太胸膛上一樣。你對進步愛國人士的侮辱已經夠了，你一心一意恨你的同胞，說他們都得了三期肺病，你不覺得可恥？

醫生：老哥，我只是愛你，希望你早日康復，才直言提醒，並沒有惡意。

病人（冷笑兼咳嗽）：你是一個血淋淋的劊子手，有良心的愛國人士會聯合起來，阻止你在「愛」的障眼法下，進行對祖國的謀殺。

醫生：我根據的都是化驗報告，像唾液，那是天竺國大學化驗……

病人：崇洋媚外、崇洋媚外，你這個喪失民族自尊心的下流胚、賤骨頭，我嚴肅的警告你，你要付出崇洋媚外的代價。

醫生（膽大起來）：不要亂扯、不要躲避，不要用鬥臭代替說理，我過去的事和主題有什麼關係？我們的主題是：「你有沒有肺病」？

病人：看你這個「醜陋的中國人」模樣，嗓門這麼大，從你的歷史背景，可看出你的惡毒心腸，怎麼說沒有關係？中國就壞在你們這種人手上，使外國人認爲中國人全害了三期肺病，因而看不起我們。對你這種吃裏扒外的頭號漢奸，天理不容！錦衣衛（努力咳嗽），拿下！

當然不一定非錦衣衛拿下不可（柏楊先生就被拿下過一次），有時候是亂棒打出，有時候是口誅筆伐。

一九八五・七・二三・台北

《醜陋的中國人》目錄

【下輯・怒濤拍岸】

【上輯・沉痛出擊】

醜陋的中國人

本文是柏楊於一九八四年九月二十四日在美國愛荷華大學講辭，呂嘉行記錄。

多少年以來，我一直想寫一本書，叫《醜陋的中國人》。我記得美國有一本《醜陋的美國人》，寫出來之後，美國國務院拿來做爲他們行動的參考。日本人也寫了一本《醜陋的日本人》，作者是駐阿根廷的大使，他閣下卻被撤職，這大概就是東方和西方的不同。中國比起日本，好像又差一級，假定我把這本書寫出來的話，可能要麻煩各位去監獄給我送飯，所以我始終沒有寫。但是我一直想找個機會，把它作一個口頭報告，請教於全國各階層朋友。不過作一個口頭報告也不簡單，在台北，請我講演的人，一聽說要講這個題目，就立刻不請我了。所以，今天是我有生以來，第一次用「醜陋的中國人」講演，我感到非常高興，感謝各位給我這個機會。

有一次，台中東海大學請我演講，我告訴他們這個題目，我問同學會會長：「會不會有問題？」他說：「怎麼會有問題？」我對他說：「你去訓導處打聽一下，因爲我這個人本來就被當作問題人物，又講一個問題題目，那可是雙料。」跟訓導處談過之後，他打電話到台北來說：「問題是沒有的，不過題目是不是可以改一改？訓導處認爲題目難聽。」接着把他擬定的一個很長的冠冕堂皇的題目告訴我，他問：「同意不同意？」我說：「當然不同意，不過你一定要改，只好就改！」那是我第一次講有關「醜陋的中國人」。我對他說：「希望我講的時候能做個錄音，以後我就可以把它改寫成一篇文章。」他慷慨承諾。結果講過之後，把錄音帶寄來，只有開頭的幾句話，以後就沒有了聲音。

今年我六十五歲，台北的朋友在三月七日給我做了一個生日，我對他們說：「我活了六十五歲，全是艱難的歲月！」我的意思是：不僅僅我個人艱難，而是所有的中國人都艱難。在座的朋友都很年輕，尤其是來自台灣的朋友們，多數擁有富裕的經濟環境，同你們談「艱難」，你們既不愛聽，也不相信，更不了解。我所談的艱難，不是個人問題，也不是政治問題，而是超出個人之外的，超出政治層面的整個中國人問題。不僅僅是一個人經歷了患難，不僅僅是我這一代經歷了患難。假使我們對這個患難沒有了解，對這個有毒素的文化沒有了解，那麼我們的災禍還會再度發生，永遠無盡無期。

在泰國考伊蘭難民營中的難民，百分之九十是從越南、柬埔寨、寮國被驅逐出來的中國人（我們所講的「中國人」不是國籍的意思，而是指血統或文化）。有一位中國文化大學華僑研究所的女學生，是派到泰國爲難民服務的服務團的一員，到了那裏幾天之後，不能忍受，哭着回來。她說：「那種慘狀我看不下去。」後來我到了泰國，發現中國難民的處境使人落淚。好比說：中國人不可以有私有財產，而且不能有商業行爲，假使你的衣服破了，鄰居太太替你縫兩針，你給她半碗米作爲回報，這就是商業行爲，然後泰國士兵會逼着那位太太全身脫光，走到裁判所，問她：「妳爲什麼做這種違法的事情？」這只是一件很輕微的侮辱，我除了難過和憤怒外，只有一個感慨——中國人造了什麼孽？爲什麼受到這種待遇？

前年，我同我太太從巴黎的地下鐵出來，看到一個賣首飾的攤子，賣主是一個東方面孔的中年婦女，我同我太太一面挑，一面講，賣主忽然用中國話向我們解釋，我們覺得很親切，問她：「妳怎麼會講中國話？」她說：「我是中國人，從越南逃出來的。」他就住在考伊蘭難民營，一面說，一面嗚咽，我只好安慰她：「至少現在還好，沒有挨餓。」在告辭轉身時，聽到她嘆了一口氣：「唉！做一個中國人好羞愧！」我對這一聲嘆息，一生不忘。

十九世紀的南洋群島，就是現在的東南亞，那時還是英國和荷蘭的屬地，有一個英國駐馬來西亞的專員說：「做十九世紀的中國人是一個災難。」因爲他看到中國人在南洋群島像豬仔一樣，無知無識，自生自滅，而且隨時會受到屠殺。我覺得，二十世紀的中國人比十九世紀的中國人，災難更大。最使我們痛苦的是，一百年來，中國人的每一個盼望，幾乎全部歸於幻滅。來了一個盼望，以爲中國會從此好起來，結果不但使我們失望，反而更壞。再來一個盼望，而又是一個幻滅，又是一個失望，又是一個更壞。一而再，再而三。民族固然是長遠的，個人的生命卻是有限。人生能有幾個大的盼望？人生能有幾個大的理想，經得起破滅？展望前途，到底是光明的？還是不光明的？眞是一言難盡。四年前，我在紐約講演，講到感慨的地方，一個人站起來說：「你從台灣來，應該告訴我們希望，應該鼓舞我們民心，想不到你卻打擊我們。」一個人當然需要鼓勵，問題是，鼓勵起來之後怎麼辦？我從小就受到鼓勵，五、六歲的時候，大人就對我說：「中國的前途就看你們這一代了！」我想我的責任太大，負擔不起。後來我告訴我的兒子：「中國的前途就看你們這一代了！」現在，兒子又告訴孫子：「中國的前途就看你們這一代了！」一代復一代，一代何其多？到哪一代才能夠好起來？

在中國廣大的大陸上，「反右」之後接着又來一個「文化大革命」，天翻地覆，自人類有歷史以來，還沒有遇到過這麼大的一場人造浩劫，不僅是生命的損失，最大的損失是對人性的摧殘，和對高貴品德的摧殘。人如果離開了人性和高貴的品德，就跟禽獸毫無區別。十年浩劫，使許多人都成了禽獸。這樣一個民族，品質墮落到這種地步，怎麼能夠站得起來？

在馬來西亞，華人佔百分之三十幾，有次我去博物館參觀，裏面有馬來文，有英文，就是沒有華文。這不是說有華文就好，沒有華文就不好，那是另外一個問題。這個現象一方面說明，馬來人的心胸不夠寬廣，另一方面，也說明華人沒有力量，沒有地位，沒有受到尊重。泰國的華人說：「我們掌握了泰國稻米的命脈。」不要自己安慰自己，一個法令下來，你什麼都沒有了。

現在，大家談論最多的是香港，任何一個國家，她的土地被外國搶走，都是一種羞恥。等到收復它的時候，就像失去的孩子一樣，回到母親的懷抱，雙方都非常歡喜。各位都知道，法國將阿爾薩斯、洛林兩個省割給德國的事情，當它們喪失的時候，是多麼痛苦，它們回歸的時候，又是多麼快樂。可是我們的香港，一聽說要回歸祖國，立刻嚇得魂飛魄散。這是怎麼一回事？至於我們在台灣，有些台灣省籍的青年和有些外省籍的青年，主張台灣獨立。想當年，三十年前，當台灣回歸祖國的時候，大家高興得如癡如狂，眞是像一個迷路的孩子，回到母親的懷抱一樣。三十年之後，爲什麼產生了要離家出走的想法？賽浦路斯，一邊是土耳其人，一邊是希臘人，根本是兩碼子事；言語不一樣，種族不一樣，宗教不一樣，什麼都不一樣，土耳其人可以這樣做。而我們，同一個血統，同一個長相，同一個祖先，同一種文化，同一種文字，同一種語言，只不過住的地域不同而已，怎麼會有這種現象？

這種種事情，使得做爲一個中國人，不但艱難，而且羞辱、痛苦。就是身在美國的中國人，你不曉得他是怎麼一回事，左、右、中、獨、中偏左、左偏中、中偏右、右偏中等等，簡直沒有共同語言。互相把對方當作殺父之仇，這算是一個什麼樣的民族？這算是一個什麼樣的國家？世界上沒有一個國家像中國那麼歷史悠久，沒有一個國家有我們這樣一脈相傳的文化，而且這個文化曾經達到高度的文明。現代的希臘人跟從前的希臘人無關，現代的埃及人跟從前的埃及人無關，而現代的中國人卻是古中國人的後裔，爲什麼這樣一個龐大的國家，這樣一個龐大的民族，落到今天這種醜陋的地步？不但受外國人欺負，更受自己人欺負——受暴君、暴官、暴民的欺負。有時候我在外國公園裏停一下，看到外國小孩，他們是那麼快樂，我從內心產生羨慕。他們沒有負擔，他們的前途坦蕩，心理健康，充滿歡愉。我們台灣的孩子，到學校去唸書，戴上近視眼鏡，爲了應付功課的壓力，六親不認。他母親昏倒在地，他去扶她，母親悲愴的喊：「我死了算了，管我幹什麼？你用功罷！你用功罷！」我太太在教書的時候，偶爾談到題外做人的話，學生馬上就抗議：「我們不要學做人，我們要學應付考試。」再看大陸上的一些孩子，從小就要鬥，就要詐欺，就要練習出賣朋友同志，就要滿口謊言，多可怕的教育，我們要靠下一代，下一代卻是這種樣子。

我在台灣三十多年，寫小說十年，寫雜文十年，坐牢十年，現在將是寫歷史十年，平均分配。爲什麼我不寫小說了？我覺得寫小說比較間接，要透過一個形式，一些人物，所以我改寫雜文。雜文像匕首一樣，可以直接插入罪惡的心臟。雜文就好像一個人坐在司機的旁邊，一直提醒司機，你已經開錯了，應該左轉，應該右轉，應該靠邊走，不應該在雙黃線上超車，前面有橋，應該放緩油門，前面有一個十字路口，有紅燈等等。不停的提醒，不停的叫，叫多了以後就被關進大牢。掌握權柄的人認爲：只要沒有人指出他的錯誤，他就永遠沒有錯誤。

我自己在牢房裏沉思，我爲什麼坐牢？我犯了什麼罪？犯了什麼法？出獄之後，我更不斷的探討，像我這樣的遭遇，是不是一個變態的、特殊的例子？我到愛荷華，正式和大陸的作家在一起，使我發現，像我這種人，上帝注定要我坐牢，不在台灣坐牢，就在大陸坐牢。他們同我講：「你這個脾氣，到不了紅衛兵，到不了文化大革命，反右就把你反掉了。」爲什麼一個中國人，稍微膽大心粗一點，稍微講一點點實話，就要遭到這種命運？我遇到很多在大陸坐過牢的人，我問他們：「你爲什麼坐牢？」他們說：「講了幾句實話。」就是這樣。爲什麼講了幾句實話就會遭到這樣的命運？我認爲這不是個人的問題，而是中國文化的問題。前幾天，有位從北京來的「全國作家協會」的黨書記，我同他談，把我氣得講不出話來。我覺得我吵架還滿有本領，可是那一次眞把我一棍子打悶了。但不能怪他，甚至於在台北關我的特務，都不能責備，換了各位，在那個環境之中，納入那種軌道之後，也可能會有那樣的反應，因爲你覺得做得是對的。我也會那樣做，因爲我認爲我做得是對的，甚至可能比他們更壞。常聽到有人說：「你的前途操在自己手裏。」我年紀大了之後，覺得這話很有問題，事實上是，一半操在自己之手，一半操在別人之手。

一個人生活在世上，就好像水泥攪拌器裏的石子一樣，運轉起來之後，身不由主。使我們感覺到，不是某一個人的問題，而是社會問題，而是文化問題。耶穌臨死的時候說：「寬容他們！他們做的他們不知道。」年輕時候讀這句話，覺得稀鬆平常，長大之後，也覺得這句話沒有力量。但是到了我現在這個年齡，才發現這句話多麼深奧、多麼痛心。使我想到我們中國人，成了今天這個樣子，我們的醜陋，來自於我們不知道我們醜陋。我到愛荷華，因爲中華民國跟美國沒有邦交，我們夫婦的經費是由愛荷華大學出一半，再由私人捐助一半，捐助一半的是愛荷華燕京飯店老闆，一位從沒有回過中國的中國人裴竹章先生，我們從前沒見過面，捐了一個這麼大的數目，使我感動。他和我談話，他說：「我在沒有看你的書之前，我覺得中國人了不起，看了你的書之後，才覺得不是那麼一回事，所以說，我想請你當面指教。」

裴竹章先生在發現我們文化有問題後，深思到是不是我們中國人的品質有問題？我第一次出國時，孫觀漢先生跟我講：「你回國之後，不准講一句話——唉！中國人到哪裏都是中國人。」我說：「好，我不講。」回國之後，他問我：「你覺得怎麼樣？」我說：「還是不准講的那句話——中國人到哪裏都是中國人。」他希望我不要講這句話，是他希望中國人經過若干年後，有所改變，想不到並沒有變。是不是我們中國人的品質眞的有了問題？是不是上帝造我們中國人的時候，就賦給我們一個醜陋的內心？我想不應是品質問題，這不是自我安慰，中國人可是世界上最聰明的民族之一，在美國各大學考前幾名的，往往是中國人，許多大科學家，包括中國原子科學之父孫觀漢先生，諾貝爾獎金得主楊振寧、李政道先生，都是第一流的頭腦。中國人並不是品質不好，中國人的品質足可以使中國走到一個很健康、很快樂的境界，我們有資格做到這一點，我們有理由相信中國會成為一個很好的國家。但我們不必整天要我們的國家強大，國家不強大有什麼關係？只要人民幸福。在人民幸福了之後，再去追求強大不遲。我想我們中國人有高貴的品質。但是為什麼幾百年以來，始終不能使中國人脫離苦難？什麼原因？

我想冒昧的提出一個綜合性的答案，那就是，中國傳統文化中有一種濾過性病毒，使我們子子孫孫受了感染，到今天都不能痊癒。有人說：「自己不爭氣，卻怪祖先。」這話有一個大漏洞。記得易卜生有一齣名劇（按，《群鬼》），有梅毒的父母，生出個梅毒的兒子，每次兒子病發的時候，都要吃藥，有一次，兒子憤怒的說：「我不要這個藥，我寧願死，你看你給我一個什麼樣的身體?」這能怪他而不怪他的父母?我們不是怪我們的父母,我們不是怪我們的祖先,假定我們要怪的話,我們要怪我們的祖先給我們留下什麼樣的文化?這麼一個龐大的國度,擁有全世界四分之一人口的一個龐大民族,卻陷入貧窮、愚昧、鬥爭、血腥等等的流沙之中,難以自拔。我看到別的國家人與人之間的相處,心裏充滿了羨慕。這樣的一個傳統文化,產生了現在這樣的一個現象,使我們中國人具備了很多種可怕的特徵。

最明顯的特徵之一就是髒、亂、吵。台北曾經一度反髒亂,結果反了幾天也不再反了。我們的廚房髒亂,我們的家庭髒亂。有很多地方,中國人一去,別人就搬走了。我有一個小朋友,國立政治大學畢業的,嫁給一個法國人,住在巴黎,許多朋友到歐洲旅行,都在她家打過地舖。她跟我說:「她住的那棟樓裏,法國人都搬走了,東方人都搬來了。」(東方人的意思,有時候是指整個東方,有時候專指中國人。)我聽了很難過,可是隨便看看,到處是冰淇淋盒子、拖鞋;小孩子到處跑,到處亂畫,空氣裏有潮濕的霉味。我問:「你們不能弄乾淨嗎?」她說:「不能。」不但外國人覺得我們髒,我們亂,經過這麼樣提醒之後,我們自己也覺得我們髒、我們亂。至於吵,中國人的嗓門之大,眞是天下無雙,尤以廣東老鄉的嗓門最爲叫座。有個發生在美國的笑話:兩個廣東人在那裏講悄悄話,美國人認爲他們就要打架,急撥電話報案,警察來了,問他們在幹什麼?他們說:「我們正耳語。」

爲什麼中國人聲音大?因爲沒有安全感,所以中國人嗓門特高,覺得聲音大就是理大,只要聲音大、嗓門高,理都跑到我這裏來了,要不然我怎麼會那麼氣憤?我想這幾點足夠使中國人的形象受到破壞，使我們的內心不能平安，因爲吵、髒、亂，自然會影響內心，窗明几淨和又髒又亂，是兩個完全不一樣的世界。

至於中國人的窩裏鬥，可是天下聞名的中國人的重要特性。每一個單獨的日本人，看起來都像一條豬，可是三個日本人加起來就是一條龍，日本人的團隊精神使日本所向無敵！中國人打仗打不過日本人，做生意也做不過日本人，就在台北，三個日本人做生意，好，這次是你的，下次是我的。中國人做生意，就顯現出中國人的醜陋程度，你賣五十，我賣四十，你賣三十，我賣二十。所以說，每一個中國人都是一條龍，中國人講起話來頭頭是道，上可以把太陽一口氣吹滅，下可以治國平天下。中國人在單獨一個位置上，譬如在研究室裏，在考場上，在不需要有人際關係的情況下，他可以有了不起的發展。但是三個中國人加在一起——三條龍加在一起，就成了一條豬、一條蟲，甚至連蟲都不如。因爲中國人最拿手的是內鬥。有中國人的地方就有內鬥，中國人永遠不團結，似乎中國人身上缺少團結的細胞，所以外國人批評中國人不知道團結，我只好說：「你知道中國人不團結是什麼意思？是上帝的意思！因爲中國有十億人口，團結起來，萬眾一心，你受得了？是上帝可憐你們，才教中國人不團結。」我一面講，一面痛徹心腑。

中國人不但不團結，反而有不團結的充份理由，每一個人都可以把這個理由寫成一本書。各位在美國看得最清楚，最好的標本就在眼前，任何一個華人社會，至少分成三百六十五派，互相想把對方置於死地。中國有一句話：「一個和尚擔水吃，兩個和尚抬水吃，三個和尙沒水吃。」人多有什麼用?中國人在內心上根本就不了解合作的重要性。可是你說他不了解，他可以寫一本團結重要的書給你看看。我上次（一九八一）來美國，住在一個在大學教書的朋友家裏，談得頭頭是道，天文地理，怎麼樣救國等等，第二天我說：「我要到張三那兒去一下。」他一聽是張三，就眼冒不屑的火光，我說：「你送我去一下吧!」他說：「我不送，你自己去好了。」都在美國學校教書，都是從一個家鄉來的，竟不能互相容忍，那還講什麼理性?所以中國人的窩裏鬥，是一項嚴重的特徵。

各位在美國更容易體會到這一點，凡是整中國人最厲害的，不是外國人，而是中國人。凡是出賣中國人的，也不是外國人，而是中國人。凡是陷害中國人的，不是外國人，而是中國人。在馬來西亞就有這樣的一個故事：有一個朋友住在那兒開礦，一下子被告了，告得很嚴重，追查之下，告他的原來是個老朋友，一塊從中國來的，在一起打天下的。朋友質問他怎麼做出這種下流的事?那人說：「一塊兒打天下是一塊兒打天下，你現在高樓大廈，我現在搞的沒辦法，我不告你告誰?」所以搞中國人的還是中國人。譬如說，在美國這麼大的一個國度，滄海一粟，怎麼會有人知道你是非法入境?有人告你麼!誰告你?就是你身邊的朋友，就是中國人告你。

有許多朋友同我說：如果頂頭上司是中國人時，你可要特別注意，特別小心，他不但不會提升你，裁員時還會先開除你，因爲他要「表示」他大公無私，所以我們怎麼能跟猶太人比?我常聽人說：「我們同猶太人一樣，那麼勤勞。」我覺得這話應該分兩部份來講，一個是，中國人的勤勞美德，在大陸已被四人幫整個破壞。幾千年下來，中國唯一最重要的美德——勤勞，現在已不存在。第二，我們拿什麼來跟猶太人比？像報紙上說的：以色列國會裏吵起來了，不得了啦，三個人有三個意見。但是，卻故意抹殺一件事情，一旦決定了之後，卻是一個方向，雖然吵得一塌糊塗，外面還在打仗，敵人四面包圍，仍照舊舉行選舉！各位都明白，選舉的意義是必須有一個反對黨，沒有反對黨的選舉，不過是一台三流的野台戲。在我們中國，三個人同樣有三個意見，可是，跟以色列不一樣的是，中國人在決定了之後，卻是三個方向。好比說今天有人提議到紐約，有人提議到舊金山，表決決定到紐約。如果是以色列人，他們會去紐約。如果是中國人，哼，你們去紐約，我有我的自由，我還是去舊金山。我在英國影片中，看見一些小孩子在爭，有的要爬樹，有的要游泳，鬧了一陣子之後決定表決，表決通過爬樹，於是大家都去爬樹。我對這個行爲有深刻的印象，因爲民主不是形式，而是生活的一部份。我們的民主是「以示民主」，投票的時候，大官還要照個相，表示他降貴紆尊，民主並沒有成爲他生活的一部份，只成爲他表演的一部份。

中國人的不能團結，中國人的窩裏鬥，是中國人的劣根性。這不是中國人的品質不夠好，而是中國的文化中，有濾過性的病毒，使我們到時候非顯現出來不可，使我們的行爲不能自我控制！明明知道這是窩裏鬥，還是要窩裏鬥。鍋砸了大家都吃不成飯，天塌下來有個子高的可以頂。因爲這種窩裏鬥的哲學，使我們中國人產生了一種很特殊的行爲——死不認錯。各位有沒有聽到中國人認過錯？假如你聽到中國人說：「這件事我錯了。」你就應該爲我們國家民族額手稱慶。我女兒小的時候，有一次我打了她，結果是我錯怪了她，她哭得很厲害，我心裏很難過，我覺得她是幼小無助的，她只能靠父母，而父母突然翻臉，是多麼可怕的一件事。我抱起她來，我說：「對不起，爸爸錯了，爸爸錯了，我保證以後不再犯，好女兒，原諒爸爸。」她很久很久以後才不哭。這件事情過去之後，我心裏一直很痛苦，但是我又感到無限驕傲，因爲我向我的女兒承認自己錯誤。

中國人不習慣認錯，反而有一萬個理由，掩蓋自己的錯誤。有一句俗話：「閉門思過。」思誰的過？思對方的過！我教書的時候，學生寫週記，檢討一週的行爲，檢討的結果是：「今天我被某某騙了，騙我的那個人，我對他這麼好，那麼好，只因爲我太忠厚。」看了對方的檢討，也是說他太忠厚。每個人檢討都覺得自己太忠厚，那麼誰不忠厚呢？不能夠認錯是因爲中國人喪失了認錯的能力。我們雖然不認錯，錯還是存在，並不是不認錯就沒有錯。爲了掩飾一個錯，中國人就不能不用很大的力氣，再製造更多的錯，來證明第一個錯並不是錯。所以說，中國人喜歡講大話，喜歡講空話，喜歡講假話，喜歡講謊話，更喜歡講毒話——惡毒的話。不斷誇張我們中華民族大漢天聲，不斷誇張中國傳統文化可以宏揚世界。因爲不能兌現的緣故，全都是大話、空話。我不再舉假話、謊話的例子，但中國人的毒話，卻十分突出，連閨房之內，都跟外國人不同，外國夫妻暱稱「蜜糖」「打鈴」，中國人卻冒出：「殺千刀的」，一旦涉及政治立場或爭權奪利的場合，毒話就更無限上綱，使人覺得中國人爲什麼這麼惡毒、下流？

我有位寫武俠小說的朋友，後來改行做生意，有次碰到他，問他做生意可發了財？他說：「發什麼財？現在就要上吊！」我問他為什麼賠了？他說：「你不曉得，和商人在一起，同他講了半天，你還是不知道他主要的意思是什麼。」很多外國朋友對我說：「和中國人交往很難，說了半天不曉得他心裏什麼想法。」我說：「這有什麼稀奇，不要說你們洋人，就中國人和中國人來往，都不知道對方心裏想的什麼。」要察言觀色，轉彎抹角，問他說：「吃過飯沒有？」他說：「吃了！」其實沒有吃，肚子還在叫。譬如說選舉，洋人的作風是：「我覺得我合適，請大家選我。」中國人卻是諸葛亮式的：即令有人請他，他也一再推辭：「唉！我不行啊！我哪裏夠資格？」其實你不請他的話，他恨你一輩子。好比這次請我講演，我說：「不行吧！我不善於講話呀！」可是眞不請我的話，說不定以後台北見面，我會飛一塊磚頭報你不請我之仇。一個民族如果都是這樣，會使我們的錯誤永遠不能改正。往往用十個錯誤來掩飾一個錯誤，再用一百個錯誤來掩飾十個錯誤。

有一次我去台中看一位英國教授，有一位也在那個大學教書的老朋友，跑來看我，他說：「晚上到我那兒去吃飯。」我說：「對不起，我還有約。」他說：「不行，一定要來！」我說：「好吧！到時候再說。」他說：「一定來，再見！」我們中國人心裏有數，可是洋人不明白，辦完事之後，到了吃晚飯的時候，我說：「我要回去了！」英國教授說：「哎！你剛才不是和某教授約好了的嗎？要到他家去啊！」我說：「哪有這回事？」他說：「他一定把飯煮好了等你。」外國人就不懂中國人這種心口不一的這一套。

這種種情形，使中國人生下來就有很沉重的負擔，每天都要去揣摩別人的意思，如果是平輩朋友，還沒有關係。如果他有權勢，如果他是大官，如果他有錢，而你又必須跟他接近，你就要時時刻刻琢磨他到底在想什麼？這些都是精神浪費。所以說，有句俗話：「在中國做事容易，做人難。」「做人」就是軟體文化，各位在國外住久了，回國之後就會體會到這句話的壓力。做事容易，二加二就是四，可是做人就難了，二加二可能是五，可能是一，可能是八百五十三，你以爲你講了實話，別人以爲你是攻擊——你難道要顛覆政府呀？這是一個嚴重的課題，使我們永遠在一些大話、空話、假話、謊話、毒話中打轉。我有一個最大的本領，開任何會議時，我都可以坐在那裏睡覺，睡醒一覺之後，會也就結束。爲什麼呢？開會時大家講的都是連他自己都不相信的話，聽不聽都一樣。不只台灣如此，大陸尤其嚴重。今年（一九八四）參加國際作家寫作計畫的一位大陸著名女作家諶容，寫了一篇小說〈眞眞假假〉，推薦給各位，務請拜讀。環境使我們說謊，使我們不能誠實。我們至少應該覺得，壞事是一件壞事，一旦壞事被我們認爲是一件榮耀的事，認爲是無所謂的事的話，這個民族的軟體文化就開始下降。好比說偷東西被認爲是無所謂的事，不是不光榮的事，甚至是光榮的事，這就造成一個危機，而我們中國人正面對這個危機。

因爲中國人不斷的掩飾自己的錯誤，不斷的講大話、空話、假話、謊話、毒話，中國人的心靈遂完全封閉，不能開闊。中國的面積這麼大，文化這麼久遠，泱泱大國，中國人應該有一個什麼樣的心胸？應該是泱泱大國的心胸。可是我們泱泱大國民的心胸只能在書上看到，只能在電視上看到。你們看過哪一個中國人有泱泱大國民的胸襟？只要瞪他一眼，馬上動刀子。你和他意見不同試一試？洋人可以打一架之後回來握握手，中國人打一架可是一百年的仇恨，三代都報不完的仇恨！爲什麼我們缺少海洋般的包容性？

沒有包容性的性格，如此這般狹窄的心胸，造成中國人兩個極端，不夠平衡。一方面是絕對的自卑，一方面是絕對的自傲。自卑的時候，成了奴才；自傲的時候，成了主人！獨獨的，沒有自尊。自卑的時候覺得自己是團狗屎，和權勢走得越近，臉上的笑容越多。自傲的時候覺得其他人都是狗屎，不屑一顧；變成了一種人格分裂的奇異動物。

在中國要創造一個奇蹟很容易，一下子就會現出使人驚異的成績。但是要保持這個奇蹟，中國人卻缺少這種能力。一個人稍稍有一點可憐的成就，於是耳朵就不靈光了，眼睛也花了，路也不會走了，因爲他開始發燒。寫了兩篇文章就成了一個作家，拍了兩部電影就成了電影明星，當了兩年有點小權的官就成了人民救星，到美國來唸了兩年書就成了專家學人；這些都是自我膨脹。台灣曾經出過一個車禍，國立台灣師範大學的畢業生出去旅行，車掌小姐說：「我們這位司機先生，是天下一流的司機，英俊、年輕。」那位司機先生立刻放開方向盤，向大家拱手致意。這就是自我膨脹，他認爲他技術高明，使他雖不扶方向盤，照樣可以開車。若干年前，看過一部電影。有一次，羅馬皇帝請了一個人來表演飛翔，這個人自己做了一對翅膀，當他上塔之前，展示給大家看，全場掌聲雷動。他一下子膨脹到不能克制，覺得偉大起來，認爲不要這對翅膀照樣可以飛，接着就順着梯子往上爬，他太太拉他說：「

沒有這個東西是不能飛的，你怎麼可以這個樣子？」他說：「妳懂什麼？」他太太追他，他就用腳踩他太太的手。他到了塔上後，把蓋子一蓋，偉大加三級，再往下一跳，噗通一聲就沒有了。觀眾大發脾氣：我們出錢是看飛的，不是看摔死人的，教他太太飛。他太太淒涼的對她丈夫在天之靈說：「你膨脹的結果是，害了你自己，也害了你的妻子。」

中國人是天下最容易膨脹的民族，爲什麼容易膨脹？因爲中國人「器小易盈」，見識太少、心胸太窄，稍微有一點氣候，就認爲天地雖大，已裝他不下。假如只有幾個人如此，還沒有關係，假使全民族，或是大多數，或者是較多數的中國人都如此的話，就形成了民族的危機。中國人似乎永遠沒有自尊，以至於中國人很難有平等觀念。你如果不是我的主人，我便是你的主人。這種情形影響到個人心態的封閉，死不認錯。可是又不斷有錯，以致使我們中國人產生一種神經質的恐懼。舉一個例子來說明：台北有個朋友，有一次害了急病，被抬到中心診所，插了一身管子，把他給救活了。兩三天之後，他的家人覺得中心診所費用較貴，預備轉到榮民總醫院，就跟醫生去講，醫生一聽之下，大發雷霆，說：「我好不容易把他的命救回來，現在要轉院呀。」於是不由分說，把管子全部拔下，病人幾乎死掉。朋友向我談起這件事時，既悲又憤，我向他說：「你把那醫生的名字告訴我，我寫文章揭發他。」他大吃一驚說：「你這個人太衝動、好事，早知道不跟你講。」我聽了氣得發瘋，我說：「你怕什麼？他只不過是個醫生而已，你再生病時，不找他便是了，難道他能到你家非看病報復不可？再說，他如果要對付的話，也只能對付我，不會對付你。是我寫的，我都不怕，你怕什麼？」他說：「你是亡命之徒。」我覺得我應該受到讚揚的，反而受到他的奚落。我想這不是他一個人的問題，他是我很好的朋友，人也很好，他講這些話是因爲他愛護我，不願意我去闖禍。然而這正是神經質的恐懼，這個也怕，那個也怕。

記得我第一次到美國來，紐約發生了一次搶案，是一個中國人被搶，捉到強盜後，他不敢去指認。每個人都恐懼得不得了，不曉得什麼是自己的權利，也不曉得保護自己的權利，每遇到一件事情發生，總是一句話：「算了，算了。」「算了算了」四個字，不知害死了多少中國人，使我們民族的元氣，受到挫傷。我假如是一個外國人，或者，我假如是一個暴君，對這樣一個民族，如果不去虐待她的話，眞是天理不容。這種神經質的恐懼，是培養暴君、暴官最好的溫床，所以中國的暴君、暴官，永遠不會絕跡。中國傳統文化裏——各位在《資治通鑑》中可以看到——一再強調明哲保身，暴君暴官最喜歡、最欣賞的就是人民明哲保身，所以中國人就越來越墮落萎縮。

中國文化在春秋戰國時代，是最燦爛的時代，但是從那個時代之後，中國文化就被儒家所控制。到了東漢，政府有個規定，每一個知識份子的發言、辯論、寫文章，都不能超出他老師告訴他的範圍，這叫做「師承」。如果超出師承，不但學說不能成立，而且還違犯法條。這樣下來之後，把中國知識份子的想像力和思考力，全都扼殺、僵化。就像用塑膠口袋往大腦上一套，滴水不進。一位朋友說：「怎麼沒有思考力？我看報還會發牢騷。」思考是多方面的事，一件事不僅有一面，不僅有兩面，甚至有很多面。孫觀漢先生常用一個例子，有一個球，一半白，一半黑，看到白的那半邊的人，說它是個白球，另一邊的人，則說它是個黑球，他們都沒有錯，錯在沒有跑到另一邊去看，而跑到另一邊看，需要想像力和思考力。當我們思考問題時，應該是多方面的。

有一則美國的小幽默，一位氣象學系老師舉行考試，給學生一個氣壓計，叫他用「氣壓計」量出樓房的高度——意思當然是指用「氣壓」測量高度，但那位學生卻用很多不同方法，偏偏不用「氣壓」，老師很生氣，就給他不及格，學生控訴到校方委員會，委員會就問他爲什麼要那麼回答?他說：「老師要我用那個『氣壓計』來量樓有多高，他並沒有說一定要用『氣壓』，我當然可以用我認爲最簡單的方法?」委員會的人問他：「除了那些方法之外，還有沒有其他的方法?」學生說：「還有很多，我可以用繩子把氣壓計從樓上吊下來，再量繩子，就知道樓有多高了。」「還有沒有別的方法?」學生說：「還有，我可以找到這棟樓房的管理員，把這個氣壓計送給他，讓他告訴我這個樓有多高。」這個學生並不是邪門，他所顯示的意義，就是一種想像力和思考力，常使漿糊腦筋嚇死。

還有一種「買西瓜學」，老闆對夥計說：「你一出門，往西走，第一道橋那裏，就有賣西瓜的，你給我買兩斤西瓜。」夥計一出門，往西走，沒有看見橋，也沒有賣西瓜的，於是就空手回來。老闆罵他混蛋，沒有頭腦。他說：「東邊有賣的。」老闆問他：「你爲什麼不到東邊去?」他說：「你沒叫我去。」老闆又罵他混蛋。其實老闆覺得這個夥計老實，服從性強，沒有思考能力，才是眞正的安全可靠。假如夥計出去一看，西邊沒有，東邊有，就去買了，瓜又便宜、又甜。回去之後老闆會誇獎他說：「你太聰明了，了不起，做人正應該如此，我很需要你。」其實老闆覺得這個傢伙靠不住，會胡思亂想。各位，有思考能力的奴隸最危險，主子對這種奴隸不是殺就是趕。這種文化之下孕育出來的人，怎能獨立思考？因爲我們沒有獨立思考訓練，也恐懼獨立思考，所以中國人也缺乏鑑賞能力，什麼都是和稀泥，沒有是非，沒有標準。中國到今天這個地步，應該在文化裏找出原因。

這個文化，自從孔丘先生之後，四千年間，沒有出過一個思想家！所以認識字的人，都在那裏註解孔丘的學說，或註解孔丘門徒的學說，自己沒有獨立的意見，因爲我們的文化不允許這樣做，所以只好在這潭死水中求生存。這個潭，這個死水，就是中國文化的醬缸，醬缸發臭，使中國人變得醜陋。就是由於這個醬缸深不可測，以至許多問題，無法用自己的思考來解決，只好用其他人的思考來領導。這樣的死水，這樣的醬缸，即使是水蜜桃丟進去也會變成乾屎橛。外來的東西一到中國就變質了，別人有民主，我們也有民主，我們的民主是：「你是民，我是主。」別人有法制，我們也有法制，別人有自由，我們也有自由，你有什麼，我就有什麼。你有斑馬線，我也有斑馬線——當然，我們的斑馬線是用來引誘你給車子壓死的。

要想改變我們中國人的醜陋形象，只有從現在開始，每個人都想辦法把自己培養成鑑賞家。我們雖然不會演戲，卻要會看戲，不會看戲的看熱鬧，會看戲的看門道。鑑賞家本身就是一個了不起的成就。我記得剛到台灣的時候，有一個朋友收集了很多貝多芬的唱片，有七、八套，我請求他送一套或賣一套給我，他當場拒絕，因爲每一套都由不同的指揮和樂隊演奏，並不一樣。我聽了很慚愧，他就是一個鑑賞家。

上一次美國總統競選的時候，我們看到候選人的辯論，從不揭露對方陰私，因爲這樣做選民會覺得你水準不夠，喪失選票。中國人的作法就不一樣，不但專門揭露陰私，而且製造陰私，用語惡毒。什麼樣的土壤長什麼樣的草，什麼樣的社會就產生什麼樣的人。人民一定要自己夠水準，人民自己如果不夠水準，還去怪誰？對一個不值得尊敬的人，我們卻直着脖子叫他萬歲，那你能怪他騎到你頭上？拿錢買選票這種事情，使人痛心，選民在排着隊選舉，一看到人在付錢買票，有人就問：「怎麼不給我呀？」這個人還配實行民主？民主是要自己爭取的，不能靠別人賞賜。現在，常有人講：「政府放寬多了。」這是很可怕的事情，自由、權利是我們的，你付給我，我有，你不付給我，我也有。我們如果有鑑賞能力，就一定要爭取選舉，嚴格選擇對象；我們沒有鑑賞的能力，連美女和痲子臉都分不出，能夠怪誰？好比說畫畫，假使我柏楊畫了畢加索的假畫，有人看到說：「這眞好！」花五十萬美金買下來了，請問你買了假畫能怪誰？是你瞎了眼！是你沒有鑑賞能力。可是在這種情況之下，眞的畢加索的畫就不會有人買下，假畫出籠，眞畫家只好餓死。買了假畫不能怪別人，只能怪自己。就好像有一個人請來了一個裁縫師傅修他的門，結果把門裝顚倒了，主人說：「你瞎了眼？」裁縫師傅說：「誰瞎了眼？瞎了眼才找錯人！」這個故事我們要再三沉思，沒有鑑賞能力，就好像是瞎了眼的主人。

中國人有這麼多醜陋面，只有中國人才能改造中國人，但是外國人有義務幫助我們——不是經濟幫助，而是文化幫助。因爲中國船太大，人太多，沉下去之後，會把別人也拖下漩渦淹死。在座的美國朋友，請接受我們伸出的雙手。最後一點，我的感想是：我們中國人口太多，僅只十億張大的口，連喜馬拉雅山都能吞進去，使我們想到，中國人的苦難是多方面的，必須每一個人都要覺醒。如果我們每一個人都成爲一個好的鑑賞家，我們就能鑑賞自己，鑑賞朋友，鑑賞國家領導人物。這是中國人目前應該走的一條路，也是唯一的一條路。

謝謝！

——原載一九八四・十一・十五・香港《百姓》半月刊
十二・一・紐約《台灣與世界》雜誌
十二・八・台北《自立晚報》
十二・十三・洛杉磯《論壇報》

正視自己的醜陋面

柏楊先生於一九八四年八月訪問美國，在紐約逗留期間，於十一月十二日，在現任《北美日報》總編輯俞國基先生寓所，與《中國之春》雜誌編輯部林樵清、李兆欽、黃仕中，及中國民聯主席王炳章先生，進行了長時間的熱烈談話。柏楊先生在談話中，着重談了中國人的醜陋面及劣根性。他說，他走到哪裏都要講這個問題，以喚起中華民族對自身的反省。他認爲，反省是走向進步的開始。

編輯部根據錄音，對談話進行了整理。文中，「中」代表《中國之春》，「柏」代表柏楊。

中：我知道您十分關心中國人的苦難，是不是在這方面告訴我們一些您的看法。

柏：你要看中國歷史，五千年歷史中，有幾天是好日子？我們當然可以情緒化的高聲吶喊：「我們很快樂，我們沒有一天不快樂。」但是，如果仔細看古人歌頌的漢王朝、唐王朝是怎樣記載，就知道我們中國人的命運，早就如此悲慘。不斷發生「改朝換代型」的戰爭，不斷遭遇到「瓶頸時代」的屠殺。好不容易邁過這兩關，朝代穩定時，又有傾盆大雨般的暴君和貪官汚吏，對人民百般虐待。

中：這是過去的事了，現在您的感受是什麼？

柏：我小時候親眼看到國民黨精彩的一面——那種熱情澎湃和充滿新希望的情況。我是河南人，國民黨北伐到我家鄉時，連鄉下的農夫都身不由主的產生景仰、崇拜的心理。但是，後來希望化成了泡影。你說有什麼辦法？共產黨建國時你們都還小吧？

中：我們大都在共產黨建國前後出生的。

柏：那時我已三十歲，所以至少比你們大三十歲。

中：您是哪年離開大陸的？

柏：一九四九，所以比你們多了三十年的經歷。我親眼看到共產黨同樣了不起的蓬勃的一面。當時，人人都認為共產黨是中國的救星。但是，沒有想到，壞起來更可怕。大家都說共產黨在晚年的毛澤東手中墮落了，但我想問題恐怕不那麼簡單，我一直在想所有這些毛病究竟出在哪裏？

中：經您提醒，我們似乎聽到了中國人的哭聲！

柏：若干年前，我在洛杉磯有一次講演，有人問我：你是否以當一個中國人為榮？我脫口而出說：我不以當一個中國人為榮。請您告訴我：中國人的榮耀在哪裏？是我們的國家強？是我們的文明高？是我們民族對人類整個文化有建設性的貢獻？是我們的音樂、繪畫、文學，出類拔萃？我們到底有什麼？請隨便講出一個，我們國家有而其他國家沒有，或是我們可以和其他國家同享的榮耀，舉得出來嗎？

中：我們中華民族有五千年悠久文化，對世界也有貢獻嘛。

柏：當然，我們有貢獻，但只是過去有貢獻。至少，最近五百年來，眞不知道中國人有什麼偉大貢獻？五百年來，我們的文化產物卻是專制、廷杖、內鬥，和奴性的養成。

中：不是很多外國人崇拜孔老夫子嗎？

柏：中國人崇拜釋迦牟尼的更多，崇拜耶穌的更多。現在還有很多人崇拜馬克思，崇拜林肯。

中：您認爲爲什麼會有這種現象？

柏：洋大人去了一趟台北、北京，就被形容爲崇拜中國文化。可是有這麼多中國人跑到美國不肯回去，以當美國人爲榮，是誰崇拜誰的文化？

中：您覺得哪個民族對全人類的貢獻最大？

柏：我認爲是盎格魯撒克遜。第一、他們創立了議會政治制度，現在哪個國家不效法？第二、他們創立了陪審團制度，使司法走上清明。凡是英國的屬地，獲得獨立之後，都用英國遺留下來的法治。英國一小撮人控制那麼多的殖民地，就靠它的法治，你說，這個民族是不是有貢獻？你說，我們中華民族在最近五百年來，貢獻出什麼？你說，中國人有美德！請問，中國人的美德在哪裏？都在書上。中國人呈現出的特徵是粗野、惡毒，不誠實、心胸狹窄。

中：中國人有句話說：不要以最壞的想法去猜測別人。但是實踐上，偏偏以最壞的想法去猜測別人。我們應該透視自己、認識自己民族的問題。

柏：中國人最大的問題是：好話都是輸出給別人用的，自己絕不沾染。

中：所以，這是文化方面的原因。

柏：是的，你們從大陸出來，對共產黨不滿意，搞起了民主運動。我想，這不應該是為自己的利益。如果是為你們自己的利益，回國起碼有飯可吃。尤其你們留美回去，更有飯吃，不但有飯吃，而且飯碗還會特別大！我們這些在台灣爭取人權、法治、自由、民主的人，還不是為了同一個理想？我十八歲就加入國民黨，如果乖乖聽話，現在起碼可以有個小官可做。但是，為了這個理想，不但小官沒做成，倒弄進牢房裏去了。因此我想，為什麼我們追求的一直追求不到？政權不好要它改革，它不改革怎麼辦？只好革命，只有這條路可走。可是，革不成功，頭就革掉；革成功了，你又和他一樣。

中：柏楊先生，你說你是國民黨，可是國民黨卻開除了你？

柏：人的心路歷程在不停的變，抗戰初期，我曾參加戰時工作幹部訓練，我們那時年輕，只知道國，不知道黨。如果沒有國，哪有黨？流行的所謂「黨國」，實在是天下最大的荒謬。我從小對蔣介石忠心耿耿，後來，他把國家治理成那個樣子，使人痛心。但是，我想他是身不由己，他何嘗不願意國家好？他何嘗不願意民族好？毛澤東也是一樣，他何嘗不願意國家好？他何嘗不願意民族好？是什麼原因使他們身不由主？我想應該在中國文化中探本求源。

中：您是否做了這方面的探本求源工作？

柏：做了一些。目前，美國有什麼，中國立刻也有什麼。你有憲法，我也有憲法。但是，中國的憲法好像戲院門口的海報，誰上一次台，就變一次憲法，那又何必憲法？又如何使人相信憲法？這就跟我們的文化有關係。中國古時候的故事說，淮河之南的橘子，拿到淮河之北，就成了枳子。我們的文化就是淮河之北的文化，逾淮而枳，好像是，一個美國蘋果，只要搬到中國，就立刻變成了乾屎橛！醬缸的侵蝕力很強，你們在美國留學，學會了解此地的文化和政治制度。當你們把這些帶回國之後，恐怕只要短短幾年時間，它就會被淹滅。

中：所以您說中國文化是個醬缸，台灣的孫觀漢先生寫過幾本書，他也是在抨擊您所指的醬缸文化。請問，您所指的文化及您所說的民族性弱點（劣根性），是否是同一個東西？同一個問題？

柏：我先要有個聲明，我不是學院派，關於「定義」這東西，無法給予精密的說明。我想寫一本書叫《醜陋的中國人》，到現在未寫的原因，是沒有時間。但我受到《醜陋的美國人》《醜陋的日本人》兩書的影響。這些書都是作者對自己國度醜陋面的一種感觸，一種觀察，一種檢討；不是純學術性的一種分析。我也聽過許多專家談到民族性的問題，實在是術語太多，行話太多，而不是我原來的想法。但是我可以籠統的說，中國人的品質並不壞。例如在美國，學校考第一名的，很多都是華人，顯示中國人智商並不低。而這種智商在單槍匹馬時尤其顯著，可是三個智商加在一起，就起了很大的變化，互相抵消。這就是中國的文化問題——醬缸可以消滅智商。至於醬缸如何形成？我認爲形成原因並不很重要，因爲到目前爲止，我還不敢肯定到底出於哪一個因素。但就我個人認爲，可能是受儒家思想影響所致。儒家思想從定於一尊以後，經過一百多年，到了東漢，成了一個模式。那個時候規定，凡是知識份子，不論他的思想、講學、辯論，都不可以超過「師承」。學生只可圍繞着老師所說的話團團轉。如果講得太多，超過老師，那就無效，而且有罪。不過漢王朝時的罪並不嚴重，但是到了明王朝、清王朝，如果官方規定用朱熹的話解釋，就絕不可用王陽明的話解釋，根本不允許知識份子思考，他們已完全替你思考好了。時間一久，知識份子的思考能力衰退。由於沒有思考能力，因之也沒有想像能力；由於沒有想像能力，因之也沒有鑑賞能力。

中：德國納粹時代，希特勒對人民說：你們什麼都不必想了，元首一切都爲你們想好了。現在則是共產黨宣稱，黨考慮的比大家都要周到。

柏：這是典型的法西斯專制、封建愚民政策。專制封建頭子都堅持一種想法：他比任何人都聰明。有思考能力的奴隸是危險的，任何專制封建頭子，都不准許有思考能力的人存在。

中：回顧中國歷來統治者的政策，很多都是愚民政策。

柏：可是，思考力、想像力是創造發明的淵源。沒有這種能力，便無法創造發明。甚至時間一久，連模倣力也會跟着衰退。因爲模倣力中多少也要有一點創造發明能力。

中：到底是中國的文化造成了這樣的民族性呢，還是中國民族性造成了這樣的文化？或兩者是孿生兄弟？

柏：你這問題太大，我想這是雞生蛋、蛋生雞問題。

中：還是將中國文化和中國人的民族性合起來談吧，它們是不可分的。我一直有這樣幾個問題，希望獲得解答：

一、中國文化及民族性的弱點顯現在哪些方面？

二、其產生的原因是什麼？

三、民族性的劣根性，與中國不能產生民主政治是否有關係？我們如何面對這一問題而使之改變？

我有一種體會，認爲中國人之缺少法治觀念，大概也屬於民族性的問題。有一位來自台灣，在美受過教育的朋友，曾對我講過一段經歷：一次，他驅車帶他從台灣來的父親外出遊玩。回來時，天色已晚，車遇紅燈，他就停車。他父親說：「開過去算了，現在四周沒車沒人，何必等綠燈？」這反映了兩個觀念的不同。

按美國的思想，不論何時都該遵守紅燈，但中國人認爲破壞了它沒有影響。中國人缺少法治觀念。您剛才又提到中國人難以合作，僅從智商觀點，一個中國人可以打敗一個外國人，但三個人加起來就完了，這的確是很大的問題——中國人不能合作。

柏：到底是中國文化產生民族性？還是民族性造成如此文化？我看應是互相循環。文化發展的方向，有時是非理性的，就像電動玩具，遇到一個微不足道的小沙粒，它就會自動轉換。也好像在山上踢石頭，你有力量踢石頭，但是當它滾下去時，你無法阻止它不滾下去。

中：就如搞文化大革命一樣，腳踢下去，根本就控制不住了。

柏：所謂文化大革命，不過一場窩裏鬥。

中：您要寫醜陋的中國人，我看先寫醜陋的《中國之春》吧。《中國之春》窩裏反已經有兩次了。

柏：這件事不稀奇，中國人天生的不團結。你們《中國之春》如果沒有窩裏鬥，它就不是中國人搞的了。窩裏鬥的觀念如果不改的話，這個民族不但不能強大，而且絕對沒有幸福。中國人將永遠沒有開放的心靈。五千年的歷史，一直封閉。

中：對的，夜郎自大只是表面現象。

柏：中國人內心的複雜，恐怕舉世無雙。不要說政治問題各有主見，就連幾個小流氓在一起，動不動就看不順眼打起來，心胸狹窄，已到了可厭的程度。

中：美國總統候選人孟岱爾落選後，立刻表示雷根是我們的總統，我們慶幸有如此的民主制度。

柏：中國人重視面子問題，所以死不認輸，死不認錯。凡人都有錯，我想只有牲畜沒有錯。中國人輸了，唯一的反應就是咒詛、罵大街。要達到孟岱爾的境界，恐怕還要三百年。

中：是不是中國統治者爭權爭迷了心竅？

柏：權力可使人腐化，更可使人愚蠢，比豬還蠢！那些封建專制法西斯頭子，難道眞不知道他所聽到的一片阿諛和遍地萬歲，只不過是一種噪音，全是假的？絕對權力能傷害神經中樞，使人愚不可及。

中：是不是中國人太喜歡政治，永不放棄？

柏：中國人在一起喜歡談政治，可是每個人又都怕政治。這是一種神經質的恐懼，對不應該恐懼的恐懼。大家得過且過，自己的權力自己不會掌握，必須由有權的大老爺恩賜一點，才敢接受。

中：中國人認識不到自己的權利，這是很大的問題，我對此印象很深。在國內，共產權當權者把很多人無緣無故地整了，關了。後來，另一派當權後，爲他平了反，放了他。平反之後，一些人還要感謝共產黨，說這是黨的英明?!我們《中國之春》有次在洛杉磯開講演會，一位曾在國內被打成右派份子的訪問學者質問《中國之春》：共產黨現在給我平了反，還允許我出國，你們還要求怎麼樣？面對這種人士，我們能說什麼？他根本不知道，出國本來就是一個公民應有的權力。他似乎認爲，他能出國完全是共產黨的恩賜。

柏：奴性養成之後，他自己都無法掙脫。有些華人入了美國籍，竟然不去投票，他沒想到這是保護自己利益的最好辦法。一位住在愛荷華的華人朋友，他的孩子被鄰居的狗咬了，主人又凶巴巴的，這位朋友認爲沒有咬傷就算了。後來，被孩子的老師知道，就說不可以「算了」，不能讓別人認爲亞裔的人可以隨便欺侮，一定要提出控訴。結果，判決對方賠錢道歉。這件事不是錢的問題，而是權利問題。中國人認爲要忍讓，這是美德。其實那是長期屈辱的慣性，而用忍讓兩字來使自己心理平衡！很少中國人敢據理力爭。

中：那是爲什麼？

柏：那就是中國人神經質恐懼心理，怕最後吃虧。

中：這是不是中國人對自己的一種不誠實？

柏：中國人說空話、大話、假話、謊話、毒話，脫口而出，從來不打草稿。我常想，美國有心理醫生，中國可能不會有心理醫生。因爲見心理醫生一定要說實話，中國人見了誰都不會說實話，明明是屁股痛，他要說耳朵痛。明明是女人不要他，偏偏對醫生說是他不要女人。心理醫生如何診治？

中：有個笑話，中國從前有位軍閥在開會時，有人送了一籃香蕉。他不知道先剝皮，於是帶着皮吃了，結果其餘的人也立刻把香蕉連皮吃了。

柏：這只是搖尾系統的拍馬術，如果是現代化的專制封建頭子，搖尾系統恐怕立刻就研究出來連皮吃香蕉的偉大哲學基礎。

中：還有，林彪曾說：如果不講假話，就成不了大事。

柏：這眞是敗壞中國人品質的毒藥，把說謊當作可以誇耀的榮譽！

中：中國古訓云：君若愚民，民必愚君，有相互作用。

柏：也有報應作用，如果是個人，還沒太大關係。但是專制封建頭子這種作法，影響可大了，報應會落到全國人民身上。

中：中國人有人情味，美國人沒有人情味。

柏：中國人對特定的對象——「朋友」，才有人情味。對陌生人不但沒有人情味，有時候簡直冷酷殘忍，而且一旦發動攻擊，毒話就如雨後春筍。愛荷華一位華裔女作家，接到一封華文的恐嚇信，譯成英文後，她的美國助理小姐看見，霎時嚇得尖叫。女作家的美籍丈夫也認爲事態嚴重，就向FBI報案。後來拿給我看，發現他們尖叫的一句是：Hope you will suffer the result. Wish you having no burial place for your body when you die。我立刻就保證這封信不過是舊式廁所文學，沒有特別意義，因爲中文原文是「死無葬身之地！」中國人說毒話說慣了，不過是肌肉的自然反應而已。

中：中國農村有種人叫做「罵大街」的，專門罵人，從街這頭罵到街那頭。文革中，強迫「壞人」自己打着鑼自己罵自己：「我是反革命，我是壞份子！」

柏：這種自我污衊，猶如鳳姐教奴才自己打自己的臉，傷害自尊，毀滅人格。一個人、一個民族，如果沒有榮耀感，叫什麼人！叫什麼民族！豈不是一群禽獸！

中：中國人喜歡講大話吹牛，沒有釣到魚還要到市場上買兩條回家，說是他釣的，結果買的兩條一樣大！

柏：這次我在愛荷華跟其他國家的作家接觸，包括共產國家，如保加利亞、東德等，感到他們可愛，因爲他們平實、肯講眞話。

中：常聽到中國人說老美好笨，好容易騙。其實，這種說法反應的不是老美笨，而是中國人壞。

柏：這種心理，愚蠢而且卑劣，把善良當作儍瓜，中國就被這種人埋葬；想到這裏，我覺得滿臉羞愧。

中：自己沒有高尙情操，還不相信別人有高尙情操。

柏：一位朋友在愛荷華開了一間很大的酒店，美國人總稱讚他很能幹，很努力，只有中國人對他妒火中燒。有次我講演時，有人批評我是崇洋。咦，怪了，身爲一個現代的中國人，誰不崇洋？否則，爲什麼頭髮理這樣短？太太不纏小脚？有人又批評我侮辱祖先，事實上我是更愛護祖先，才講實話、眞話、直話。

中：請您談談這種情形如何演變成的。

柏：我認爲這是由於傳統的封建思想造成。此外，國民黨和共產黨受蘇俄的影響很大，而蘇俄又受東正教的影響很大。東正教跟天主教一樣，有一種「告解」制度。這制度引進之後，成爲「坦白」「檢查」制度，跟東方的貧窮愚昧結合，遂形成一種強大的封閉力量。

中：五〇年代時，中國大陸曾實施「向黨交心」，即「忠誠老實」運動。當時，大家都相信共產黨。凡在思想上、行爲上有過過失的，都向黨忠誠地坦白了。共產黨起初說得很好聽：旣往不咎，凡向黨坦白了的，今後永不再提。可是，黨食言了，坦白的材料放在檔案裏，由人事部門控制着，做爲把柄。在以後的運動中把它拿出來，做爲整人的材料。如此制度，使中國人學乖了，不敢再講眞話。爲了保護自己，大家只有說謊。還有一個笑話，文革時很多人要寫「檢查」。後來，大街上有人掛出牌子：「代寫『檢查』，一般『檢查』五毛，最深刻『檢查』一元。」檢查就是說違心話，就是說矇騙自己、矇騙領導。代寫「檢查」，就是代爲「說謊」。「說謊」成了一種生意，還有價錢，說小謊小價，說大謊大價。

柏：說謊竟然成爲「美德」「生意」，眞是不可思議，你所說的代寫檢查，是在城市還是在鄉下？

中：都有，很多家長的檢查都是小孩代寫的。

柏：共產黨不管？

中：不管，連黨的幹部也要找人代寫檢查。寫檢查成了一套公式，先寫自己的「問題」——錯誤，然後上綱上線。

柏：什麼是上綱上線？

中：上綱，就是要上到「階級鬥爭」的綱，上得很高。例如我拿了你一枝筆，演變下去，就成了貪污的資產階級份子；成了階級敵人，就會被階級敵人利用，造成千百人頭落地。上線，就是上到「路線鬥爭」的線，說這是社會主義和資本主義兩條路線的鬥爭。然後還要挖根源，挖思想根源、家庭根源、社會根源、挖祖宗三代。上級看你自己拚命侮辱自己，才准你「檢查過關」。那時鄧小平過了好幾次關，他曾向華國鋒寫了兩次。這種情況已成爲一種政治權術的利用，毫無意義，上下相騙。

柏：這豈不就是鼓勵人民忝不知恥！

中：上綱上線後，就放入檔案中。共產黨講究辯證法，整人時，想要哪方面材料，就抽出哪方面材料，形成一種高級的統治藝術。我有一種體會，共產黨統治三十多年，把以往中國人最惡劣的品德，統統發揚光大。

柏：有人問：文化大革命是否把中國以往文化中黑暗面清洗了？我想可能是黑暗面的層次更加提升。

中：共產黨反對什麼，什麼反而蓬勃。反對白樺，結果更多人去看白樺的作品。我有這種體會，一個制度和民族性之間，能形成交互作用，在惡劣制度下，把黑暗面充份發揮，反過來也培植了這種制度。

柏：我們從小聽華盛頓砍櫻桃樹的故事，鼓勵誠實，如果因他誠實而打他一頓，以後他就不會誠實了。

中：中國人爲什麼對自己文化的落後面沒有感覺？有人認爲因中國太窮，在吃飯穿衣都不能滿足需要情況之下，任何寡廉鮮恥的事都做得出。可是，中國一向鼓勵大家「富貴不能淫，貧賤不能移」。

柏：這是人生境界的最高標準，不是每個人都做得到。

中：你認爲中國民族優點在哪裏？

柏：好比：中國人比較重視友情，而外國人之間的關係比較淡薄，他們習慣單獨作戰。

中國人這點比西方要好，問題是，中國人爲什麼重視友情？因爲中國社會需要朋友。俗話說：在家靠父母，出門靠朋友。在家有父母保護，出外就靠朋友保護。而洋人並不需要朋友保護，他有政府保護，所以朋友對他的意義不同。例如：中途車子壞了，美國人就會自動幫忙，中國人若非是朋友，恐怕沒人理你。我在愛荷華的朋友，大雪天車子打滑，栽進水溝，兩位黑人停車下來，消耗了三、四個小時才把車子拖到路上，他很感激，請他們留下名字，準備回報，兩位幫忙的黑人覺得很奇怪，說：如果你遇到別人這種情況，也會幫忙的。朋友受到很大感動。人情味是要發生在彼此不認識的人之間，那才是眞正的人情味。人情味是不分等級，不分親疏。

中：《聖經》上說，你要愛你的仇敵，中國人只對朋友有感情。美國人在平常沒有人情味，但在需要幫助時，他就會幫助，這可能是受到《聖經》影響。

柏：其實他們平常對陌生人說「哈囉」，這就是人情味；中國人陌生人見面，怒目相視。

中：外國人平常好像不愛國，但有需要時都出來了。

柏：恰恰相反，中國人平常愛國愛得不像話，每一件事都要愛國，結果把國愛成今天這個樣子，我常想，不要再愛國了！或者，用剩下來的精力，先把自己愛好、先把自己的品質提高就夠了。自愛就是愛國。

中：有人說，中國大陸值得驕傲的是原子彈和氫彈。

柏：我認爲値得驕傲的應是人民的幸福——高水準的軟體文化！一個乞丐托着金碗討飯，跟一個衣暖食飽，受過良好教育的普通人，哪一個値得驕傲？

中：中國有些地方人民生活太苦了，例如甘肅，眞是又「乾」又「肅」，只見黃土高原一片。比如用水，每家挖一個坑，下雨下雪都存起來。從洗臉、吃水、餵豬，全靠坑中的水，一點不敢浪費。

柏：我痛心的是，中國人爲什麼沒有能力建立一個現代化國家？

中：毛澤東有很多錯誤，國民黨、共產黨都有很多錯誤。但他們都是中國人，到底是誰培育了這些人，還不是我們中華民族！否則他們怎麼可以長期生存？當然，美國人也有自己的問題。

柏：我們想承擔美國目前問題的煩惱，還不夠資格。最近有一位大學教授（按，馬利蘭大學薛君度），在北京演講說：「美國的大選都是兒戲！」說這種話，不是無知，便是無恥。劉少奇以元首之尊，慘死開封囚室，可不是兒戲！有人說，美國浪費金錢，但浪費金錢，比浪費人頭好！有的人一輩子都不知道哪裏有問題，需要提醒。我太太便是我家的警察，她會常提醒我的大嗓門。耶穌釘十字架時說：「原諒他們，他們所做的他們不知道。」年輕時，我認爲這是屁話。中年時認爲這句話雖然有理，卻沒力量；現在年紀大了，認爲這句話非常沉痛。好像紅衛兵，他們不知道自己在做錯事，還以爲他們是對的。所以我認爲有些話先從海外談起，再把它傳回國內。當然，剛開始時大家無法接受，就如我在愛荷華大學講演「

醜陋的中國人」，有人就批評我沒有看過某一本書，所以講得不對。中國人永遠抓不住問題重心，只會和稀泥。

中：我們該如何克服我們的弱點？

柏：我常抨擊在台灣的中國人太粗野，後來才知道大陸上的中國人更粗野，使人沮喪。我覺得我們先從說話開始。多說「謝謝」，多說「對不起」，多說「我能不能幫忙」。全世界所有的中國城，都是藏汚納垢的地方。再看看義大利城，看看日本城，他們的社區清潔整齊，中國人眞是無地自容，爲什麼不先從清潔着手！

中：中國文化中難道沒有一點民主？

柏：中國當然有民主：「你是民，我是主！」

中：您怎樣展望中華民族和整個中國的未來？

柏：這要看我們這些人——普通人民，是否都能覺醒？是否知道我們的缺點是什麼？這是文化層面，不是政治層面。

中：您今天所說的，在台灣是不是也可以說？

柏：我說的話，人前人後，從官方到民間，從台北到紐約，都是一樣。如果能去大陸，我也是這個意見。

中：中國要建立起一個民主制度，需要改造我們的民族性，需要從醬缸裏跳出來。如果多數中國人都不自覺，推動也相當困難。目前很多人都不知道自己所處奴隸地位，少數人自覺也無能爲力。

柏：我們現在就要告訴人民，「黨」在國家之下，人民與政府之間，是權利義務的關係。

中：共產黨以前宣揚：天大地大不如黨的恩情大，爹親娘親不如毛主席親。現在又宣傳「五講、四美、三熱愛」，「三熱愛」中，有一條就是熱愛共產黨。

柏：這是典型的唯心論和法西斯愚民政策。問題是，事實上並愚不了民，反而會被民所愚。這種政治手法，只能自己玩弄自己！我不相信這種現象能永遠套住中國。

中：我認爲，制度與民族性、人性之間，有很大的依附關係。改造民族性是長期的過程，並非要等改造好了才去建立民主制度。也可以先建立民主制度，以有利於民族性的改造。

柏：所以我們爭一時，也爭千秋，爭千秋，也爭一時。有千秋的計畫，但能改變一點就改變一點。這種壓力一旦形成，會有很大效果。只看我們的努力能否構成壓力，能否形成一種非民主不可的潮流。

中：中國人太聰明，但中國人的小聰明太多，沒有大智慧。美國人看起來笨笨的，但他們卻有大智慧。就長程來說，小聰明鬥不過大智慧。

柏：中國人太聰明了，聰明得把所有的人都看成白癡。自己從八十層高樓跌下來，經過五十層窗口外，還在譏笑裏面喝咖啡的夫婦，竟然不知道不久就會被咖啡噎死！

中：時間不早了，我們先談到這裏。但願將來有一天能到台灣拜訪您。可惜，目前我們的雜誌還不能在台灣發行。

柏：歡迎你們到台灣去看看。

中：謝謝！

——原載一九八五・六・紐約《中國之春》雜誌

中國人與醬缸

本文是柏楊於一九八一年八月十六日在美國紐約華府孔子大廈講辭。《北美日報》記者記錄。

剛才主席講，今天我能和各位見面，是「松社」的榮幸，實際上，卻是我的榮幸。非常感謝他們，使我離開祖國這麼遠的地方，和各位見面，請各位指教。本來主席和《新士雜誌》社長陳憲中先生告訴我，這是一個座談會，所以我非常高興願意出席，直到昨天從波士頓回來，才發現這是一個演講會，使我惶恐；因爲紐約是世界第一大都市，藏龍臥虎。我僅僅將個人感受到的，以及我自己的意見，報告出來。這只是發表我自己的意見，而不是一種結論，請各位指教，並且交換我們的看法。今天主席給我的題目是「中國人與醬缸」，如果這是一個學術討論會，我們就要先提出來，什麼是中國人？什麼是醬缸？我想我不再提出來了，因爲這是一個畫蛇添足的事情。世界上往往有一種現象是：人人都知道的事，如果把它加一個定義的話，這事的內容和形式卻模糊了，反而不容易了解眞相，在這種情況之下，討論不容易開始。

記得一個故事，一個人問一位得道的高僧——佛教認為人是有輪迴轉生的，說：「我現在的生命既是上輩子的轉生，我能不能知道我上輩子是個什麼樣的人？既是下輩子又要轉生，能不能告訴我下輩子又會轉生什麼樣的人？」這位得道高僧告訴他四句話：「欲知前世因，今生受者是；欲知後世果，今生做者是。」假定你這輩子過的是很快樂的生活，你前輩子一定是個正直寬厚的人。假定你這輩子有無窮的災難，這說明你上輩子一定做了惡事。這個故事給我們很大的啓示。在座的先生小姐，如果是佛教徒的話，一定很容易接受，如果不是佛教徒的話，當然不認為有前生後世，但請你在哲理上觀察這段答問。

我的意思是，這故事使我們連想到中國文化。在座各位，不管是哪一個國籍的人，大多數都有中國血統，這個血統不是任何方法可以改變的。不高興是如此，高興也是如此。我們所指的中國人是廣義的，並不專指某一個特定地區，而只指血統。

中國人近兩百年來，一直有個盼望，盼望我們的國家強大，盼望我們的民族成為世界上最優秀的民族。但是，多少年以來，我們一直衰弱，我們一直受到外人的歧視，原因在什麼地方？當然我們自己要負責任。但是，從文化上追尋的話，就會想到剛才所說的那個故事，為什麼我們到今天，國家還不強大？人民還受這麼多災難？從無權無勢的小民，到有權有勢的權貴，大家方向都是一樣的，都有相同的深切盼望，也有相同的深切沮喪。

我記得小時候，老師向我們說：「國家的希望在你們身上。」但是我們現在呢？輪到向青年一代說了：「你們是國家未來的希望。」這樣一代一代把責任推下去，推到什麼時候？

海外的中國人，對這個問題更加敏感，也盼望得更爲殷勤。今天我們國家遭到這樣的苦難，除了我們自己未能盡到責任以外，傳統文化給我們的包袱是很沉重的，這正是所謂前生因，今世果。

前天我在波士頓博物館，看到裏面陳列着我們祖母時代的纏足的鞋子。我親身的經驗是，像我這樣年紀的婦女，在她們那時候都是纏足的，現在你們年輕人聽來簡直難以想像。爲什麼我們文化之中，會產生這種殘酷的東西？竟有半數的中國人受到這種迫害，把雙腳裹成殘廢，甚至骨折，皮肉腐爛，不能行動。而在我們歷史上，竟長達一千年之久。我們文化之中，竟有這種野蠻部份？而更允許它保留這麼長的時間，沒有人說它違背自然，有害健康，反而大多數男人還認爲纏小腳是值得讚美的。而對男人的迫害呢？就是宦官。根據歷史記載，宋王朝以前，但凡有錢有權人家，都可自己閹割奴僕。這種事情一直到十一世紀，也就是宋王朝開始後，才被禁止。這種情形，正說明我們文化裏有許多不合理性的成份。而在整個歷史發展的過程中，不合理性的成份，已到了不能控制的程度。

任何一個民族的文化，都像長江大河，滔滔不絕的流下去，但因爲時間久了，長江大河裏的許多污穢骯髒的東西，像死魚、死貓、死耗子，開始沉澱，使這個水不能流動，變成一潭死水，愈沉愈多，愈久愈腐，就成了一個醬缸，一個污泥坑，發酸發臭。

說到醬缸，也許年輕朋友不能了解。我是生長在北方的，我們家鄉就有很多這種東西，我不能確切知道它是用什麼原料做的，但各位在中國飯館吃烤鴨的那種作料就是醬。醬是不暢通的，不像黃河之水天上來那樣澎湃。

由此死水不暢，再加上蒸發，使沉澱的濃度加重加厚。我們的文化，我們的所謂前生因，就是這樣。

中國文化中最能代表這種特色的是「官場」。過去知識份子讀書的目的，就在做官。這個看不見摸不着的「場」，是由科舉制度形成，一旦讀書人進入官場之後，就與民間成為對立狀態。那個制度之下的讀書人，唯一的追求標的，就是做官，所謂書中自有顏如玉，書中自有黃金屋。讀書可以做官，做了官就有美女和金錢。從前人說，行行出狀元，其實除了讀書人裏有狀元，其他人仍是不值一文的工匠。那時候對其他階層的人，有很多制度，不能穿某種衣服，不能乘某種車子。封建社會一切都以做官的人的利益為前提。封建社會控制中國這麼久，發生這麼大的影響和力量，在經濟上的變化比較小，在政治上卻使我們長期處在醬缸文化之中，特徵之一就是以官的標準為標準，以官的利益為利益，因而變成一種一切標的指向「政治掛帥」。使我們的醬缸文化更加深、更加濃。

在這種長期醬在缸底的情形下，使我們中國人變得自私、猜忌。我雖然來美國只是短期旅行，但就我所看到的現象，覺得美國人比較友善，比較快樂，經常有笑容。我曾在中國朋友家裏看到他們的孩子，雖然很快樂，卻很少笑，是不是我們中國人面部肌肉構造不一樣？還是我們這個民族太陰沉？

由於民族的缺乏朝氣，我們有沒有想到，造成這樣的性格，我們自己應該負起責任？中國人的人際之間，互相傾軋，絕不合作。這使我想起了一個日本偵探長訓練他的探員，要求他屬下看到每一個人，都要懷疑他是不是盜賊？這種心理狀態用於訓練刑事警察是好的，但是中國人心裏卻普遍的有這種類似情況：對方是不是想從我這裏得到什麼好處？形成彼此間的疑懼，這種疑懼使中國人變成一盤散沙。

我們是這樣大的一個國家，有資源，有人口，八億或者十億，能夠同心協力的話，我們在亞洲的情況，哪裏會不及日本？

由於長期的專制封建社會制度的斲喪，中國人在這個醬缸裏醬得太久，我們的思想和判斷，以及視野，都受醬缸的污染，跳不出醬缸的範圍，年代久遠下來，使我們多數人喪失了分辨是非的能力，缺乏道德的勇氣，一切事情只憑情緒和直覺反應，而再不能思考。一切行爲價值，都以醬缸裏的道德標準和政治標準爲標準。因此，沒有是非曲直，沒有對錯黑白。在這樣的環境裏，對事物的認識，很少去進一步的了解分析。在長久的因循敷衍下，終於來了一次總的報應，那就是「鴉片戰爭」。

鴉片戰爭是外來文化橫的切入，對中國人來說，固然是一次「國恥紀念」，但從另一角度看，也未嘗不是一次大的覺醒。日本對一些事情的觀察，跟我們似乎不同。十八世紀時，美國曾經擊沉了日本兩條船，使日本打開門戶，日本人認爲這件事給他們很大的益處，他們把一種恥辱，當做一種精神的激發。

事實上，我們應該感謝鴉片戰爭，如果沒有鴉片戰爭，現在會是一種什麼情況？至少在座的各位，說不定頭上還留着一根辮子，女人還纏着小腳，大家還穿着長袍馬褂，陸上坐兩人小轎，水上乘小舢板。如果鴉片戰爭提早三百年前發生，也許中國改變得更早一些，再往前推到一千年前發生的話，整個歷史就會完全不一樣。所以我認為這個「國恥紀念」，實際上是對我們醬缸文化的強大衝擊，沒有這一次衝擊，中國人還一直深深地醬在醬缸底層，最後可能將窒息而死。

鴉片戰爭是一個外來文化橫的切入，這使我們想到，在中國歷史上，清王朝是個最好的時代，如果鴉片戰爭發生在明王朝的話，中國會承受不住，情形將大不一樣。西方現代化的文明，對古老的中國來說，應該是越早切入越好。這個大的衝擊，無疑是對歷史和文化的嚴厲挑戰，它為我們帶來了新的物質文明，也為我們帶來了新的精神文明。

所謂物質文明，像西方現代化的飛機、大砲、汽車、地下鐵等等，我們中國人忽然看到外面有這樣的新世界，有那麼多東西和我們不一樣，使我們對物質文明重新有一種認識。再說到精神文明，西方的政治思想、學術思想，也給我們許多新的觀念和啓示。過去我們不知道有民主、自由、人權、法治，這一切都是從西方移植過來的產品。

以前中國人雖有一句話，說「人命關天」，其實，人命關不關天，看發生在誰身上？如果說發生在我身上，我要打死一個人的話，當然關天。但如果凶手是有權勢的人，人命又算得什麼？所以還是要看這關係到誰的問題。古聖人還有一句話，說「民為貴，君為輕」，這不過是一種理想，在中國從沒有實現過。以前的封建時代，一個王朝完了，換另一個王朝，制度並沒有改變。把前朝推翻，建立了新朝，唯一表示他不同於舊王朝的，就是燒房子，把前朝蓋的皇宮寶殿燒掉，自己再造新的，以示和前朝不同。他們燒前朝房子的理由，是說前朝行的是暴政，自己行的是仁政，所以「仁政」要燒「暴政」的房子。如此一代一代下來，並不能在政治思想上有任何新的建樹，而只以燒房子來表示不同。這使我們中國這個古老的國家，幾千年竟沒有留下來幾棟古老建築。

中國政治思想體系中，也有一些理想的東西，是接近西方的，例如「王子犯法，與庶民同罪」這樣的話，但這也不過只是一種希望和幻想罷了。事實上，這是根本不可能的事，王子犯法絕對不會和庶民同罪的，中國人向來不知道民主、自由、法治這回事，雖然以前有人說，我們也有自由，可以罵皇帝，但我們的自由極爲有限，在統治者所允許的範圍內，有那麼一點點自由。人民或許可以罵皇帝，但得偷偷地背地裏罵。自由的範圍很狹小，當然可以有胡思亂想的自由，但是民主、法治等等觀念，卻完全沒有。

中華民族是世界上最偉大的民族之一，當然，我們在感情上也不得不這樣認爲，否則就難以活下去了。但世界上還有另一個偉大的民族，就是盎格魯撒克遜。這個民族爲世界文明建立了鋼架，像他們的議會制度、選舉制度，和司法獨立、司法陪審制度等等，爲人類社會，建立了一個良好結構，這是它對文明所做出的最大貢獻，也是西方社會能夠在政治上走向合理公平的原因之一。無論如何，再浪費的選舉，總比殺人如山、血流成河要好。對於西方一些好的東西，我們必須有接受的勇氣。有人說西方的選舉不是選舉人才，是在選舉錢，而這種錢不是一般人所可以負擔得起的，即使這樣，浪費金錢，也比浪費人頭要好。

一切好的東西，都要靠我們自己爭取，不會像上帝伊甸園一樣，什麼都已經安排好了。中國人因爲長期生活在醬缸之中，日子久了，自然產生一種苟且心理，一面是自大炫耀，另一面又是自卑自私。記得以前看過一部電影，忘記了影片的名字，一個貴婦人，她某一面是美麗、華貴、被人崇拜，另一面卻是荒淫、無恥、下流，她不能把這雙重人格統一起來，後來心理醫生終於使她面對現實，她只好自殺。我們檢討自己病歷的時候，是不是敢面對現實？用健康的心理，來處理我們自己的毛病？

我們應該學會反省，中國人往往不習慣於理智反省，而習慣於情緒的反省。例如夫妻吵架，丈夫對太太說，妳對我不好。太太把菜往桌上一摜，說：「我怎麼對你不好？我對你不好，還做菜給你吃？」這動作就是一種不友善的表示，這樣的反省，還不如不反省。

自從西方文化切入以後，中國在政治思想上固然起了變化，在道德觀念上也起了變化。以前，丈夫打老婆是家常便飯，現在你要打一下，試試看！年輕朋友很幸運的是，傳統之中一些墮落的文化，已被淘汰了不少，不但在政治上道德上如此，在所有文化領域中，如藝術、詩歌、文學、戲劇、舞蹈，都起了變化和受到影響。

一說起西洋文化、西洋文明，準有人扣帽子，說「崇洋媚外」。我認爲崇洋有什麼不可以？人家的禮義確實好過我們的粗野，人家的槍砲確實好過我們的弓箭。如果朋友之中，學問道德種種比自己好，爲什麼不可以崇拜他？中國人沒有讚美別人的勇氣，卻有打擊別人的勇氣。由於我們的醬缸文化博大精深，遂使中國人「橘踰淮則枳」。橘子在原來的地方種植生長出來，又大又甜，但移植到另一個地方去，卻變成又小又酸了，這是水土不服。我有一位朋友，他就是在我坐牢的十年中，一直營救我的孫觀漢先生，他曾將山東省大白菜種子，帶到匹茲堡來種，但種出來的菜，完全不是原來的樣子。

可是日本人就有一種本事，學什麼，像什麼，而中國人卻學什麼，不像什麼。日本人這種精神了不起，他可以學人家的優點，學得一模一樣。中國人只會找出藉口，用「不合國情」做擋箭牌，使我們有很好的拒絕理由。甲午戰前，日本人到中國海軍參觀，看見我們的士兵把衣服曬在大砲上面，就確定這種軍隊不能作戰。我們根本不打算建立現代化觀念，把一切我們不想做的事，包括把曬在大砲上的衣服拿開，也都推說「不合國情」。

像台北的交通問題，原是最簡單不過的事，多少年來，卻一直解決不了。我想如果對違規的人施以「重罰」，幾次下來也就好了。但有人提出來應該要教導他們「禮讓」，認為禮讓才適合我們國情。我們已經禮讓得太久了，被坑得太深了，還要再禮讓到什麼時候？我們設了一個行人穿越馬路時的「斑馬線」，「斑馬線」本來是保護行人的，結果很多人葬身在「斑馬線」上。我有個朋友在台北開車時橫衝直闖，到美國來後常常接到罰單，罰得他頭昏眼花，不得不提高注意。就像交通規則，這麼簡單的事，中國也有，可是立刻扭曲。一說起別國的長處，就有人號叫說「崇洋媚外」。事實上，美國、法國、英國、日本，他們有好的，我們就應該學。他們不好的，就不應該學，就是這麼簡單明瞭！

有位美國人寫過一本書《日本能？爲什麼我們不能？》並沒有人說這位教授崇洋媚外。由此可知，醬缸文化太深太濃，已使中國人喪失了消化吸收的能力，只一味沉湎在自己的情緒之中。一位朋友開車時往往突然地按一下喇叭，我問他爲什麼？他開玩笑說：「表示我不忘本呀！」我們希望我們有充足的智慧認清我們的缺點，產生思考的一代，能夠有判斷和辨別是非的能力，才能使我們的醬缸變淡、變薄，甚至變成一罈清水，或一片汪洋。

中國人非常情緒化，主觀理念很強，對事情的認識總是以我們所看見的表象做爲判斷標準。我們要養成看事情全面的、整體的概念。很多事情從各個不同的角度發掘，就比從一個角度探討要完全。兩點之間的直線最短，這是物理學上的；在人生歷程上，最短距離往往是曲線的。所以成爲一個夠格的鑑賞家，應是我們追求的目標。有鑑賞能力的社會，才能提高人們對事物好壞的分辨。以前我曾看見過老戲劇家姜妙香的表演，他已經六十多歲了，臉上皺紋縱橫，簡直不堪入目。可是，這對他藝術的成就，沒有影響。當他唱〈小放牛〉的時候，你完全忘了他蒼老的形象。大家有鑑賞分辨的能力之後，邪惡才會歛跡。好像我柏楊的畫和梵谷的畫放在一起，沒有人能夠分別，反而說：「柏楊的畫和梵谷的畫一樣！」那麼，眞正的藝術家受到很大的打擊，社會上也就永遠沒有夠水準的藝術作品。

中國雖然是個大國，但中國人包容的胸襟不夠，心眼很小。前天我在甘乃迪機場搭飛機，在機上小睡了一個鐘頭，醒來後飛機仍沒有開，打聽之下，才知道他們在鬧罷工。我驚異的發現，旅客秩序很好，大家談笑自如，這如果發生在我們國家，情形可能就不一樣了。旅客準跑去爭吵：「怎麼還不起飛？怎麼樣？難道吃不飽？鬧什麼罷工？罷工你還賣票？」他們是從另一個角度看：如果我是領航員，說不定我也參加罷工。從這裏面也可以看見所謂大國民的氣度，美國這個國家的包容性很大，它不但包容這麼多膚色和種族，還包容了不同的語言和不同的風俗習慣，甚至包容了我們中國人的粗野。

這種風度說明一個大國的包容性，像雷根和卡特在電視上辯論的時候，彼此之間各人發表政見，並沒有做出粗野攻擊。雷根並沒說，你做了幾年總統，只知道任用私人！卡特也沒有說，你沒有從政經驗，這個國家你治理得好呀？雙方都表現了極好的風度，這就是高度的民主品質。

我對政治沒有興趣，也不特別鼓勵大家都參與政治，但如果有興趣參與，就應該參與，因爲政治是太重要了。不管你是幹什麼的，一條法律頒佈下來，不但金錢沒有保障，連自由、生命也沒有保障。

但我們不必人人參與，只要有鑑賞的能力，也是一樣。這種鑑賞，不但在政治、文學、藝術上，即使是繪畫吧，鑑賞的水準也決定一切。那些不夠格的，像我柏楊，就得藏拙，只敢偷偷地畫，不敢拿出來，否則別人一眼看出來高下，會說：「你這是畫什麼玩意兒？怎麼還敢教人看？」有了眞正鑑賞的能力，社會上才有好壞標準，才不至於什麼事都可打個馬虎眼兒，大家胡混，醬在哪裏，清濁不分，高下不分，阻礙我們的發展和進步。

我的這些意見，是我個人的感想，提出來和大家討論，還請各位指教，並且非常感謝各位。

——原載一九八一・八・十九——二十一・紐約《北美日報》

人生文學與歷史

這是柏楊於一九八一年八月二十二日，在舊金山史丹佛大學歷史系的講稿，本報幾經輾轉，才取得錄音帶，特別刊出，以饗讀者。

主席：各位先生、各位女士，現在我要介紹柏楊先生和各位見面。柏楊先生昨天晚上，才從鳳凰城趕到舊金山來。（介紹詞從略）

柏楊：主席、各位先生、各位女士：眞是非常的榮幸，能夠在加州最高學府之一——史丹佛大學，和各位見面。我是這麼樣的興奮，當我從鳳凰城到舊金山的飛機上，就想像今天和各位見面的情況。我那時的心情，和現在的心情印證起來，完全一樣。在我來講，這是一個很榮譽而傳奇性的遭遇。今天主席給我出的題目太大了，我覺得很不敢當。在紐約時，接到李玲瑤女士的電話，告訴我這個題目，我非常感謝，但是我感覺到我不能勝任。前天，我在鳳凰城，翟孟斌先生在電話中再提醒我，這樣一來，我不但感覺到不能勝任，而且非常惶恐，因爲我沒有資格講這麼大的題目。我之所以接受，是因爲我有這樣一份勇氣，我願意就這個題目，提出我自己的感想，就是中國五千年的歷史，她給我們什麼樣的啓示？在沒有開始正題之前，我願意報告另一個感想，那就是印地安人——美國的主人，眞正美洲的原居民——他們給我的印象。我參觀過印地安人的廢墟，也參觀過印地安人的保留地，也曾經和印地安人碰過面。雖然時間這麼短，交談那麼少，但是印象卻十分深刻，尤其是有一次在Carefree時，我去附近四十分鐘車程的一個印地安人廢墟，看到了印地安人的手工藝，他們現在的手工藝和六百年前的手工藝比較，無論是形式或者花紋，編織的手法和所有的材料，簡直完全一樣。由這件小的手工藝品上，使我想到和了解到，他們目前面對的是什麼樣的命運。我們不能想像這麼一個偉大的、歷史悠久的民族，會在美國政府給他們的保留區內，苟延殘喘。印地安人本身的遭遇，和他們悲痛的歷史，他們被欺騙、被屠殺、被羞辱之後，有什麼樣的反應？我自己有一個印象：那就是他們的反應令人沮喪。我認爲，印地安人目前面對的，不是經濟或道德問題，而是滅種的威脅。我不是一個預言家，不是一個算命先生，我只是用我自己的印象，和一般朋友告訴我的種種事蹟作爲根據。各位，我們是不是可以這樣猜想，再過一百年、五百年、一千年，或許長，或許短，印地安人總有一天要滅種。因爲他們對現代文明，拒絕吸收。固然他們目前有他們的保留地，他們不侵犯別人，別人也不侵犯他們，但是這個保留地是美國政府的，也可以說是白人賞賜給他們的。當然，在理論上，在感情上，我們可以說，那不是賞賜的，那是印地安人自己爭取來的，是印地安人自己的故土。但是如果我們的感情不是文學的、不是詩的，而是理性的話，就知道這點保留地出自美國白人的恩典，也可以說出自於美國白人的贖罪態度。所以，假如有一天，美國人口增加，需要那些保留地，我想印地安人的下場將非常凄涼。我們是不是應該有這樣的看法：一個民族的覆亡，是一件非常大的事情，但不是不可能。每當我看到印地安人廢墟，和他們文化的停滯，就感到心如刀割，不由的想到，會不會有一天，中華民族也像印地安人一樣？有一個朋友說，這不可能，因爲中華民族歷史悠久，人口又這麼多。我想這僅是一種情緒上的慰藉，假如說五千年歷史就可以保證一個民族不滅，不曉得根據什麼理論基礎？宇宙蒼茫，五千年只是刹那之間的事，人類還要生存五千億年呢，和五千億年相比，五千年所佔是個很短的比例。還有人口的多寡，也不足以決定一個民族的興亡；當初歐洲人第一次登陸美洲的時候，印地安人口也非常的多，遠超過白人。

這種情緒上的懵懂，使我非常難過，覺得我們中國人是不是遇到一些問題了。一個很突出的困惑是，爲什麼到目前爲止，中國不能強大？我們具備了各種強大的條件。那麼，一定是促使我們不強大的條件，遠超過促使我們強大的條件。雖然我研究歷史沒有師承，是用土法鍊鋼的那種方式（笑聲），不過我卻是很認眞的鍊。現在我把土法鍊鋼的心得，向各位報告一下，提供各位一些參考，並且請各位指教。

這裏我想起了一個故事，美國有家公司，派他公司裏面的一個職員，到歐洲考察，考察了幾個月回來之後，向他的公司當局提出一份報告。報告上說，歐洲無論在技術方面、管理方面，都非常的落後，比不上美國。這份報告大概寫了一、兩百頁，呈送到董事會，董事會立刻通過一項議案，把這個職員開除。董事長說，我們教你去考察的目的，是教你發掘歐洲的長處，不是教你發掘他們的短處，我們的長處用不着你發掘，不需要你提醒，我們需要的是了解他們比我們強的地方，需要發掘我們自己的缺點，然後才可以改進，我們不聽自我歌頌的聲音，這種聲音聽多了，會使我們麻木陶醉，會使我們的產品品質降低，會使我們的公司倒閉。

這個故事，我們說它是個寓言也可以。不過，無論如何，這故事給我們很大的啓示。所以我今天所要報告的，不是我們中華民族的長處，而是探索妨礙我們中華民族進步，使我們中國到現在還不能強大起來的原因何在。剛才午餐時候，幾個朋友談起求學的事情，大家都在憂愁，孩子都要上大學了，要繳很多錢。我們有一個這樣的發現：中國人無論自己怎麼苦，怎麼困難，總要讓孩子上學。有些民族就不見得是這樣子，各位的眼界要比我開闊得多，這是我發現的中華民族的一個長處。我想這一類中國人的優點，不必再提了，因爲人們提得太多。而且我們不提它，它還是存在。所以今天的報告，只談我們中國人的缺點。專門談優點是救不了自己的，只有認清缺點，才可以自救。

第一、中國雖然有五千年的歷史，但五千年來，對人性尊嚴摧殘的封建力量，不是一天天減少，而是一天天增加，春秋戰國時候，君臣之間是平起平坐的，帝王和大臣平起平坐在一個榻榻米上。一直到紀元前二世紀，西漢王朝的叔孫通制定了朝儀，就是在劉邦當皇帝的時候，也就是儒家學派當權的時候，叔孫通制定這個朝儀，使帝王成爲一種很莊嚴、很肅穆，甚至很恐怖的權威。大臣朝見皇帝時，有衛士在旁邊監督，任何人態度不合乎規格，像偶爾抬一下頭之類，就要受到處罰。這樣的改變，使得君王遠離人民，跟人民保持一段距離。但是，在皇帝手下，大臣們總還有一個座位。到了十世紀宋王朝，連這個座位也開始消失。皇帝和宰相坐而論道的日子，一去不返。這是一個很小的變革，但它象徵的意義很大，那就是說，君和臣、官和民，距離愈拉愈遠。到了十四世紀明王朝，人性的尊嚴更受到徹底的傷害，誰也沒辦法想像，一個君王會對自己國家的人民，這麼仇視。明王朝建立了一種「君父」觀念，君就是父，也就是說，皇帝就等於你的父親。這種觀念一經建立，所產生的流弊，無窮無盡。其中最可怕的徵候，就是廷杖。上自宰相，下至小民，只要管轄你的傢伙認爲你犯了法，他就可以把你的四肢抓起來，就在金鑾殿上或公堂上，也就是在政府的所在地，加以拷打，把你打得皮破血流。這種廷杖制度，這種君父思想的結合，使中國人的自尊，幾乎泯滅，使中國人的人格，幾乎摧殘殆盡。中國人唯一保持自尊的方法，只有在受廷杖的時候，不喊出聲音（笑聲）。常常有堅強的官員，當他被打的時候，痛苦得在地上擺動頭部，把自己的鬍子都擦掉了，卻拒絕喊叫。這是那時代人們唯一可以辦得到的，可是，卻不能提升到反抗的層面。

我們常常說中華民族是一個同化力非常強的民族，到目前爲止，的確如此；我們可以看到，歷史上有好幾次，凡是侵略中國的民族，最後都被中國同化。好比說最早的北魏，孝文帝拓拔宏的時候，他變法革新，採取中國的方法治理國家。又好比滿清，走的是拓拔宏同一的路。這兩次外族對中國最大的侵略，最後都是中華民族得到勝利。不過我們應該注意到，他們最後固然都吸收了中國文化，繼承了中國文化，但是吸收的卻是中國文化中最糟的部份，所以結局也只好最糟。吸收中國文化的結局，並沒有使他們的民族更強大，反而使他們的民族和我們中華民族，共同墮落。例如北魏皇帝拓拔宏宣佈鮮卑人不能講鮮卑話，一律都要講中國話，而且要改成中國姓氏，然後更採用了中國封建制度和宮廷制度，更採用了中國士大夫門第和門閥制度，這些是北魏以前沒有的。他們原來是荒原上的游牧民族，心胸開闊，尊卑之間的距離，也非常微弱，而現在卻用人力加以破壞。

聽衆：請問什麼叫廷杖？

柏楊：廷杖就是打屁股（笑聲），四個宦官把趴在地上官員的四肢，伸展開拴起來，然後用麻袋把頭套住，由兩個宦官按住大腿。當皇帝宣佈廷杖一百時，那麼就打一百。通常廷杖不能超過一百，假如超過一百，就會死於杖下。那些執行廷杖的幫凶，會察言觀色，假如皇帝只是恨你，並沒有殺你的意思，那麼打一、兩百下也不會致命。假如皇帝一定要置你於死地的話，那麼三、四十下也可以把你打死。普通情形下，官員或小民在接受廷杖時，往往用行賄的方法，施刑時聽起來聲音很大，看起來很痛，但不至於死，即使血肉橫飛，也不至於傷到筋骨，也就是說光是痛，不會斃命。他們這些人都受過訓練，他可以用一張紙包滿稻草，一直打到稻草都碎了，紙卻不破。這是一種殘忍的刑罰，可以把你打得表皮看不出傷痕，而事實上裏面的筋骨都已經斷了。在廷杖制度下，人性尊嚴完全被摧殘。十四、十五世紀，歐洲已是文藝復興時代，中國卻在實行廷杖，使人嘆息。

我們再回來講剛才的主題，蒙古是一個非常奇怪的民族，侵入中國之後，對中國文化，採取抗拒態度。九十年之前，他們怎樣來到中國，九十年之後，也怎樣的離開中國。對中國文化，沒有受到一點感染。滿清政府建立之後，繼承的是中國大黑暗時代明王朝政治制度和社會結構，對新的政權，有一種腐蝕作用。以致清王朝雖有那麼強大的武力，但經過一百年的政治腐蝕，到了最後，一發不可收拾。人權觀念被這種悠久的封建制度、封建社會、封建勢力，一天天的摧殘，簡直幾乎泯滅，對中國人的影響太大了。中國人的自尊心沒有辦法保留完整，假如說有保留的話，也只有如魯迅先生說的阿Q精神，那就是只好在情緒上滿足自己，而不能在眞正內心上獲得充實。我想情緒上的滿足和內心上的充實，是不一樣的。舉個例子來說，我到你家裏拜訪，看到你的房子這麼漂亮，主人學問這麼高，我佩服你，羨慕你，回去之後我會想，我要努力工作，有一天我要像你一樣，有那麼好的學問，住那麼好的房子。假如我走出房子就說，住那麼好的房子，誰知道他的錢是偷來的還是搶來的，希望他明天就一場大火，燒個淨光（笑聲）。我們民族心理上長期受到壓制，只好用這種情緒，使自己平衡。

第二點要報告的是，中國五千年歷史，只有三個黃金時代，第一個黃金時代是春秋戰國，那時候各式各樣的思想、各式各樣生活方式，同時並行。第二個黃金時代應該在唐王朝，唐太宗李世民大帝的貞觀之治，到唐明皇李隆基在位中期，不過一百年左右。第三個黃金時代，應是十七世紀六〇年代到十八世紀六〇年代清王朝中葉。中國五千年歷史裏，只有這三個黃金時代。其他的四千餘年呢，幾乎每一年，甚至每一天，都有戰爭。西方有位學者，曾經做過一個統計，證實人類自有歷史以來，每年都有戰爭。這種現象在中國歷史上，更是一樣，我自己也曾做過這種統計，而且寫了一部《中國歷代戰亂編年史》初稿，發現中國歷史上也每年都有戰爭。但以中國爲單位統計和以世界爲單位統計，意義完全不一樣，因爲世界地方太大，中國和世界比較，中國就太小了。尤其是中國版圖到明王朝的時候，跟紀元前二世紀秦王朝大小一樣，比現在的版圖，要小一半。

在這麼小的版圖裏，如果每年都有戰爭，而且還只是有記載的戰爭，沒有記載的戰爭，還不在我們統計的範圍，可看出中國的動亂非常可怕。一個王朝取代另外一個王朝過渡期間的大混亂，總有三五十年，由政權的奪取到政權的安定，又要二十年左右。然後政權再腐敗，反抗力量再起，大混戰重新到來，陷入治亂相迭的惡性循環。中國人可以說是長期的、甚至永遠的生長在貪污、混亂、戰爭、殺戮、貧窮裏面，因之中國人始終沒有安全感，總是覺得惶惶不安。我們有這麼悠久的歷史，又有這麼大的國土，中國人的心胸應該磅礴四海，非常開朗才對，只因爲長期的貧窮、殺戮、忌猜，使得我們心胸，反而十分狹窄。只求今天能過得去就可以了，明天的事情怎麼發生，我不知道，戰爭要綿延到什麼程度，我也不知道。戰爭影響水利，水利工程被破壞之後，接着來的是大旱災，旱災之後，又是大蝗災，這樣的旱災、水災、蝗災，赤地千里。在歷史上，「人相食」三個字，不知道出現過幾十次幾百次。我們認爲我們是高級文明的民族，怎麼會發生這種人吃人的野蠻行爲呢，實在是我們的災難太多了，而且患難也太久了。不必說國家民族，就個人來說，一個人如果貧窮太久，苦難受得太多，他對任何事情都會發生一種不信任的心理反應。我坐牢要出來的前幾天，一個官員叫我，告訴我說：「報告一個好消息，你要出去了。」我說：「吃什麼豆腐！」（笑聲）那官員說：「你爲什麼不相信呢？我能騙你嗎？」我要求他拿證明給我看，因爲我相信得太多了，受到的欺騙也太多了，每一次都失望。一個在患難中太久的人，他就有不相信好消息的權利（笑聲）。一個民族也是一樣，太久的折磨，人們認爲，一個新王朝來了之後，就可以怎麼樣怎麼樣，結果幾乎沒有一次不落空。有人問中國爲什麼沒有偉大的建築，而外國有呢？那是因爲中國的建築是用木料作的，它會腐爛掉。我認爲這不是原因，原因是，一個新的王朝興起之後，就會用一把火把它燒掉（笑聲）。秦王朝留下來那麼好的阿房宮，可是項羽認爲那是民脂民膏，那是暴政，所以放了一把火。等過幾天呢，他自己也蓋了一個（笑聲）。再過幾天呢，又來了另外一批人，又說你這是民脂民膏，是暴政，又把它燒掉。這種不成熟的情緒，就足以造成長期的貧窮，使中國人的自尊心沒有辦法建立，中國人的心胸沒有辦法開闊。有一句格言說，多難興邦（笑聲），我們先要了解，格言都是情緒的，在某一種特定的條件之下，它才是眞理，它不是科學的。「難」如果太多，就沒辦法興邦（笑聲）。對格言一定要有認識，譬如說，「哀兵必勝」，那可不見得，哀兵失敗的很多。一支大軍最後被消滅，哪一個不是哀兵（笑聲）。像迦太基對抗羅馬，到最後幾乎全國皆兵，可以說是一面哭一面打，最後還是被羅馬消滅了。哀兵不見得獲勝，多難也不見得興邦，而是說，多難必須恰到好處的時候，才能興邦（笑聲）。而中國呢，就是太多難了，所幸多難還未多到把我們消滅的程度，但是已經多到使我們失去靈性。

第三，我們從歷史上發現，中國社會有一個很奇怪的現象，是其他國家所沒有的，就是所謂的「官場」，官場來自科舉制度。有一點我不知道各位是不是同意，日本吸收了中國全部文化，他把中國所有的東西都吸收過去，小自榻榻米、木屐（笑聲），大至政府組織、政治制度等，卻只有一點沒有吸收，使得日本後來明治維新時，能夠一下子強大起來，而未造成阻力，這一點就是科舉制度。中國的科舉制度有它的功能和貢獻，但也造成了中國的官場。官場是一個非常奇怪的蛛網，看也看不見，摸也摸不着，但是你可以感覺到你已進入了盤絲洞。中國「官僚」這個字，不能用 Bureaucrats 來翻譯。中國官僚有他的特徵，効忠的對象絕對不是國家，也絕對不是領袖，他只効忠於給他官做的人。王朝政府可變，官場不變。所以滿洲人統治藏人、蒙古人、漢人，都分別針對那個民族的弱點。對藏人呢，用喇嘛教，把喇嘛請到北京來，當成大爺，極盡恭敬之能事。對蒙古人呢，用婚姻手段，把所有的皇女公主，都嫁給蒙古王子，她們生的兒子，就是我的外甥（笑聲），把那些小王子從小養在宮廷裏，叫我舅舅啦，叫我公公啦，等你長大以後，怎麼可以反對你的舅舅、公公呢。滿洲人的皇女公主，絕對不嫁給漢人。他們統治漢人的方法，就是科舉，他們知道中國人有個毛病，就是好做官（笑聲）。我有給你做官的希望，你就會服服貼貼的，把你的民族意識，和人性尊嚴，全部交出來。所以官場是一個神祕的社會層面，官場有特殊的行爲標準和價值觀念。他不効忠皇帝，皇帝換了，他還是做他的官（笑聲）。他也不怕國亡，亡了國，只要你給他官做，他還是做他的官。於是花花世界，只不過是官的發威場所，自然形成了官官相護，非常複雜的關係。不曉得各位有沒有看過一本書《官場現形記》，這是一本分析中國官場結構的書，你不要用文學的眼光去看這本書，而要用研究社會問題的眼光看這本書。因爲官場這種關係建立，使得我們中國的人際之間的關係，更趨微妙。我想各位在美國這麼久，是不是發現，美國的人際關係，比中國的人際關係要單純得多？中國有句話說，做事容易，做人難。做人是什麼呢？就是人際關係處得好不好。有齣京戲《審頭刺湯》，有一個法官，另有一個陪審官，另外還有一個美麗的年輕寡婦，她的丈夫被謀殺了。在審判中，她抱着一個人頭在哭，如果這個人頭是眞的話，那麼這個案子就可以了結，如果是假的話，這個案子發作起來，會牽連很大，要死很多人。陪審老爺喜歡這個美麗年輕寡婦，這個女子也向他暗示，她可以嫁給他，於是這位陪審老爺就堅持這個人頭是眞的（笑聲）。那位女子一看可以結案了，表示不願嫁給他了，這位湯老爺馬上堅持人頭是假（笑聲）。我們中國人永遠就在這種官場關係裏，是非不明的反反覆覆，一會人頭是眞，一會人頭是假，到底人頭是眞還是假，誰都搞不清楚（笑聲）。官場帶給我們這麼多的困擾，我想在座的各位專家學人，很多曾經回國做過事，或是將來可能回國做事，我想你遭遇的困難，不是工作的本身，比如說你要造一個原子爐，如果你根本不會，那麼這是屬於工作上的問題，可是你要造原子爐缺個螺絲釘，管理螺絲釘的這個人呢，他請假出去了。他感冒了，當然要請假，總不能說不准感冒吧，可是事實上，他不是感冒，而是打麻將去了（笑聲）。他為什麼去打麻將呢，那是因為你跟他的關係搞得不好，你的原子爐造成造不成，跟我有什麼關係？原子爐造不成或者是爆炸了，我一點也不在乎（笑聲）。如果你說國家受了傷害！受傷害就受傷害，我還是照樣做我的官。這就是官場景觀，這種幾千年累積下來的病態，一直維持到國民革命軍北伐，也就是一九二八年。可是，軍事北伐，政治南侵，事實上是官場的毒素南侵。本來革命同志之間的感情是非常純潔的，不過一旦捲在官場裏面，就變得非常複雜，複雜到一個健康的人不能承擔的程度。於是社會上的人際關係，就變得跟強力膠、漿糊一樣，一旦沾上，想脫也脫不掉，想甩也甩不掉。我不曉得各位回國之後有沒有這樣的發現，舉個例子來說，假如你回國，朋友請你吃飯，如果你膽敢回絕的話，那友誼從此就一筆勾銷。這就是官場的習性，人際之間的關係變得非常的扭曲。為什麼要這樣？為什麼他需要這種官場的關係呢？因為這樣才能使他的官位，更加穩固。我有個朋友回到台灣去，一些不相干的人請他吃飯，吃飯之後就託他帶些東西到美國來（笑聲）。這並不是他有意跟你做交換條件，而是一種很自然的反應，因為吃過一餐飯之後，就變成朋友了，朋友就要互相幫忙（笑聲）。官場的現象就是這個樣子，如像你造原子爐，這原子爐很危險，是不能碰的東西，可是他會認為，我們都是朋友，碰一下有什麼關係（笑聲）。往往一個人在當官之前，跟當官之後，變成了兩種人。這句話本身是不合邏輯的，只能說一個人的官性太興旺的時候，人性就消滅了。他沒有人性，而只有做官的官性，必須等到有一天他退休了，人性才能回復（笑聲）。因為官場的存在，使得中國對於做事的方法，有特別一套，使我們文化發展的軌道，經常脫離方向。

第四點報告，我覺得孔丘本身是個很偉大的人物，知識淵博，而且富有同情心，對社會有很大貢獻。從孔丘發展出來的儒家和儒家學派，對中國人的影響，更非常深遠，一直影響到我們現在。但儒家的基本精神是保守的，嚴格一點的說，儒家不但是很保守的，而且是反對進步的；儒家這個「儒」，在春秋以前是祭祀典禮所用的司儀，因爲他了解祭祀程序，遇到國家重要典禮的時候，必須有這樣的人提供意見，這種人在本質上當然是崇古的。那個時候，沒有新興的禮樂，必須用古時的禮樂，爲了維持他的飯碗，必須先維持他職業的穩定（笑聲），所以他必須崇古。我們不用崇古這個不好聽的名詞，但可以說他們非常保守。這種精神在中國造成堅強的保守意識，而中國社會在這種意識之下，因而喪失了創新的動力，因而也沒有了自我檢討、自我反省、自我調整的能力。朋友有的時候談起美國，很抱歉，我又在各位「老美國」面前班門弄斧，我想我姑妄言之，各位姑妄聽之（笑聲），好比有人講到美國的種族迫害，對印第安人無情的殺戮，對黑人的虐待，對中國人的歧視。我曾參觀過安琪兒島，看到中國人留下來的字和慘苦的詩句。美國這些缺點是不是眞的？當然是眞的，甚至比我所想像的還要壞。但是我們應注意到另外一個問題是，他們有沒有改正的能力？有沒有自我反省的能力？現在是不是比以前好？假如沒有的話，我們就覺得這個國家沒有前途；假如有的話，我們就覺得這個國家偉大，充滿了活潑的生命。美國以前也有吊人樹的，可是現在沒有了，美國以前對囚犯用過水牢，可是現在逮捕人的時候，他們會把憲法第幾條唸給他聽。美國有錯誤、有偏失，但是美國有改正錯誤的能力。可是，我們中華民族，卻沒有這個能力。長久的崇古、不求上進、保守，使這個能力喪失。在歷史上看，商鞅是法家思想，他變法把秦國變成一個怎樣的國家呢，在未變之前，人民的生活是，父兄姊弟，大大小小都睡在同一炕上，商鞅使他們過文明生活，不准父母子女同房，也不准哥哥妹妹同房，告訴他們一定要分開來睡，可見那時他們是一個怎麼樣野蠻落後的國家。商鞅變法，並不是變出一個原子彈，也不是物質上的改革。而是制度的、社會的、教育文化的，基本上的改變，他成功了。那時候是紀元前四世紀，到現在兩千餘年，中國卻沒有再一次的突破。每一個想要突破的人，最後都身敗名裂、家破人亡。商鞅的下場，是車裂，是五馬分屍，儒家學派也常常宣揚這些改革人的下場，阻嚇中國人進步（笑聲）。歷史上最好的一位改革家王安石，他的道德學問和工作能力，無懈可擊，可是他的改革卻遭到那麼大阻力。像張居正，他的遭遇跟商鞅一樣悽慘，他剛死了之後，家就被查封，他的兒子活活餓死；一直到康有爲的戊戌變法，都不能成功。儒家學派有一種說法：「利不十，不變法。」這句話的意思是說，沒有百分之百的利益，絕不可以改革，這種觀念正是我們中華民族不能進步、不能強大的最大原因。任何改變都沒有十分之十的利益，只要有十分之五點五的利益，就是最大的利益。

譬如說你現在要從史丹佛開車到聖荷西，我認爲你不可以開車去，因爲汽車可能出車禍；你應該步行去，因爲利不十，不開車（笑聲）。這樣的看法你怎麼說吧，而且開汽車還要先去學開車，浪費時間，在街上你不撞人，人家會來撞你（笑聲）；如果步行，既可以節省金錢，又可以增進健康，而且沒有危險，各位聽了我的話，明天是不是就步行不開車了。事實上，只要有百分之五十五，百分之五十一的利益，我們就應該變，要求百分之百的利益，永遠不可能。昨天晚上，幾位朋友談到漢字拼音化問題，有人講這樣毛病、有人講那樣毛病，當然有毛病，天下哪有沒有毛病的改革？有的是情緒上反對，有的是理論上反對。可是假如你要它一變，就得到百分之百的好處，天下根本沒有這樣的怪事。因爲儒家本身的精神是保守的，宋王朝一位皇帝，曾問司馬光是不是一定要改？假如西漢王朝一直不變蕭何的法律可以嗎？司馬光回答說，當然可以，正因爲有太多的妄人、太多的好事之徒亂變，才使賊盜横行，假如一直不變的話，堯舜時代的美風善俗，就會保持到今天。各位，這種人眞是妨礙中國進步的蟊賊。司馬光是一個官場老將，他一當上宰相就把王安石所有的新法全部廢除，包括效果已十分顯著的募役法。蘇東坡和范仲淹的兒子范純仁，都提出反對，司馬光馬上翻臉。這說明時代絆腳石是不論是非的，不爲人民的利益着想，也不効忠國家元首，而只効忠自己的利益，司馬光不是一個政治家，不過一個官場混混罷了。

第五點是，太多的人口害了中國……

（此時因換錄音帶之故，錄音中斷了。）

改朝換代的內戰之後，接着是人口大量增加，又重複恢復悲慘：戰爭、殺戮、死亡。有人說美國這地方很好，生活水準很高，不曉得各位有沒有注意到，假如美國人口增加十億，把中國大陸的人口搬過來，美國就有十二億了，你看會有怎樣的情況（笑聲）？人口問題是很重要的，如果中國要想強大，人口一定要拚命減少。有句話說：人多好幹活，人少好吃饃。饃，就是饅頭、麵包。在過去的時代，人多的確好幹活。而現在呢，人口多了沒有用，一百個人不如一個電腦（笑聲）。人少好吃饃，這句話倒是一個很簡單的眞理。以各位的家庭收入，養兩三個孩子，還能夠維持中等以上的生活，如果一下子你不小心，生了兩百個孩子，生活怎麼維持下去呢（哄堂大笑）。生活費、學費、衣服費等，用什麼開支？中國人口太多，貧窮太深、官場太厚、競爭太厲害，這些原因使我們中國人呈現一種現象：就是髒、亂、吵，和永不止息的內鬥（笑聲）。中國人講起話來，來勢洶洶（笑聲），使我們喪失了禮貌。在洛杉磯的時候，有人問我對美國的印象怎樣，我說我覺得美國是個禮義之邦。又問我中國是不是禮義之邦呢？我認爲中國絕對不是禮義之邦（哄堂大笑）。中國人是這麼粗野，幾乎隨時都準備給對方一個迎頭痛擊。各位一定可以發現，中國人很少面露笑容，是不是因爲災難太多？痛苦太多？憂愁的時間太長？使中國人笑不出來。所以我覺得美國是個歡愉的民族，至少我所看到、所接觸到的美國，是一個非常快樂、善良、樂於幫助別人的民族。而中國人比較憂慮，總是充滿了敵意，非常擔心自己的利益。於是我們成天惶惶然，爲了自衛而虎視眈眈（笑聲）。有人說美國有種族歧視。當然有種族歧視，事實上不限於美國，任何一個國家都有種族歧視，但是美國至少包容了我們，不但包容我們的人，也包容我們的沒有禮貌、髒、亂、吵，和不停的內鬥。

以上是我的一點心得，毫不隱瞞的提出來，也是我來到美國「考察」，回來後向各位董事先生所作的忠實報告（笑聲）。

我們的優點，不必再說了，因爲說來說去，它還是存在；不說，它也不會跑掉。我提出我們的缺點，這樣才可以促使我們自我反省。這些缺點已經非常嚴重，在我們醬缸文化裏，我們面臨這麼多複雜的問題，應該怎樣的反應呢？我略爲報告我的意見。

這些問題，如果它是問題的話，我們最重要的反應，應該是培養我們的思考能力。幾千年下來，一切東西都由別人——聖人或有權勢的大官之類，替我們想好了，自己不需要想，而且也不敢想。要怎樣做才對呢，中國人似乎需要練習自己去做傻子。洛克斐勒的兒子到新幾內亞去探險，被土人吃掉了，這件事發生之後，台北報紙登出來，很多人說，有福不知道享福，要是我，我就不會去。這次我在鳳凰城一位美國朋友家裏住了五、六天，主人的十六歲女兒 Margret，到宏都拉斯去幫助當地人，使他們了解眼睛衛生的常識。宏都拉斯的衛生跟中國相比的話，要比我們還差，當地非常的髒，以致這個女孩一覺醒來，竟然發現有一頭豬跟她睡在一起。我在那裏的時候，她恰巧服務結束，回家向她媽媽報告，眉飛色舞的說，明年她還要再去，因爲那個地方太貧窮落後了，需要去幫助他們，她母親立刻鼓勵她再去。我們中國人也許會想，要是我的話，我才不去呢。可是那個美國媽媽卻誇獎她的女兒，認爲她的女兒有見解、有愛心，以她女兒能夠爲別人獻身服務的表現，引爲驕傲。她並不是向我表示她的愛心，我又不能給她官做（笑聲），也不能給她股份（笑聲）。我在她的眼中，不過落後民族的一員。而是那個媽媽內心深處眞摯的想法。相形之下，中國人就聰明多了。

因爲中國人太聰明，我想世界上的民族，包括猶太人在內，恐怕都沒有中國人這麼聰明。假如是單對單，一個人對一個人的話，中國人一定是勝利者。但是如果是兩個人以上的話，中國人就非失敗不可，因爲中國人似乎是天生的不會團結（笑聲）。團結的意義是，每個人都要把自己的權利和利益，拋棄一部份。比如現在有兩個圓形物體，必須用刀削成兩個較小的方形，才能緊密的黏在一起。可是彼此只希望自己不要被削，而只削別人的，要削掉自己的就不幹了，這樣怎麼能團結（大笑）？中國人是太聰明了，沒有一個人敢說中國人不聰明，中國人聰明到什麼程度呢，聰明到被賣到屠宰場的時候，還拚命講價錢，多賺了五塊錢，就心花怒放（大笑）。就是這種情形，中國人太聰明，太聰明的極致一定是太自私。凡是不自私的行爲，不自私的想法，都會被譏笑爲傻子。中國人不夠寬容，凡是一個人心情厚道、寬恕別人、讚揚別人，就會被人罵作傻子。人家打你的臉，你竟然敢反抗；人家違法，你竟然敢據理力爭，你就是傻子。一件冒險的事，既不能做官，又不能發財，你去做了，大家當然說你是傻子。我覺得一個中國人必須多少有一點傻子的心情，然後我們這個民族才能得救，不然的話，就會像印地安人一樣，日漸沒落。有句俗話說，人不自私，天誅地滅。可見得人不自私的話，就會被別人認爲不可救藥。我們能不能夠從自己開始，不要靠政府，也不要求別人，只是從自己做起，做一些世俗認爲的傻事？

總結我的意見，我們不要把人際關係搞得那麼複雜，先從自己開始，從自己的孩子開始，訓練起來！譬如，美國小孩子在自助餐桌上，媽媽告訴他，吃飯之後要把東西收拾好，弄乾淨，放在那裏。這種教育應該從本身開始，從孩童時代開始，我們應該把這種訓練當做一種起步和一種里程。中國人的美德多得很，可惜都在書上（笑聲）。我們希望這些美德都能出現在我們的行爲上，看看我們自己是不是可以辦到。今天我報告我自己的意見完了，佔用的時間太多，還請多多原諒，多多指教（熱烈掌聲）。

聽眾A：我覺得問問題起碼要十分鐘才夠。

主席：對不起，只有兩分鐘，因爲很多人都想提出問題。

聽眾A：柏楊先生剛才提到封建制度摧殘人權的問題，你提到明王朝摧殘人權，其實西方情形也差不多。我想西方文化也是同樣經過君主專制的洗禮，爲什麼能夠產生後來那種個人自由主義的人權觀念，爲什麼中國就不能產生，一直到今天……

主席：停一下好嗎？你的問題已經超過了兩分鐘。（笑聲）

柏楊：這不是討論，這是考試（笑聲）。不過用不着考，我已經是博士，是綠島博士（笑聲、掌聲）。可惜我沒有能力答覆你這個問題，就好像我們沒有能力了解爲什麼西洋人吃飯用刀叉，中國人吃飯用筷子一樣。文化的產生是逐漸的，這兩種文化在最初沒有交通，互相影響的可能性很小，每個文化都照各自的模式去發展。個人的人生和民族的命運，往往被一個很小、很弱的因素，使他轉變方向。但我們不曉得這個很小、很弱的因素是什麼，或是在什麼地方。

聽眾B：我想就這位先生所提的問題，向您再請教。剛才我聽您的演講，得到以下這樣的感想，覺得您對中國文化的結論是這樣下的：因爲我們中國傳統的文化，過去是一個專制的文化，有一個專制的政體，因此今天社會上才會演變成這樣一種風氣，也就是官場風氣。因此，我想剛剛這位先生的問題，還是可以解釋出其中的道理，因爲您認爲既然有了專制政體的大前提在，因此才產生這樣的風氣。既然兩個文化都有同樣的歷史傳統，爲什麼今天會產生不同的結果，依照您的結論來看，似乎結果應該一樣。我也許是亂替柏老的結論下個標籤，我想您的結論是文化遺傳論。記得容格曾經說過，文化是可以遺傳的，如果人的老祖宗持有怎樣的觀點，子孫也會受到影響，因此我們過去有專制政體，即使我們今天受了西方文化的洗禮，在我們今天的文化中，可能還留有過去文化的專制因子。容格從心理學的立場提出這樣的論點，但今天很多人卻認爲大有問題。第二點，聽了您的講演，使我們過去非常樂觀的年輕的一代，有點難過。以我來講，可以說是年輕的一輩，是新生代的一員，我始終覺得我們這一代，在整個社會風氣，和思想方式上，一定要和我的前輩不一樣。譬如說我今天並沒有做官，我不能保證我將來做官是不是變成只有官性沒有人性（笑聲）。但我覺得，有一天我到了那個場合，我相信我的官性仍然要比過去的人要少一點，人性還要多一點。但是您今天這樣一講的話，我覺得和我的想法不太一樣，謝謝您。

柏楊：我想我只是講歷史事實，因爲時代和環境的轉變、教育的導向，現時代可能不再會這樣。而且我相信你的誠心，也相信你做得到。

聽眾B：我想您的詮釋，也許跟我的不太一樣。

柏楊：我要強調一點，中國的專制政治和西洋的專制政治，在深度和廣度上，差異很大。西洋歷史我還沒有開始唸（笑聲），不過我覺得有所不同。比較起來，中國專制是極端的，西洋宮廷裏只跪一條腿，只有對上帝才跪兩條腿，對人恐怕很少跪兩條腿。中國不但跪兩條腿，而且還要磕頭，而且還要磕響頭（笑聲）。清王朝末年有句話說：多磕頭，少說話。所以我想中國專制的內涵、專制的程度，恐怕跟西洋不一樣。我看過法國路易十四一幅油畫，路易十四很偉大的坐在當中，大臣坐在旁邊，皇后也坐在旁邊，這種情形在中國不可能發生，中國的大臣一定是戰戰兢兢，誠惶誠恐的跪在下面。

聽眾B：我想……

主席：請等一下，讓別人有機會問問題。

聽眾C：我從小就看過柏楊先生的書，今天能看到柏楊先生，感到非常感動。講到中國人的個性、民族性、政府，剛才柏楊先生從古代史一直談到近代史，而我們對現代史比較關心。第一個問題是，我們不知道柏楊先生來美國之後，講話的開放性，有多大？您講話能講到什麼程度才能夠回到台灣……（笑聲）。第二個問題是，中國人的個性常常因為政府而受影響，譬如政府常常喜歡愚民，很多地方明明大家已經知道了，他還是要壓住，讓大家感覺很多事都是很Secret。不講實話也是中國官場想要達到政治目的的手段。譬如最近很多事情造成的結果，尤其在國外——我是支持中華民國政府的——，但是，我覺得政府有很多做法實在是沒辦法讓人了解，我們在外面看到的報章雜誌，發現政府前幾天講的和後幾天講的不一樣，現在我想證實我個人的一個觀感……

主席：兩分鐘。

聽眾C：我對綠島大學很有興趣——我當然沒有興趣進去（笑聲），但我有興趣了解，我想知道一下綠島大學校長是誰？教務長是誰（笑聲）？行政機構，還有是不是叫「長官」之類，如果您方便的話就講，不方便就不勉強。

聽眾D：我想我們今天是不是應該尊重主席的要求，還是少談政治。柏楊先生今天提出很多問題，是非常嚴肅的，我想我們是不是可以把興趣擺在這些問題上來討論，至於其他問題……

聽眾E：請問這位先生是不是柏楊先生？哪位是？（聽眾騷動聲忽起，並有人鼓掌。）

主席：我們還是尊重個人發表意見好不好？

聽眾F：我手邊有本《柏楊語錄》，我們談太多話不行，主持人剛才說的話，我想我們的民主還有一個特點，你這本書裏沒有提到，就是不可以提政治問題（哄堂大笑，掌聲不絕）。

聽眾G：今天柏楊先生談到學術問題，您研究歷史得了五個結論，前四個結論我可以百分之八十同意，最後一個結論說，中國人口太多，所以造成我們今天這種不幸，這個問題我有個疑問。日本，他的國家很小，人口也很多，但他們生活水準很高，他們沒有接受我們官場文化的缺點，所以有今天的成果。我認為不是我們中國人口太多，才造成我們這種不幸，假如我們把工商業做得很好，假如我們改變了我們的病態和缺點，我們中國人可以維持這個現狀，甚至我們更可以容納一倍的人口。我們不應該說中國人口太多，就要限制我們的人口，就要去侵略人家，或者互相殘殺。這是個現象，現象和結果是不能溶在一起的。所以我的結論是，我們研究中國歷史，並不是我們人口太多造成不幸、災難、貧窮。我們很可以在中國這麼大的領土上再容納多一倍的人口，沒有問題（笑聲）。假如我們的科學、文明的發展，可以達到一個水準的話，我想我們的生活水準，不會低於日本。

柏楊：我非常贊成你的見解，應該是這樣的。不過，「假如」的前提太多，而在這些「假如」實現之前，人口仍是很大的問題，太多的人口才使我們的工業、科學、文明，永不能發達到「假如」的那種地步。

聽衆G：這個我能夠接受，您的結論是說從歷史的研究、學術的觀點，指出中國的人口太多，所以才會有這樣的不幸。我的意思是說，其他的四項結論，我贊成。而人口太多，並不是造成不幸的原因。將來我們中國人口是不是再增加下去？我們還會不會繼續這種不幸？這是另外一個問題，值得研究。

聽衆H：柏楊先生談中華民族的問題很有趣，我有一個錯覺，不曉得是因爲您有顧忌不願意講，或者是……總之，我有個印象，中華民族是有這麼多的缺點，自私得沒有救藥。但是關於中國現代史，柏楊先生沒有提到中國人民反帝國主義、反封建，轟轟烈烈的鬥爭。在解放以後，一九四九年之後，建設整個社會主義，在整個過程中，一方面在經濟方面、物質方面……建立一些科學基礎，另一方面在人的意識形態上，做很多教育的工作，最後像文化大革命，事實上是人類有史以來發展最高峰（有人插入一句：「最恐怖。」並有人鼓掌）。柏楊先生剛提到的針對官僚……（秩序稍紊），不知道柏楊先生願不願意評論這件事，因爲您也是研究所謂「匪情」的（笑聲）。

主席：時間超過。

聽眾H：好，我馬上說完，如果中國人行動起來向當權派造反（笑聲），您怎麼解釋這些。

柏楊：這是政治問題，我們不談，我們只談歷史，同時這個我也不太清楚（笑聲）。

聽眾I：我有一個要求，請問您，關於簡體字，我想聽聽您的意見。

柏楊：我贊成簡體字，而且更贊成應該進一步改成拼音文字。昨天晚上，很多朋友聚在一起，就談到這個問題，不過大家的意見不一致。因爲反對拼音字的人，心裏有一個結，這個結必須解開。拼音文字太需要了，譬如說打電話，我問貴姓？我姓劉。這劉字怎麼寫吧，在電話上恐怕沒辦法講清楚，我說你去查字典，你也不敢肯定第一次就查到，甚至查第二、第三次都查不到，查得你火冒三丈（笑聲）。過去，我們責怪古文沒有標點符號，不能斷句，看起來簡直不懂。各位讀過《元史》沒有？蒙古人的名字像冰糖葫蘆一樣（笑聲），簡直分不出有幾個人。現在雖有了標點符號，可以斷句了，但方塊字的最大缺點更呈現出來，那就是，既不能隔字，又不能連音。不能隔字，即令字字認識，也看不懂。不能連音，方塊字像一盤唸珠掛在那裏，我們要費很大的力氣組合。才能弄清楚。好比說，「我從馬來西亞來。」「馬來西亞」應該連，跟最後一個「來」字之間，應該隔。否則的話，「馬來」了，「西亞來」了，如果一個孩子名叫「西亞」，問題就大了（笑聲）。今天打字這麼快，電腦這麼快，都不是方塊字可以勝任的。我一直嚮往我桌子上有一部中文打字機，能使我打出中文稿件，不再做爬格紙動物。不過中文拼音化並不容易，主要的是我們有心理障礙，認爲我們用ＡＢＣＤ是英文字母，拼出的是英文。其實不是，我們要了解，這個ＡＢＣＤ就是中文字母（笑聲），拼出的字，就是中文，就不至於有被同化的屈辱感覺。是的，它們是中文、是華文，不是英文，也不是德文，假如說用ＡＢＣＤ拼出來就是英文的話，德國人可能會氣死，法國人也可能會氣死。文字完全是工具，就好比車子，你買了就是你的，他買了就是他的。其實，假如拼音文字今天就實行的話，第一個先餓死的就是我，因爲我就靠方塊字吃飯（笑聲）。但是我覺得自己的生命很短，政治的理由也很短，民族文化非常重要，那是太重要了。尤其各位在美國，你會發現第二代孩子們會講中國話，但不會寫中國字，那麼難，你怎麼教他？好比說中國的「國」字，怎麼寫？怎麼塡到那方塊裏去（笑聲）。要認識這個字，除了死記以外，沒有他法。以致孩子們吶喊：「我恨死中文！」這還不能使我們猛醒？我們不要增加我們民族向前邁步的困難，應該大家腳步向前，不要自己爲自己加一個腳鐐，加一個手銬，不要爲老祖宗活，不要爲過去活！爲什麼爲他們活？應該爲孩子們活。拼音化之後，古書看不懂就看不懂算了，現在並沒有拼音化，你還不是看不懂（笑聲、掌聲）。過去的事，老祖宗的事，交給幾個人，讓他們去廟堂裏打掃，我們不要爲祖宗活，要爲孩子們，爲下一代，爲國家民族的未來活。假如中國有一天，忽然爆出冷門，威震世界，中國人一咳嗽，地球就發抖，中國話可以成爲世界語言，但中國字絕對無法普及，所以必須改成拼音。

今天我講中國這麼多缺點，有人聽了一定很洩氣，我覺得我們應該聽的，正是這些，而不是優點，假如我們講我們的美德、我們的聰明……最後，我們還是不能夠受到人家尊重，我們自己也不能自尊。要知道，中國人的災難，不僅是中國人自己的災難，也是全世界的災難。一隻小船沉下去就沉下去，一隻大船沉下去，引起來的漩渦會把附近的船都吸引下去。日本人爲什麼來侵略我們？只怪中國不爭氣引誘他動手（笑聲）。我覺得我們應該自救，自救的第一件事就是要知道自己的缺點，假如不知道自己的缺點，整天去想得意的事，恐怕有點像賈寶玉意淫（笑聲）。

聽眾J：我常聽到兩句成語，一句是「以不變應萬變」，另一句是「報喜不報憂」，您有什麼看法？

柏楊：「以不變應萬變」，我不敢有意見（笑聲、掌聲）。「報喜不報憂」，我想這是官場特徵。

聽眾K（美國人）：您今天演講的題目好像是專門說中國人的壞話，我想請您也說說美國的壞話（笑聲），就您所看到的書，及您在美國所看到的事，您覺得美國有什麼地方，應該向有五千年歷史的中國學習？

柏楊：關於美國人的壞話，美國人自己已講得太多了，這是我非常羡慕的地方，因爲美國有自我平衡、自我反省、自我調整的力量。自己有錯的地方，都自己講出來，自己能接受，自己能鑑賞，這一點我們中國人不能。你要是講美國人好，人家就說你爲什麼不是美國人？不把鼻子拉高（笑聲），有人講這是崇洋媚外，我覺得崇洋很好嘛，有什麼不好，不但要崇洋，而且要徹底的崇洋，我如果有權利，我一定規定每個人不崇洋不行，哪一個人不是從頭到尾都是洋？而且各位還住在美國，而我還住在台灣，我覺得這是醒悟不醒悟的問題，我們應該把人家的好處一條條列下來，好的地方，我們就應該學，我們如果希望像美國一樣強大，我們就需要向美國人學習，美國值得我們學習的地方太多了。美國當然不可能十全十美，因爲世界上沒有十全十美，至少美國的郵政就壞，投遞既慢，而又經常放假。但我們也應該慶幸美國不十全十美，假如美國是那樣，他就僵化了。

聽眾L：柏楊先生是一個博士，是一個病理學家，他今天說我們喪失了民族自尊心，應包括柏楊先生自己在內。今天他說的話，把我們五千年的歷史說到墳墓裏去了，不能使我們喚起民族精神，這一點我今天來聽，覺得很遺憾。我覺得中國受了封建思想的餘毒很濃厚，再加上儒家思想，假如我們把儒家思想轉變成法治思想，從人治轉變爲法治，建立法律制度，就會彌補過去的許許多多缺點。因爲過去都是人存政存，人亡政息，假如我們今天建立法條，你該做幾年就做幾年，不要去破壞它。我今天是個廚子，如果我要我的兒子也繼承做廚子，這便是儒家思想造成的禍患。我們希望柏楊先生告訴我們怎樣去治這個病，我們不能放棄。您說崇洋，在座的許多中國人，並不見得在美國就崇洋，這一點希望柏楊先生諒解。這一點，您錯了，這是我一點意見。我希望柏楊先生講的五千年文化不至於在五千年後仍充滿了封建、廷杖、官場。希望從今而後能改革，從人治變成法治，走向光明的未來。

柏楊：我跟你的意見完全一樣，追求的也完全一樣。

聽眾M：在大學時，我讀過柏楊先生的一些作品，覺得柏楊先生喜歡用諷刺、潑辣、尖酸的筆法，來揭發社會上不合理的現象。今天又聽到您講了中國人這些缺點，我們心裏的感觸很深，覺得很痛心、很洩氣、很難過，但我覺得這就好像看病一樣，病已經看出來了，就要對症下藥。我不知道柏楊先生作品中是不是能告訴我們如何去面對這些。另外我想請教柏楊先生談談台灣文壇的情形，推薦一些好的作品給我們。您比較欣賞哪些作家？

柏楊：我先說第二個問題，陳映眞、王拓、三毛、袁瓊瓊、陳銘磻、楊青矗，都是第一流的，不過我看得並不很多，因爲我的眼睛在坐牢時受了傷，沒有辦法集中看小字，台灣的報紙字又特別小，這個問題可不可推薦我太太來答覆。

張香華：柏楊忽然給了我一個難題，不過，我坐在這裏一直在想另一個問題，因爲剛才一位先生說柏楊今天講的話，使我們喪失了民族的自尊。我想就我的了解，把他的意見解釋一下。我想柏楊的意見，並不是說我們國家一點前途、一點希望都沒有。關鍵在於我們是否能自我反省。他講崇洋，這是一個事實。崇洋，這個名詞應該看怎樣理解，試看我們今天的生活方式，物質的享受，崇洋已經是非常明顯。不過我想他剛才有句話沒有講得很清楚，而在別的地方講演時，卻十分強調，就是，我們崇洋，但不媚外（掌聲）。我們承認美國比我們強，我們應該向他學習，但我們不需要去乞求他，不需要用自卑的方式，用自憐的方式來生存，而是怎樣改進，怎樣想辦法，很快的超過他們，我想這是柏楊心裏的話。很抱歉，我擅自作一補充，因爲我整個思想一直在想這個問題（掌聲）。

柏楊：關於李玲瑤小姐問到該用什麼方法，我想到一點。我提出來都是些病態的東西，我想大家都很難過，我自己也很難過，因爲我們當初聽到的中國是很光榮的，像朱元璋，他是民族英雄，後來我發現完全不是這樣，別人正跟蒙古人作戰時，他在後方卻擴充地盤，抄別人的後路，最後更篡奪政權，完全爲自己打算。等到別人把蒙古人打得一塌糊塗，把在中國的蒙古人的精力，完全磨損之後，朱元璋卻坐收其成。發現這件事之後，我是那麼沮喪。我想我們能不能復興我們的民族，要從我們能不能承認自己的缺點、承認自己的錯誤開始。假如連缺點、錯誤都不承認，又怎麼改革？怎麼進取？過去，我們一直不肯承認自己的缺點、錯誤，因爲我們已喪失了辨別是非的能力，一旦發現缺點，簡直就沒辦法活了。而一個有自尊心的人，會承認自己缺點、自己錯誤的，只有中國人大多數死不認錯。我們也有檢討，但檢討的結果都是因爲自己太好了（笑聲）。所以我們一直受人家欺負，今天被張三欺負，明天被李四欺負，後天被王五欺負。中國人每個人都應該有能力來檢討自己，不要抱怨，不要總是專講別人。在台北時，有對夫婦吵架，找我評理，作丈夫凶巴巴的說，他太太不愛他。我就說，如果想教人愛你，第一個條件必須要自己可愛（笑聲）。如果自己不可愛，怎麼教人家愛你？如果自己要別人尊重的話，必須自己先有被尊重的條件，這個條件不是罵一罵就可以得到，也不是喊喊口號就有用。假如此地不可以隨地吐痰，可是你總在這裏吐痰，教人怎麼尊重你？小便要到洗手間去，假如在大街隨便撒尿，又教人怎麼尊重你？所以我想我們一定要有被尊重的先決條件，一定要知道我們不如別人的地方。中國人似乎一直在死不認錯，一認錯就被認爲是崇洋？是的，爲什麼不崇洋？我們現在整個思想體系、經濟思想、學術思想、民主思想、法治人權思想，都不是老祖宗傳下來的。社會制度、意識形態、生活方式，都是從外國來的，哪一個是傳統傳下來的？我們的物質生活，如汽車、飛機、眼鏡、理頭髮的方式、房子、刮鬍刀，都不是中國發明家發明的，所以我覺得不是崇洋的問題，而是學習的問題。現在台北人喜歡吃土雞，我也喜歡吃土雞，洋雞沒有人吃，不好吃就沒人吃，洋雞也沒有人要。只要好的，就會有人要（笑聲）。但中國人的神經，出奇衰弱，一提到崇洋，就是媚外，怎麼會產生這種結論？崇洋不過學他們的優點，假如有一天美國人通通抽鴉片煙自殺了，我們總不會跟進吧。我們自己要有受人尊重的前提，要有反省自己的能力，這是我們民族生存發展，最大、最基本的要件。怪來怪去都在怪別人，這個民族就沒有救了。不但發生在我們民族身上，發生在任何民族身上，後果都一樣。印地安人老講白人殺光了他們，把白人恨入骨髓，僅只恨有什麼用？自己復興才對！你不能復興，白人將來可能殺得更多。我覺得我們不要責備任何人，不要抱怨任何人，這一點才是最重要的。其次，承認我們錯誤之後，承認自己的缺點以後，才有復興的可能性。只怕承認了之後有些人自己的神經先行崩潰。

聽眾N：請問柏楊先生兩個問題，第一，美國有一位專欄作家，名字叫包可華，台北《聯合報》經常有他的譯作，他的風格和您有點類似，您對他的觀點如何？第二個問題，這種風格目前在國內是不是允許存在？我相信這是一種很好的表達方式，水準很高的文章，我已二十年沒看過這樣的文章了，不知道今天國內的情形怎樣？

柏楊：今天在台灣，人們擁有相當大的自由。自由是相對的，沒有絕對的自由。像包可華式的文章，在台灣非常流行。我想我的作品和他並不一樣，有兩位作家倒跟他很相像，那就是潘榮禮和可叵，他們用包可華的模式，寫得很好，有些也很尖銳，也沒有聽說爲他們帶來什麼困擾。

聽眾O：柏楊先生，我看您的文章很刻薄，可是今天聽您的演講，覺得您的人很可愛（笑聲）。這是眞話，現在有個要求，不知道文字獄是不是我們中國文化的特色。在西洋歷史上，我還沒有找到像中國過去文字獄的case，不知道您對這種文字獄，將來有沒有多寫文章發掘明王朝以後，中國文字獄對知識份子階層的影響。

柏楊：謝謝您的意見，我自己在牢房裏搜集了不少資料，準備寫一部《中國冤獄史》，中國冤獄（包括文字獄）之多，眞是舉世無雙（笑聲）。

聽眾P：柏楊先生，我最贊成您寫這部冤獄史，您是綠島大學畢業的，我是島外小學畢業的，我也像您一樣。

柏楊：你坐過幾年？

聽眾P：半年。

柏楊：幼稚園、幼稚園（聽眾大笑）。

聽眾Q：您在《早起的蟲兒》書中推崇科幻小說，教人不要看武俠小說，原則上我非常同意，不過倪匡說過：不看柏楊的雜文是人生的一大損失，不看金庸的武俠小說是人生的另一大損失，不知道您的看法怎樣？第二個問題是，聽說您在綠島時看了很多算命的書（笑聲），我覺得算命是中國文化的一部份，很神祕，不知道您的感想怎麼樣？

柏楊：當我寫那篇文章時，我還沒有看到金庸的作品，因爲那時他的小說還不能進入台灣（笑聲）。我覺得看過金庸的武俠之後，別的武俠都不能看了。我看過王度盧、不肖生……很多武俠，但看了金庸的之後，別的都比下去。金庸的文字水準、意境水準，都非常夠，尤其他的武俠小說在海外流行，意義更大。因爲普通人看正式的文學作品很吃力，武俠小說無形之中，使人受到感染，使中文得到普及。他確實寫得不錯，我很佩服他，他用這樣的筆法寫出來，的確是空前的。我在坐牢時買了很多算命的書，因爲十二年後出來，時局都變了，我可能沒辦法謀生，我預備在街上擺卦攤（笑聲、掌聲），我研讀了一年多，後來有人告訴我，政治犯不准當算命先生，我就沒有再研究了。談到命運，我自己是相信命運的，年輕的朋友大概不相信命運，我年輕時也不相信。曾國藩有一次告訴劉次青說：「不信書，信運氣。」劉次青說：「公之言，傳萬世。」人生有些事不能控制，你除了用命運解釋外，還能用什麼解釋？這種不能控制的現象，我們就叫命運，你叫他「不命運」也可以，總要給他一個名字。就在昨天晚上，台北遠東航空公司飛機爆炸，以前我常從台北坐飛機到高雄去看眼睛，我自己在《台灣時報》寫稿，報館老闆吳基福、總編輯蘇墱基，更常坐飛機來回台北高雄，所以我現在很爲他們擔心。這是一個例證，你有能力使飛機起飛，你沒有能力使飛機不發生意外。

聽眾R：您贊成簡體字，又贊成羅馬拼音……

柏楊：不是羅馬拼音，而是中文拼音。因爲你的說法涉及到……

聽眾R：您提到金庸武俠，贊成他的詞句優點，這是不是關係到字形的優點，或者僅是讀音的優點？如果簡化，甚至只剩下中文拼音，那麼字形優點和詞藻優點是不是只能靠音的優點存在？

柏楊：我想你把音變成形之後，「形」「音」「義」，仍會結合一起，密不可分。中國人看到「笑」字覺得在笑，可是美國人看到 laugh 也會覺得在笑，人賦給「形」什麼意義，它就有什麼意義。人看到花固可覺得她在笑，也可覺得她在哭。改變後，字和義會重新結合。

聽眾R：那需要多久時間才能重新結合？

柏楊：頂多一個禮拜（聽眾大笑）。我的意思是說拼音很容易，一個禮拜就會了。方塊字搞十年也搞不通。

聽眾S：我覺得今天最開心的是能夠在國外看到您，在那麼多年的牢獄之後。我有一個小小的問題請教，您怎麼能在經過那麼多苦難之後，有今天這樣的心情出現在大家之前，您是基於什麼樣的心情，把這些苦難擺平？這是我希望自己學到的，能不能請您講一點？

柏楊：我覺得我沒有什麼改變，在牢房裏該哭我就哭嘛，該快樂我就快樂嘛。有人說牢房裏一定每天愁眉苦臉，這證明他沒有坐過牢。十年愁眉苦臉那不是要愁死掉了？該快樂的時候就快樂（笑聲）。再一個就是我有這樣一個看法，人生遇到像我這樣的災難，甚至嚴重到像我這樣要被判死刑，後來判了十二年，十二年是很長很長的一段時間，往往不能適應。家中發生變故，有的是妻子離開丈夫，有的是丈夫離開妻子，而這些夫妻當初都是經過海誓山盟的，現在都變了。另外一個現象是友情上的刺激，突然有很多朋友怕你，有的你平時以爲可以託付身家性命的朋友，現在也突然變了。有些人沒有什麼交情，他反而可以交託。但這一切我都有一個觀念，我認爲這都是個案問題，不是普遍性的。好比說我坐牢才兩個月，我的前妻就離開我，不到兩年就跟我離婚，我就把離婚書寄給她，她說你的東西怎麼辦？我說什麼我的東西？家裏所有的東西都是我的東西，我告訴她我授權給她，把她認爲是我的那些東西，全都扔到馬路上，因爲我在台灣沒有親人，沒有地方可以寄放。我認爲這是個案，並不是所有女人都這樣。男人也是如此，丈夫變心了，也只是那個男人如此，並不是天下男人都是混蛋（笑聲）。朋友一樣，有的朋友怕你借錢，有的朋友落井下石，或者根本不理你，或者表現更強烈，要求把你槍決算了，這也是個案，只是某些人如此；還有另外的人願意幫助你，事實上也是這樣，我覺得我並沒有落空，落空了，不當朋友就是了。

聽眾Ｔ：現在國府有一條補償法，柏楊先生不知道什麼時候可以提出來爲寃獄要求賠償。

柏楊：寃獄必須要政府自己承認是寃獄才行。像我，就不是寃獄（笑聲）。

聽眾Ｔ：柏楊先生，你是愛情專家（笑聲），美國有位婦女提出一個看法說，美國現在爲什麼通貨膨脹？就是因爲離婚率太高了。您有什麼看法？

柏楊：這一類事情，每個人都可以提出一個看法。好比，我認爲美國通貨膨脹是他們紙張太過於浪費的緣故（笑聲）。台灣因沒有紙張，所以報紙不能開禁，所以不能增加篇幅，就是因爲美國浪費了太多的紙（笑聲）。

……

主席：如果大家已經沒有問題了，我們的座談會就到此結束，因爲今天晚上柏楊先生還要趕到柏克萊大學去做另一次演講（掌聲）。

——原載一九八二・二・十四—三・七・洛杉磯《論壇報》

老昏病大展

起敬起畏的哲學

以權勢崇拜為基石的五千年傳統文化，使人與人之間，只有「起敬起畏」的感情，而很少「愛」的感情。寫到這裏，準有人嚎曰：「我們有『仁』呀！」提到「仁」，話就得分兩方面說，一方面是，有「仁」固然有「仁」，但也只是書上有「仁」，行為上「仁」的成份實在稀薄，所以我們動不動就拉出來亮相的「仁」，只能在書上找，很難在行為上找。另一方面，「仁」似乎並不是「愛」，「愛」也似乎並不是「仁」，「仁」是當權派對小民的一種憐恤和同情，乃施捨的焉，賜予的焉，表示慷慨大度的焉，幼稚園教習對小孩子的焉。事實上是，人與人之間充滿了「恭敬」和「恐懼」。有些是由敬生懼，像孩子對父親。有些是由懼生敬，像娼妓對嫖客，像大臣對皇帝，像小民對官吏，像囚犯對獄吏。君不見朱全忠先生當了皇帝後大宴群臣的節目乎，他哥哥朱昱先生罵曰：「老三，你這樣造反，不怕滅族呀？」弄得不歡而散，史書上立刻稱讚他哥哥是大大的忠臣，其實他哥哥只是恐懼「滅族」而已。正史上這種節目多的是，任何一件事情，如果剔除了恐懼的成份，剩下的感情，就不堪聞問矣。《紅樓夢》上，賈寶玉先生對林黛玉女士曰：「我心裏除了俺祖母、俺爹、俺娘外，就只有妳啦。」我老人家一直疑心這話的眞實性，說賈寶玉先生愛他的祖母，愛他的娘，一點不假，如果說他也愛他爹，恐怕問題重重。全書中就是用顯微鏡找，恐怕都找不出一星點愛老爹的跡象，而全是恐懼。一聽爸爸叫他，就如同五雷轟頂，一個孩子對父親竟是這種感情，在潛意識裏，他恐怕巴不得老頭早死。

起敬起畏的哲學使皇帝和臣民之間，官吏與小民之間的距離，一天一天拉大，皇帝的尊嚴眞要：「升到三十三天堂，爲玉皇大帝蓋瓦。」臣民的自卑，也眞要：「死至十八層地獄，替閻王老爺挖煤。」這是世界上任何一個國家都沒有的，也是中國必然要倒楣的一種氣質。

——摘自《猛撞醬缸集》

缺少敢講敢想的靈性

不知道哪個傢伙，大概是被稱爲周公的姬旦先生吧，竟發明了宦官這門學問。男人雖是男人，生殖器卻是割掉了的，該一類朋友，有男人的用場，而沒有男人的危險，眞是絕大的貢獻。故當皇帝的一直樂此不疲，爲中國五千年優秀的傳統文化之一。嗚呼，「孔曰成仁，孟曰取義」！我想活生生把男人的生殖器割掉，恐怕不算是仁，也不算是義。可是這種割掉生殖器的宮廷制度，五千年來，包括所謂聖人朱熹先生和王陽明先生在內，卻沒有一個人覺得它不對勁，眞是怪哉怪哉。以中國聖人之多，道貌岸然之眾，又專門喜歡責人無已時，而對皇帝割人的生殖器，竟視若無睹，教人大惑不解。我想不外兩個原因，第一個原因是，雖然有人覺得不對勁，但因該事和皇帝的綠帽有關，便不得不自動自發，閉口無言。如果皇帝聽了他的建議，廢除宦官，找一批年輕力壯的小伙子代他看守美女如雲，恐怕綠帽繽紛，殺氣四起，屆時眞的服巴拉松了斷。歷史上任何一個吃冷豬肉的朋友，雖名震天下，可是遇到皇帝割生殖器，就只好假裝沒看見。

第二個原因是，五千年來，君焉臣焉，賢焉聖焉，都在渾渾噩噩混日子，可能根本沒有一個人想到活生生割掉生殖器是不道德的。中國文化中缺少的似乎就是這種敢想敢講的靈性。皇帝有權殺人，他就是「是」，不要說割掉幾個男人生殖器沒啥了不起，就是殺掉千人萬人的腦袋，也理所當然。積威之下，人味全失，而奴性入骨，只要你給我官做，你幹啥我都贊成。

——摘自《不悟集》

對事不對人

托爾斯泰先生有一次向一個乞丐施捨，朋友告訴他，該乞丐不值得施捨，因他品格之壞，固聞名莫斯科者也。托先生曰：「我不是施捨給他那個人，我是施捨給人道。」

嗚呼，我們對一個奄奄一息的乞丐捨施時，不能先去調查調查他的品格是甲等或是丁等，如果是甲等，就把掏出的一塊錢擲過去，如果是丁等，就把掏出的一塊錢重新裝回口袋。

蓋這是人道問題，不是訓導主任打分數問題。

台北名鴇何秀子女士服毒自殺，新聞轟動，遇救後在她的寓所招待記者，控訴非管區的警員和組長對她的騷擾。這一控訴出了麻煩，第一個嚴重的反應是警察局長，表示非取締她不可。古之時也，「爲政不得罪巨室」，今之時也，「開妓院不得罪警察」。現在把三作牌的臉撕破，再想繼續下去，前途不卜可知。第二個嚴重的反應是，有兩位專欄作家在報上提出義正詞嚴的攻擊，主要的意思是：一個開妓院的竟敢堂堂皇皇的招待記者，成什麼話？

關於前者，對一個開妓院的名鴇，一直等到臉被抓破之後，才咆哮如雷，我們除了遺憾外，還有啥可說的，一說就說到紅包上，柏楊先生能吃得消？那麼，對於後者，也就是對於那些學問很大，而又道貌岸然，有地盤可以寫方塊文章的袞袞聖崽，不得不請他們聽一聽托爾斯泰先生的言論。

何秀子女士當鴇兒是一回事，人權又是一回事，中國憲法是不是規定妓女不准招待記者？一個妓女受了委屈，是不是不准呻吟，一呻吟就「成了什麼世界」？只有蒙古帝國的征服者才把中國人分爲四等十級，「南人」最差，難道中國人自己也將妓女劃成一個最低階層，不受法律和人道的保護？

這是一個基本的問題，現在政府一再申令警察不得刑訊犯人，不管做到做不到，立腳點固站在這個觀念上。一個人犯了法，當然應該判罪，但如果大家都認爲他不是東西，走上去拳打腳踢，甚至把鼻子耳朵都割掉，還不准他哼哼，「哼哼啥？你偷了人家一百塊錢，還有人格呀？還敢亂叫呀！」這應是吃人的野蠻部落的事，而不應是現代化中國的事。

福祿泰耳先生曰：「儘管我反對你所說的話，但我仍拚命爲你爭取說話的自由。」而一些自命爲民主的人士，卻用他們的大筆，封殺一個可憐女人的嘴，眞使人如喪考妣。

——摘自《候罵集》

只我例外

民主政治的精義是「我不例外」，大家都不准闖紅燈，我自己也不闖。大家都不准隨地吐痰，我自己就不吐一口。人人贊成法制，我就不要求特權。既然建立了制度，我就不破壞它。可是這玩藝一到了中國，就成了「只我例外」，我反對闖紅燈，只是反對別人闖，我自己卻可以闖那麼一闖。我反對隨地吐痰，只是反對別人吐，我自己卻可以想怎麼吐就怎麼吐。我贊成法律之前，人人平等；但我自己卻不能跟別人平等。我贊成建立制度，但只希望你們遵守制度，我自己聰明才智要高明得多，不能受那種拘束。蓋我閣下如果不能例外，豈不有失面子，活着還有啥勁？

夫「面子」是啥？洋大人怎麼研究都研究不懂，有人解釋爲「面皮」，言其只顧外表一層，不管實際內容。有人解釋爲「尊嚴」，言其虛榮第一，實質第二。我老人家想，面子也者，大概是神經衰弱和牢不可破自私的一種產品。因精神衰弱，做賊心虛，所以處處必須用驕傲來彌補自卑。因牢不可破的自私，唯恐怕不能佔便宜，所以才處處都要「只我例外」。

自私心人皆有之，不但未可厚非，而且它是促進社會的原動力。但這種自私心一旦超過某種限度，成了臭屎球，就只好抬到了太平間門口，等着斷氣。嗚呼，一個計畫也好，一個辦法也好，一個會議也好，一個決策也好，甚至一件官司也好，參與某事的傢伙第一個念頭就是：「俺可以在裏面有多少好處？」那就是說，俺可以弄多少錢？享多少權？少負多少責任？一字一句，一舉一動，都在這上兜圈圈，上也如此，下也如此，你如此，我也如此，大家抱着屎臭球死也不放。

——摘自《猛撞醬缸集》

謀利有啥不對

孫觀漢先生認為「舊觀念」和「醬缸」名異實同。柏楊先生想，它們似乎只是一部份相同，舊觀念中也有好的，在舊觀念下產生的行為，也有和日月並明的。只有醬缸蛆觀念，即令它是新的，也是墮落的、惡毒的。

在「舊觀念」中，一直到今天，人們還瞧不起做生意，認為做正當生意賺錢是丟人的，這跟文化走到岔道上有關。蓋我們的文化本來是走在光明大道上的，卻被長期的封建政體和儒家學派聖人們，群策群力，連推帶打，活生生的塞到醬缸裏。大家最初還嘰哇亂叫，後來醬成了醬缸蛆，不要說叫啦，連哼的聲音都歸於沉寂。孟軻先生的學說便是「何必曰利，唯有仁義而已」的，這位不曰利的祖師爺，為千萬個醬缸蛆製下了仁義的假面具，明明害了楊梅大瘡，鼻子都爛塌啦，卻把面具一戴，喊曰：「都來看呀，俺好漂亮呀！」

在表面鎮靜而心裏奇癢的狀態之下，儒家朋友對商人充滿了輕視、嫉妒、憤怒。一提起商人，就是「奸商」。奸商當然多的是，但公務員中也有壞蛋，卻從沒有聽說過有「奸官」的（不過，「贓官」一詞倒層出不窮）。夫商人以正當合法的手段賺了錢，吃得好一點，住得好一點，就有人眼紅。而「三年清知府，十萬雪花銀」，卻他媽的高貴得不得了，人人翹起大拇指稱讚他「有辦法」。

一位中國文化學院夜間部的學生，向柏楊先生談到他的教習傅宗懋先生。傅先生講課很受學生們的歡迎，不僅口才好，而且有深度，日前他在該院這學期最後一節課時，曾對儒家的那種「正其誼不謀其利」學說，迎頭痛擊。傅先生鼓勵學生用正當合法的手段賺錢，「謀利」不是一種恥辱，談錢談利也不是一種恥辱。恰恰相反的，那是一種光榮。儒家那種口不言利，口不言錢，但心裏卻塞滿了錢和利的畸形觀念，必須糾正過來，社會民生，才能蒸蒸日上。

那位學生轉述這段話時，對傅先生充滿了尊敬。柏楊先生聽這段話時，對傅先生也充滿了尊敬。蓋中國人心中那塊隱藏的私慾，必須取消，這塊保留地一天不取消，自私心便一天牢不可破。「哀莫大於心死」，嗚呼，心死者，自私心牢不可破之謂。也有一種現象不知道讀者老爺注意到沒有，中國人講仁義說道德的嗓門，可是天下嗓門中最高的，聰明才智和判斷力，也可是天下第一流的。問題是，千萬不能碰到心裏那塊保留地，只要碰到那塊保留地，就立刻糊塗成一罐漿糊，什麼原則，什麼邏輯，都會女大十八變。

——摘自《猛撞醬缸集》

沉重的感慨

在中國社會上，俠義情操已被醬成了「管閒事」，對之沒有一絲敬意，更沒有一絲愛意，而只有譏嘲和忌猜。或尊之為「傻子」，或尊之為「好事之徒」，成為千古以來最大的笑柄，和千古以來最大的殷鑑。年輕人血氣方剛，可能考慮不到這些，即令考慮到這些，也可能不在乎。而柏楊先生早已老奸巨滑，我豈能惹這種無聊的麻煩？這正是我老人家聰明之處，世人不可不知。蓋中國人最大的特點是聰明過度，中國社會正是由這種無數聰明過度組合而成。而聰明過度是吝嗇同情心的，這不能怪誰，同情心一豐富，就聰明不起來。

中國人同情心的貧乏，使狄仁華先生有沉重的感慨，一團沸騰的靈性被醬成一條麻木的醬缸蛆，要它活潑起來，恐怕非一時之工所可收效。

——摘自《猛撞醬缸集》

第一是保護自己

聖人曰：「知而不行，不為眞知。」僅知合作的重要，而不能在行為上合作，就不算眞知。僅了解團結就是力量，而不能在行為上團結，就不算眞了解。毛病似乎不出自中國人本性，而出自大家吃儒家學派的藥太多，吃得跟柏楊先生脅肚一樣，害了消化不良之疾。蓋儒家在原則上只提倡個體主義而不提倡群體主義。孔丘先生對那些「有教無類」的二級聖人，教來教去，固然也涉及到群體行爲，但涉及的份量卻比蚌殼裏的珍珠，還要稀而且少，大多數言論都是訓練個體的焉。儒家最高的理想境界，似乎只有兩個項目，一個項目是教小民如何的藏頭縮尾，國家事管他娘，而只去維護自己的身家財產；用二句成語，那就是「明哲保身」「識時務者爲俊傑」，鼓勵中國人向社會上抵抗力最弱的方向走。另一個項目則是求求當權派手下留情，垂憐小民無依無靠，用御腳亂踩的時候，稍微輕一點；其成語曰「行仁政」。

孔丘先生有一段話，是躲禍消災的最高準則，其話曰：「危邦不入，亂邦不居，天下有道，則見。無道，則隱。邦有道，貧且賤，恥也。邦無道，富且貴焉，恥也。」

翻譯成白話，就更明白啦：

> 危險的地方，千萬不要去。危險的社會，千萬不要住。天下如果太平，就出來弄個官。天下如果不太平，就趕緊保持距離，能溜就溜。國家大治，而你卻沒有弄個官，丟人；國家大亂，你卻弄了個官，也同樣丟人。

這段「聖人教訓」充滿了聰明伶俐，和見風轉舵，人人變成了滑不溜丟的琉璃蛋。別人把天下打太平啦，他就當官，等需要大家拋頭顱灑熱血的時候，他卻腳底抹油，便宜事教他一個人佔盡啦；把兒子女兒送到美國「傳種」的老頭老太婆，大概就是儒家的正統，可當孔孟學會理事矣。在勢利眼裏，只有努力適應，努力使自己安全，「千金之子，坐不垂堂」，知識份子連可能有瓦片掉下來的地方都不敢去，則對政治的腐敗、小民的疾苦，事不干己，看見啦就假裝沒看見。蓋看見難免生氣，生氣難免要嚷嚷，嚷嚷難免有禍事。嗚呼，儒家的全部教訓中，很少激發靈性，很少提到權利義務，很少鼓勵競爭，而只一味要他的徒子徒孫，安於現狀，躊躇滿志。啥都可幹，就是不可冒任何危險。所以孔丘先生誰都不贊成，只把窮的叮叮噹噹的顏回先生，當成活寶，努力讚揚他的安貧氣質，卻不敢進一步研究研究使這位二級聖人窮成這個樣子的社會責任，更沒有想到應如何去改造這個群體的社會，而只是瞎着眼教人「窮也要快樂呀」，一旦每個中國人都這麼快樂，國家民族就墮落成原始社會。

——摘自《猛撞醬缸集》

尿入骨髓

不認眞，不敬業，悠悠忽忽，吊兒郎當的「混」，是大多數中國人的生活特徵。它在人性上形成的畸形心理，令人流淚滿面。蓋不認眞不敬業的結果，必然產生強大的文字魔術詐欺。嗟夫，「眞」在歷史文件中沒有地位，中國的歷史文件就跟中國的傳統文化一樣，也不得不走錯方向。在這種走錯了方向的腳步聲中，中國同胞遂把吃奶的力氣都使出來，去追求「美」，追求「善」。獨對「眞」提都不提，一提「眞」就搖頭，要想他不搖頭也可以，那就得打馬虎眼。上上下下，大大小小，一致認爲文字的力量可以封殺或曲解眞實的事實，可以把白的染成黑的，把黑的漂成白的，把二加二證明等於八，把月亮證明四四方方。玩文字魔術的知識份子，十分有把握的認爲：天下小民全是狗屎，而大批醬缸蛆也偏偏心甘情願的——而且用一種潘金蓮喝尿的精神，來堅信自己並沒有受騙。怪不得蘇西坡先生嘆曰：「尿入骨髓，化作醬缸淚。」該淚流到今天，都沒流完。

——摘自《猛撞醬缸集》

現代文化的基本精神

——讓「直八時代」成爲過去吧，只有「認眞」才能救我們！

就在今年（一九八〇）三月份，報上刊出兩則新聞，恭抄於後：

其一：「永和訊：老漢執着，爲了四元的差距，不惜多花一百倍的錢，硬要證明計程車跑錶不準，提出詐欺告訴。五十七歲的男子吳增忠，日前自汐止鎭長安派出所，搭乘一輛〇四—三一五三號，日發車行，由陳譽奇駕駛的計程車，返回永和，至永和戲院門前下車，見車錶跳了一九六元，加上過橋費共爲二〇一元。吳某見狀，即表示跑錶有問題，而陳司機堅持自己的跑錶標準。爲了證實誰是誰非，吳君於是要陳君將車停妥，兩人又叫了一輛〇四—七五四九號計程車，直駛汐止長安派出所。然後重新計錶，循當初路線，重返永和戲院，結果跳錶爲一九二元。與陳司機差四元，也就是少跳了一次。吳君爲了四元差距，不惜花了四百多元車資加以證明，然後告陳司機詐欺。陳司機向警方表示，他的車是二千二百西西，又是跑胎，與一般一千二百西西不同，況且一路上曾超車多次，路程自然稍多。而且最後一次跳錶，是剛要停時跳的。警方認爲詐欺證據，似有不足。」

其二：「板橋訊：一樁小小的違章建案，因爲檢舉人鍥而不捨，於八年間，一共檢舉了四十次以上，致案情不斷升高。除承辦人員被處分外，連同附近的違建，亦可能被縣府拆除。本案檢舉人劉黃歆歆，於七十三年間，向台北縣政府檢舉新店文化路三十一巷九弄二號一樓住民鍾君，利用法定空地，私自增加客廳、廚房、儲藏室等違章建築，請台北縣政府依法取締。但台北縣政府並未積極處理。七十七年開始，劉黃歆歆轉向台灣省政府檢舉，而且將台北縣政府及新店鎮公所經辦人員，也牽扯進去，指該違建能夠領到鎮公所的雜項執照，及其後面建築物非法擴大建築基地，係有關人員枉法包庇的結果。台北縣政府調查：鍾君的房屋，係與附近十幢四十戶公寓共同使用一張建築執照，於七十年興建，七十一年完工，其中有一部份未按照核准配置圖樣施工。台北縣政府發給使用執照，顯然不合規定。另鍾君違建，新店鎮公所發給雜項執照，亦與規定不符。因之責令新店鎮公所吊銷鍾君違建執照，及追究承辦人員責任，並通知新店鎮公所及新店警察分局依法查報。至於未按圖施工部份，因時逾十年，對當時法令，已無法重查，暫免追究（柏老忍不住插嘴，這鬼話說得幼稚，十年前的法令，向檔案夾子裏一探頭便知，怎麼會「無法」重查？明明鼓勵有錢大爺，只要瞞得久，拖得長，違法就成爲合法）。由於台北縣政府處理的太慢，處理的結果又不能滿意，劉黃歆歆仍不斷向台灣省政府檢舉，共檢舉四十次以上。台灣省政府最後的指示是：有關違建部份，應依法處理。未按圖施工部份，應由台北縣政府依發照當時有關法令逕行處理。劉黃歆歆在檢舉書中強調，她不斷檢舉本案，是爲了端正政風。台北縣政府將來的措施，是否可以使她滿意，不再檢舉，猶在未定之天。」

前一則新聞刊出後，報上就有正人君子寫文，譏諷吳增忠先生「小題大作」「庸人自擾」「神經病兼莫名其妙」。後一則新聞在編輯老爺的標題上，可看出中國人的典型反應，標題最後兩行曰：「縣府與鎮所承辦人都被拖下水」「附近四十家違建戶亦跟着倒楣」。意思很明顯，承辦人都清白無辜，硬被劉黃歆歆女士「拖」到泥漿裏。而違建戶本來快樂非凡的，也硬被劉黃歆歆女士檢舉得無家可歸。咦，賊老爺正在小館大吃大喝，警察老爺可千萬別動手，一動手就是「拖」他下水，教他倒楣矣。

——寫到這裏，想起一樁房地產生意，吾友曹某某先生，於一九七七年間，在台北永和市福和橋頭，定了一棟房子。落成之日，他不知道安分守己，竟請了一家建築事務所派人去量面積，這一量就倒抽冷氣，原來比圖樣少了好幾坪。建築商最初大跳大叫，又找些身上雕龍畫鳳的道上朋友，出來擺平。可是吾友硬是幹上啦，建築商平生還是第一次遇到這種不開竅的傢伙，只好自認「倒楣」，退錢了事。

這就教人想起另一個古老的故事，吾友孔丘先生，想當年困於陳蔡，餓的奄奄一息，附近有家觀光飯店，教弟子仲由先生去討碗殘菜剩飯。掌櫃的曰：「我寫一個字，你若認識，我就免費招待。」仲由先生曰：「我是聖人門徒，不要說一個字，就是十個字，都包下啦。」掌櫃的寫了一個「眞」字，仲由先生曰：「這連三歲娃兒都知道，一個『眞』字罷啦。」掌櫃的曰：「明明白癡，還說大話，小子們，給我亂棒打出。」仲由先生狼狽而逃，稟告一切，孔丘先生曰：「無怪你會挨揍，等我前去亮相。」掌櫃的仍寫一個「眞」字，孔丘先生曰：「這是『直八』呀。」掌櫃的大驚曰：「名不虛傳，你的學問果然大得可怕。」酒醉飯飽之後，仲由先生悄悄問曰：「老頭，你可把我搞糊塗啦，明明是『眞』字，怎麼變成『直八』？」孔丘先生嘆曰：「你懂個啥，現在是認不得『眞』的時代，你一定要認『眞』，只有活活餓死。」

嗚呼，二十年代時，胡適之先生有〈差不多先生傳〉。四十年代時，美軍在成都有「馬馬虎虎俱樂部」。這正擊中中國人心窩，可能是在醬缸裏醬得太久的緣故，中國人不但習慣於「差不多」和「馬馬虎虎」，而且對認眞的人，最初是驚訝，然後是嗤之以鼻，再然後說他是神經病；最後則索性恨他入骨，一口咬定他「小題大做」「百般挑剔」「惹事生非」；再最後，泛政治的帽子出籠，他遂成爲「別有居心」的國家蟊賊兼社會敗類，只好追隨仲由先生後塵，活活餓死。吳增忠先生爲了求證司機是不是詐欺，不惜花費大把銀子，這正是認眞精神，每一個人都有此認眞精神，計程車就永遠不敢搗鬼（柏老特別聲明，我並不認爲司機搗鬼，停車前跳錶，是常見的事）。劉黃歆歆女士以長達八年的時間（正是中國對日本侵略，焦土抗戰的時間），去維護國家法律的尊嚴，那更是認眞精神，和因認眞精神而延伸出來的，不向邪惡屈服，非把是非弄清楚的倔強精神。

吳增忠先生和劉黃歆歆女士，已爲中國人立下一個榜樣——奮鬥的榜樣、認眞的榜樣，這正是現代化所需要的基本態度。不妨瞧瞧世界，沒有一個強大國家的國民，是不認眞的、不敬業的。只有落後地區，才會出現「和稀泥」。等到大多數中國人都有認眞精神，中國才能夠邁上現代化富強之境。否則的話，再多的工廠，再多的高樓大廈，都沒有用，勢將一直停留在粗糙的泥坑裏，永遠不能進入精密軌道。

一個月之前，一位洋大人在台北跌進排水溝，他向台北市政府要求賠償，報上登出新聞，柏楊先生就親眼看到有些朋友搖頭：「什麼話，什麼話，簡直是欺負中國人呀。」嗟夫，那不是欺負中國人，那是教育中國人，爲中國人上了一課——怎麼去據理力爭？如果說四塊錢是小事，一間違建是小事，一個倒栽葱也是小事，則啥是大事？一個人在小事上都不敢堅持原則、擇善固執，反而譏諷堅持原則、擇善固執的人是好事之徒。溫柔敦厚遂成了懦夫的遮羞布，也成了認眞的哭喪棒。遇到大事，他怎敢挺身！

無論如何，別教孔丘先生再嘆氣才好。「直八時代」讓它死到十八層地獄，代之而興的應是仲由先生的「認眞時代」。如果再痲木不仁，悠悠忽忽，恐怕災難還要層出不窮，一直層出到大家都伸腿瞪眼。

——摘自《早起的蟲兒》

洋人進一步，中國人退一步

祖先崇拜在本質上是充滿了靈性的，可是再優秀的細胞都可能墮落成致命的癌，靈性有時候也難免墮落成殭屍。祖先崇拜遂一步栽下樓梯，成了對殭屍的迷戀。孔丘先生是驅使祖先崇拜跟政治結合的第一人，那就是有名的「托古改制」，「古」跟「祖先」化合爲一，這是降臨到中華民族頭上最早最先的災禍。孫觀漢先生曾在《菜園裏的心痕》中對此生出很大的困惑，蓋外國人遇事都是進一步想的，中國人遇事卻退一步想。嗚呼，「退一步」，這正是儒家那種對權勢絕對馴服的明哲保身哲學。其實，「退一步」只不過是果實而已，在孔丘先生當時，這種思想已經十分濃厚，他閣下對社會的不平，政治的黑暗，人民的疾苦，都有深切同情，而且也有其解決的方法，不過他的解決方法不是努力「向前看」，不是提出一個新的時代方案，而是努力「向後看」「向古看」「向祖先看」「向殭屍看」，看三皇、看五帝、看堯舜、看周文王。他的本意可能只是畫一張藍圖掛到祖先的尊臉上，以便當權派有個最高榜樣。但這種本意被時間沖淡，也被醬缸蛆曲解。於是，「古」也者，就成了黃水直流的香港腳，無論幹啥，如果不捏捏該腳，就不算搔到癢處。必須捏得齜牙裂嘴，又唉又哼又哎喲，才是眞本領，才算舒服得沒啥可說。死祖先進而化成活殭屍，不但會呼風喚雨、撒豆成兵，成了萬能的百事通。而且還忠勇俱備、品學並臻，道德高漲時，一輩子連女人都不看一眼，每天呆坐如木瓜，啥都不敢想，要想也只是想「道」（好像聽哪個醬缸蛆說過，孔丘先生到死都是個童身，眞是守身如玉，可爲萬世法者也）。

對殭屍迷戀的第一個現象是：「古時候啥都有。」凡是現代的東西，古時候都有，原子彈有，輻射線有，飛機大砲有，汽車有，民主有，共和政治有，砍殺爾有，拉稀屎有，人造衛星有，公雞下蛋有，脫褲子放屁有，西服革履有，阿哥哥舞有，迷你裙有，等等等等，反正啥都「古已有之」，無往而不「有」。只要你能出一個題，醬缸蛆都能寫出一大串古時候都「有」的典故。既然啥都有啦，潛移默化，中華民族遂成了一個膚淺和虛驕的民族，蓋你那些玩藝都是俺老祖宗搞過的，有啥了不起？自己搬塊大石頭擋住自己的去路，只好在自己的太虛幻境裏，閉着尊眼，猛想美女如雲。

——閉着尊眼猛想美女如雲，是一種「意淫」，說這話還是「直八哲學」，如果說老實話，對殭屍的迷戀簡直是一種他媽的手淫，更要斲喪元氣。

⊙

第二個現象比第一個現象還要使人怒髮衝冠，那就是：「古時候啥都好。」僅只啥都「有」不稀奇，必須啥都「好」，才算夠水準。這種畸形觀念，大概秦王朝統一中國時就很嚴重，惹得皇帝老爺嬴政先生一肚子火，再加上宰相李斯先生直打小報告，於是陡起殺機。嗚呼，柏楊先生可不是拍巴掌贊成焚書坑儒，而只是說「古時候啥都好」的毛病也是「古已有之」，並不是最近才抬頭的新興勢力。兩千年來，不要說是一種思想，像硝鏹水一樣浸蝕着靈性，就是一天只滴一滴水，也能把喜馬拉雅山滴出窟窿。

所謂「好」，似乎不是指東西好，大概再偉大的醬缸蛆，都不好意思說穿草鞋比穿皮鞋好，用丈八蛇矛比用機關槍好，騎牛騎驢比開汽車坐飛機好。所以，古時候啥都好者，可能限於四個節目（但這四個節目卻是大節目，已夠中國人奄奄一息），該四個節目者，曰「人好」「事好」「書好」「名好」。夫「人好」者，不用介紹，大家的口頭禪就是：「人心不古」，這口頭禪眞是口頭禪，只要有人稍微碰他一下，這口頭禪就會像吃了屁豆似的立刻放之。既沒有經過大腦，也沒有經過心臟。蓋他閣下已一口咬定古人都好得頂了尖，不但不會坑他騙他，甚至當他坑了古人騙了古人的時候，古人還要溫柔敦厚的向他獻旗感恩。古時候的好人說起來車載斗量，取之不盡，用之不竭。連孔丘先生都服貼的，莫過於唐堯帝伊祁放勳先生，他連國家元首都不幹，而把寶座像燙山芋似的抛給姚重華先生。姚重華先生也是好人大學堂畢業的，在幹了四十八年帝王後，又把那玩藝抛給姒文命先生。然而他們還不算了不起，了不起的是許由先生，一聽說有人敎他當皇帝，就好像誰向他唸了三字經「幹你娘」，趕忙跑到亞馬遜河，把耳朵洗了個乾淨。

權力是有毒的，當權派當得久啦，免不了就要中毒。古時帝王，大概跟日月潭毛王爺差不多，一個部落的酋長，到了夏王朝，多少建立起來一點規範，開始有點舒服，於是姒文命先生進了棺材後，他的兒子姒啓先生就硬是不肯放。這未免使醬缸蛆臉上沒有光彩，只好用文字詐欺戰術，硬說小民非跟着他走不可。姬發先生父子起兵叛變，把殷紂帝子受辛先生活活燒死，如果依照醬缸蛆的原則和邏輯，這種行爲實在該入十八層地獄吃閻王老爺的屎，可是古人既然都是好的，而孔丘先生又在他們父子尊臉上抹了金，就不得不也靠文字詐欺戰術。孟軻先生就很文藝化的說他閣下向東征時，西邊的小民就怨啦，曰：「爲啥不先來打我們呀。」一向南征時，北邊的小民也怨啦，曰：「爲啥不先來打我們呀。」聽起來眞是悅耳，蓋古人既都妙不可言，就索性讓他妙到颱風眼裏吧。

⊙

古時候的「人」既然都「好」，則古時候的人幹出的「事」，像法令規章之類，自然也都好得不像話，碰都不能碰。如果膽大包天，想改它一改，就像一槍扎到醬缸蛆的屁眼裏，聽他號聲震天吧。王安石先生是一個了不起的政治家兼思想家，那個紙糊的宋王朝，如果不是他大力整頓，恐怕早亡了國——早亡給西夏帝國，還輪到金帝國動刀動槍？王安石先生曾說過一句衝擊力很強的話曰：「天命不足畏，祖宗不足法。」這對醬缸蛆眞是個致命的一扎，所以醬缸蛆屁眼紅腫之餘，便把他恨入骨髓（有一點可供讀者老爺參考的，凡是抨擊王安石先生最烈，或對王安石先生的人格或私生活最汚衊栽贓的，用不着調查，我老人家敢跟你賭一塊錢，他準是條大號醬缸蛆）。他閣下最後仍大敗而歸，實在是醬缸蛆太多，難以抵擋。

在歷史上，「祖宗家法」成了豬八戒先生的五齒鈀，對任何改革，用五齒鈀當頭一築，就能把人築出腦門癰。嗚呼，現在學堂裏，都是學生坐着聽，教習站着講，蓋學生太多，而且一天站上五六個小時，眞能站成香港腳。而古時候私塾，卻硬是教習坐着講，學生站着聽。這是我們這個自吹爲禮義之邦的規矩，可是這規矩到了宮廷那種獸性多人性少的地方，就變了花樣。卻是皇帝學生孤零零一個人坐着聽，大臣教習呆愣愣一個人站着講。宋王朝時，韓維先生曾建議教習也應該坐，這請求並不過份，可是想不到喝尿份子劉邠先生馬上反對。後來程頤先生也建議教習該坐上一坐（他閣下雖然也是一個醬缸蛆，卻為了自私，倒也明白了一陣），鬧嚷嚷了一陣，屁股仍沒着落。蓋這玩藝是祖傳的家法，動不得也。

這只不過是屁例子，比屁還大的例子多矣多矣，中國專制政體下最後一次變法百日維新，就是毀到這五齒鈀上的，嗟夫。這個五齒鈀亂築中華民族，築了兩千年之久，築得流血抽筋，不成人形，只有出氣的份，沒有吸氣的份。迄今為止，殘餘的醬缸蛆和喝尿份子，仍堅決的主張繼續亂築，有人偶爾躲一躲，就立刻大喊大叫曰：「動搖國本。」嗚呼，這種國本，如果再不動搖，中華民族的生存，恐怕就要動搖。

——摘自《猛撞醬缸集》

最大的殷鑑

中華民族有五千年傳統文化，當然有優秀的一面，介紹這一面的朋友太多，說的話寫的書，更排山倒海，用不着我再插嘴，即令再插嘴，也不能增加優秀的重量。我們現在面對的，卻是五千年從沒有見過的巨變。一種嶄新的西洋文明，像削鐵如泥的利刃一樣，橫切面的攔腰砍過來。如果拒絕接受消化，只有斷成兩截，血枯而死。美國一些印地安人保留地，和散佈在各地印地安人的廢墟，每一處都使我們膽顫心驚。印地安人幾乎全部住在保留地，所謂保留地，用不着睜眼亂瞧，僅只掐指一算，就可算出那裏準是窮鄉僻壤，一片荒涼。雖不能說寸草不生，且保留地的農作物，往往難度一次荒年。最糟的是距城市太遠，也就是距交通線有學堂的地方太遠。其實太遠也沒啥，多走幾步路就行。問題在於，印地安人壓根兒拒絕接受現代文明的西洋文明。

現在，他們還可以在保留地馬馬虎虎過日子，過的是兩三百年前美國西部武打片上差不多的日子。可是，不知道酋長老爺想到沒有，一旦有一天（這一天不是不可能來臨），美國人口急劇的增加到十億——別說十億啦，十億能嚇死人，假如美國人口急劇的增加到三億四億吧，第一件事，你敢跟我打賭乎哉，恐怕就是把印地安同胞驅逐出保留地，趕到落磯山區，在那裏，深雪沒脛，無盡荒山，他們在草原上的古老求生技能，排不上用場，最後只好全體餓死。蓋那些保留地的貧瘠不毛，在現代科學技術之下，開水利、施肥料，都會變成良田。目前美國政府還不在乎，到那時候，可要非常在乎矣，美國政府絕不可能永遠允許印地安人佔着毛坑不拉屎，蹧蹋那些土地。這是遠慮，而遠慮基於近憂。前已言之，近憂是他們頑強的堅持他們那種故步自封的傳統文化。舉個例子說吧，直到今天，他們都不尊重法律，也不相信法律，仍繼續幾千年來的勇敢內鬥，部落與部落間經常仇深似海，不可開交。美國政府前去干預，酋長老爺曰：「這是我們自己的事。」好吧，悉聽尊便，只要不妨害白人安寧，你們即令把自己人殺了個淨光，都沒關係，白人樂於看到天然淘汰的成果。

——白人對歸化爲美國人的落後民族，一向採取「厭而遠之」的態度。對印地安人如此，對中國人也是如此。就在華盛頓機場，曾上演一場鏡頭。吾友海倫女士，貌美如花、性烈如火，丈夫老爺麥卡菲先生，台北文化界人士，對他相當熟習，不必細表。表的是某一天，海倫女士在等飛機，站得兩條玉腿發酸，看見一個空位，就走過去坐下。不久一個中國人從廁所回來，發現座位沒啦，一臉不高興，跟她身旁另一位中國人用廣東話罵起大街，措辭骯髒下流，寫出來準吃風化官司，姑且找一句最文明的介紹，曰：「這女人的屁股怎麼不丟在你大腿上呀，偏丟在我的位置上，騷到我身上來啦。」想不到海倫女士是言語奇才，啥話都懂，她正氣憤中國同胞亂佔座位，更氣憤中國同胞難堪的粗野。於是，一跳而起，用廣東話向他們回報，教他們注意自己的教養。二位廣東老鄉不但不對自己的失禮道歉（注意，中國人沒有道歉的文化），反而回罵起來。候機室霎時吵成一團，華洋黑白，一齊圍上來觀看奇景。白臉警察聞聲趕來，在一旁歪着脖，仔細欣賞。麥卡菲先生聽到嬌妻大發神威，趕忙奔來救駕，白臉警察攔住他曰：「老哥，這是他們中國人內鬥，咱們千萬別管。」麥卡菲先生曰：「老爺容稟，我不管不行，因為吵架的是我太太。」這則小故事可看出白人對中國人（無論你是華裔、華人、華僑），就是如此這般，跟對印地安人一樣，看成化外之民。

印第安人為啥排斥現代化的西洋文明，有人說他們始終懷恨白人的罪惡，有人說他們的民族天生僵固，沒有接受新觀念新事物的細胞。這兩種原因都有點怪，因懷恨而拒絕接受敵人的制勝法寶，可謂其蠢如豬。因天生缺少力求上進的細胞，可謂其情堪憐。但至少有一點致命傷是明顯的，可能因為生理上的緣故，印地安同胞之酗酒，似乎比台灣山地同胞，還要凶猛百倍。富蘭克林先生在他的自傳上，曾喟然嘆曰：「酒毀滅了印地安人，但沒有酒，印地安人寧願死。」柏楊先生沒有資格作深入分析，只是說明，無論啥原因，結出的果實都是一樣的。我老人家在芒特瑪古堡，看到印地安廢墟，和他們用野草編織的籮筐，六百年後今天的成品，跟六百年前昔日的成品，色彩圖案，一點沒有分別，不禁老淚縱橫，似乎看到，陰風四起，黑雲漸佈，日暮途窮，蒼茫朦朧，一幕即將來臨的巨大悲劇，正在死寂的氣氛下進行。可能千年，也可能只幾百年，當他們被逐出保留地之日，也就是這個古老民族全族覆滅之時。連上帝都救不了他們，除非賜給他們吸收現代文化的靈性。而迄今爲止，上帝仍沒有賜給。反而，卻像《聖經》〈約書亞書〉上所說的，決心使他們：「沒有一個留下，將凡有氣息的，盡行殺滅。」

寫到這裏，讀者老爺一定大吃一驚曰：「老頭，你三天沒照梨花鏡，就自以爲三頭六臂，當起預言家啦。」我可不是要當預言家，而只是聯想到中國同胞，不禁兔死狐悲，物傷其類。中華與印地安兩大民族，雖然有許多不相同之處，卻也有許多相同之處。最相同的一點是，大家都有濃厚的崇古崇祖的情緒，這情緒是浪漫的，多彩多姿，使人動容。可是卻因之使我們無法面對現實，對現代化深拒固閉，對有些已經毛病百出的傳統文化，仍摟在懷裏，沾沾自喜。類似乎這些相同之點，都是致命之點。

印地安朋友的傳統文明，少得可悲，如果他們肯吸收現代化西洋文明，可以說易如反掌，蓋房子裏空空如也，只要新式沙發搬進來就功德圓滿。中國人屋子裏卻塞滿了長板凳、短板凳、高板凳、鐵板凳、木板凳、帶刺的板凳、滑不溜丟的板凳，如果不動心忍性，把它們扔到化糞池裏，新式沙發就永遠進不了大門。

印地安人是個活榜樣，這個可哀的紅臉民族，跟西藏岡底斯山的犛牛群一樣，低着頭，矇朧着眼，蹣蹣跚跚，有意無意，身不由主的，一步一步，走向絕種的死亡之谷。聽到他們蹣跚的腳步聲，和世代的辛勞喘氣，心都裂成碎片。有人說，你別杞人憂天，中國人多呀，咦，在可怕的核子武器和強大的生存競爭壓力下，人多可沒有用。印加帝國的人口可多，如今都到哪裏去啦。有人說，中國人聰明呀，聰明確實聰明，但把聰明用到抗拒改善自己品質，動不動就番天印和窩裏鬥，聰明反而會被聰明所誤。似乎只有自慚形穢、痛改前非的覺醒，才能躲過印地安朋友所遭的大難。

——摘自《踩了他的尾巴》

把羞愧當榮耀

國立台灣師範大學接受台北市政府教育局的委託，調查大家對體罰的意見，提出報告說，百分之九十一的教習，百分之八十五的家長，及百分之八十的學生，都認爲只要不造成傷害，適當的體罰是應該的。這個調查表示，開揍的和挨揍的，跟赤壁之戰周瑜和黃蓋一樣，兩情相悅，一方面願打，一方面願挨。中國心理學會和中國心理測驗學會的聯合年會上，也提出討論，與會的若干英勇好戰型的朋友，在學院派魔術名詞的雲霧中，要求把現代課堂，恢復成爲古代刑堂。而身爲台灣省政府主席的林洋港先生，跟柏楊先生的命運恰恰相反，在台灣省議會中，現身說法，說他小時候讀書，就是因爲教習把他打得哭爹叫娘，他才獲益良多。國立陽明醫學院教習劉家煜先生，還要建議教育部，認爲教習對學生，可以作適當的幹活。

最精彩的還是台北《自立晚報》記者楊淑慧女士的一篇特稿，標題是：「愛心乎？體罰乎？運用得當最爲重要。只要避免學子誤入歧途，教育局何需硬性規定。」文中有一段留芳千古的話，她報導曰：「據了解，台北市某著名國民中學一位男老師，他的『教鞭』和『教學』同樣有名，上課的第一天即在教室中安置好籐條（柏老曰：好一個大刑伺候的場景），然後和學生約法三章，每次考試距離標準成績幾分，就打幾下。結果，這位老師的班級，成績總是特別好（柏老曰：也就是升學率高）。他的大名全校響叮噹（柏老曰：他如果在講台擺上鋼鍘，大名叮噹的恐怕能響到倫敦），學生都期望讓他教，（柏老曰：這得作一個科學調查才算數，不能用文學的筆法），許多畢業後的學生懷念的竟是『排隊打手心』（柏老曰：剛考上聯考的老爺老奶，還可能有此一念。以後下去，恐怕不見得），足見實施體罰與否，並不重要（柏老曰：在該響叮噹的教習看，恐怕是實施體罰十分重要），重要的是體罰所帶來的意義。」

這段文章是醬缸文化的特有產品，遠在一〇六八年宋王朝，這種產品就已經上市。當時皇帝小子上課聽教習講書，是坐着的，教習卻像跟班的一樣站在一旁。宰相兼皇家教習王安石先生尊師重道，建議應該也賜給教習一個座位。消息傳出，醬缸立刻冒泡，大臣之一的醬缸蛆人物呂誨先生，好像誰踩了他尾巴似的嚎叫起來，提出殺氣騰騰的彈劾，曰：「王安石竟然妄想坐着講書，犧牲皇帝的尊嚴，以顯示教師的尊嚴。既不知道上下之和，也不知道君臣之份。」

嗚呼，古之時也，有些教習以站着伺候爲榮。今之時也，有些學生以「排隊打手心」爲榮。記得一九一〇年代，中華民國建立之初，一個遺佬爬到縣衙門前，露出雪白可敬的屁股，教他的家人打了一頓板子，然後如釋重負曰：「痛快痛快，久未嘗到這種滋味矣。」這比打手心的涵意，就又進一層。

百思難解的是，奴性在中國何以不能斷根？中國文化中最殘酷的幾項傳統：其中給女人纏小足、閹割男人，和體罰，都已被革掉了命。教育部嚴禁體罰，是它所作的少數正確決定之一。想不到二十世紀八〇年代，竟面臨挑戰。問題是，羞辱就是羞辱，只有奴性深入腦髓的人，才會身懷絕技，把羞憤硬當作榮耀。有英勇好戰型的人不足奇；有呂誨這樣的人，有甘於「排隊打手心」這樣的人，才是中華民族的眞正危機。如果這種羞辱竟能變成榮耀，則世界上根本沒有榮耀矣。被羞辱而又其樂陶陶，如果不是麻木不仁，就是故意打馬虎眼，包藏禍心，再不然，準是天生的奴才或奴才胚。

主張體罰的朋友，強調只要有愛心就行。嗚呼，愛心，愛心，天下多少罪行，都披着愛心的美麗畫皮。父母爲女兒纏小腳，爲了她將來好嫁人，是愛心。「君父」把小民打得皮破血流，爲了「刑期無刑」，也是愛心。試問一聲，教習對學生，一板子是愛心？十板子一百板子還是不是愛心？報上說，教習把學生三個耳光打出腦震盪，他同樣也堅持他是出於愛心。分際如何劃分？內涵又如何衡量？愛的教育中絕對沒有「修理學」鏡頭。至於「適當」，啥叫適當？誰定標準？又用什麼鑑定？「只要不造成傷害」，事實上，任何體罰都造成傷害。好比說，只要不造成傷害，就可把手伸入火爐裏，這話比輪胎漏氣的聲音還沒有意義。任何人在開揍時，都先要肌肉扭曲，目眦俱裂。而這種邪惡的神情，和眼中冒出的凶光，還沒有動手，就已造成傷害矣。再加上所展示的絕對權威的感情蹂躪，像教孩子自動伸手待打，那根本沒有愛，只有恨——雙方面互恨，因爲那是一種人格上的凌辱。

一旦學生對「排隊打手心」都不在乎，羞恥心便蕩然無存，體罰也失去被認爲「好」的一面的意義。考試有標準答案，不合規格的就要受到暴力鎮壓，孩子們的自尊、靈性，和最可貴的想像力，恐怕全部斲喪。至於有百分之二十九的教習，因爲教育部嚴禁體罰，就「心灰意冷，不管教學生」。一個從事教育工作的文化人，如果不准他施展把學生打得鬼哭神號的手段，就束手無策，怠工棄守，教育部應請他們捲舖蓋走路，介紹去賭場當保鑣。

柏楊先生沒有力量反對百分之九十一，百分之八十五，以及百分之八十。但我老人家可要向那些不甘受辱的學生老爺，提個祕密建議，如果打到你頭上，你雖不能起而抗暴，但你應該跟柏楊先生對侯仰民先生一樣，記恨在心，來一個大丈夫報仇，十年不晚。有些好戰份子的教習，可能發狠曰：「我就是打啦，十年後見。」對這種地頭蛇，你就應該更永遠不忘，給他來一個眞的十年後見。

然而，這並不是柏老的主要意思，主要的意思是，這次調查結果，願打的跟願挨的，所佔比率竟如此之高，使人沮喪。夫教育的目的在培養人性的尊嚴和榮譽，而今大家居然有志一同，都醉心於摧毀人性的尊嚴和榮譽，可說是教育界二十世紀十大醜聞之一。說明醬缸的深而且濃，即令政府出面幫助，有些人仍難自拔。也說明我們教育畸形發展，已到了倒行逆施的地步。越想越毛骨悚然，嗟夫。

——摘自《踩了他的尾巴》

炫耀小腳

抗戰之前，柏楊先生曾在報上看到過一位記者老爺的西北訪問記，該記者大概在十里洋場的上海長大，一旦到了甘肅河西走廊，對女人的小腳，大爲驚奇。該報導原文已記不得啦，只記得大意是，他訪問了一位小腳老太婆，該老太婆談起當初纏腳的英勇戰鬥時，正色曰：「俺那村上，有女孩子纏腳纏死的，也有女孩子纏了一半不肯纏的。」該記者形容曰：「當她說這些時，故意把她的小腳伸出炕頭，似乎是炫耀那些死亡的成績。」這段評語一直印在腦海。嗟夫，醬缸蛆炫耀傳統文化，跟這位老太婆炫耀她的殘廢小腳，你說說看，有啥區別？

老太婆炫耀小腳是一種至死不悟，醬缸蛆炫耀醬缸則是一種至死不悟兼虛驕之氣。孫觀漢先生上周寫了幾個字在一份他剪寄的《眞實雜誌》單頁上曰：「中國人在『倒運』時期，心理上尙有這麼多自誇自傲，我眞怕『走運』時期來臨！」

孫先生顯然對未來感到隱憂，不過，「欲知來世果，且看今世因！」今世充滿了自滿自傲，絕不會有一天成爲眞正的大國，敬請放一百二十五個心可也。但孫先生的隱憂卻發人深省，嗟夫，中國淪落到今天這種地步，眞應該父母兄弟，抱頭痛哭，把過去的一切都搬出來檢討。然後，吸鴉片的戒掉鴉片，吸海洛英的戒掉海洛英，推牌九的戒掉牌九，偷東西的戒掉偷東西；包妓女的立即把妓女遣散，病入膏肓的立即送進醫院，害花柳病的立即打六〇六，斷手斷腳的立即裝上義肢；然後，一齊下田，耕地的耕地，播種的播種，挑土的挑土，澆水的澆水，這個家才能夠興旺。如果大家只會張着大嘴瞎嚷，而嚷的只是我們從前是多麼好呀，恐怕只能限於過去好，現在可好不了，將來更好不了。

——摘自《猛撞醬缸集》

臭鞋大陣

其他國家所沒有，唯獨台灣特有的，就是「臭鞋大陣」，不管去誰家，都要攻破臭鞋大陣，才能登堂入室。上得樓梯之後，第一眼看見的就是每家門口，都堆滿了臭鞋。我說臭鞋，只是觀感上的，既不能一一拿起來放到鼻子上，當然不敢一竿子打落一船鞋，說每一隻都臭而不可聞也。但如果說它奇香，也應該查無佐證。

每家門口都堆臭鞋，實在是二十世紀十大奇觀之一，有新鞋焉，有舊鞋焉，有男鞋焉，有女鞋焉，有大人的鞋焉，有兒童的鞋焉，有高跟的鞋焉，有低跟的鞋焉，有不高不低跟的鞋焉，有前面漏孔的鞋焉，有後面漏孔的鞋焉，有左右漏孔的鞋焉，有像被老鼠咬過到處漏孔的鞋焉，有類似柏楊先生穿的一百元一雙的賤鞋焉，有類似台灣省議員陳義秋先生穿的四千九百元一雙的闊鞋焉（陳義秋先生還有價值四百五十元的闊頭，那屬另一可敬範圍，心裏有數，不必細表）。群鞋畢集，蔚爲奇觀。

這些臭鞋所佈下的臭鞋大陣，跟契丹帝國蕭天佐先生在三關口佈下的天門大陣一樣，暗伏奇門遁甲，詭祕莫測。於是有的鞋仰面朝天，有的鞋匍匐在地，有的鞋花開並蒂，有的鞋各奔東西，有的鞋張眉怒目，有的鞋委屈萬狀，有的鞋鞋相疊，有的則把守在樓梯之口，形成現代化的絆馬樁。主人之出也，先伸出腳丫，像吾友穆桂英女士的降魔杖一樣，在臭鞋大陣中左翻右踢，前挑後鈎，直到頭汗與腳汗齊下，才算找到對象。客人之入也，比較簡單，但如果遇到像柏老這類朋友，襪子上經常有幾個偉大的洞的，就得有相當勇氣，才能開脫。而有些朋友則鞋上是有帶子的，你就得耐心的觀光他們蹶起的屁股，如果屬於千嬌百媚，當然百看不厭，如果是屬於老漢或討債精之類，就無法不倒盡胃口，尤其有幸或不幸的人，客人如果太多，一連串把屁股蹶起，就更顯示臭鞋大陣的威力。

然而，臭鞋大陣的最大威力，還不在使人伸腳丫或蹶屁股。伸伸腳丫、蹶蹶屁股，等於活動活動筋骨，也是有益於健康之舉。問題是從臭鞋中所宣傳出來的那股異味，實在是一種災難。從前南方蠻荒地帶，有一種瘴氣，誰都弄不清瘴氣是啥，有人說是毒蛇猛獸口中吐出來的，有人說是妖魔鬼怪佈下的天羅地網。我想那分明是一種空氣污染，人們冒冒失失闖了進去，輕則頭昏腦脹，重則一命歸陰。而中國公寓中家家戶戶的臭鞋大陣，使得整個樓梯，從根到梢，無處不熏人欲嘔，可稱之為公寓式的瘴氣，一個人如果從二樓走上十樓，他至少要衝過十八個臭鞋大陣。而每一個大陣的臭味都是具有輻射性的，透過氣喘如牛的尊鼻，侵入咽喉和肺部，積少成多，累瘴成癌，恐怕現在砍殺爾大量增加，醫院門庭若市的場面，即與此有關。

得砍殺爾也不嚴重，頂多死翹翹。嚴重的是為啥外國都沒有這種景致，而中國獨有？沿梯而上，一堆臭鞋連一堆臭鞋，即令不得砍殺爾，也會得鼻腔癌。縱是現代化大廈，走出漂亮的電梯，首先入目的就是一堆臭鞋，實在百思不得其解。尤其是室內裝潢得跟凡爾賽宮一樣，金碧輝煌，卻狠心在門外堆起一堆臭鞋。這似乎包涵着一個嚴肅的課題——絕對的自私兼絕對的自卑。自私的是，把自己都不能忍受的東西，推到大門之外，教別人去忍受。把自己看了就心亂如麻的玩藝，推到大門之外，教別人去心亂如麻。把自己嗅了就會中毒的奇異怪味，推到大門之外，教別人去中毒。

——一切一切，只想到自己，沒想到別人；只想到自己的利益，沒想到別人的利益；只要自己家裏一塵不染，不管公眾場所如何髒亂；只要自己舒服，別人就是栽倒到他的臭鞋大陣之中，氣絕身亡，他也毫不動心。

自卑的是，對解決不了的事情，「眼不見，心不煩」，乃「鋸箭桿學」的傳統幹法，只要俺家像個神仙洞府就好啦。從前之人，還掃一掃門前雪，現在不但連門前雪不掃，還把自己家裏的雪堆到那裏。古詩不云乎：「雙手推出門外月，吩咐梅花自主張。」現在則是：「一腳踢出臭鞋陣，推給別人胃潰瘍。」六十年前的事啦，那時柏楊先生年紀方輕，有一次去探望一位朋友，他慷慨大方，舉世無匹，當下就買了四兩排骨請客，預備教柏老過過饞癮，他太太不知道怎麼搞的，一不小心，把那塊偉大的排骨掉到毛坑裏。該朋友不動聲色，用竹竿好不容易把它撈了出來，洗了一下，照樣下鍋。一直等到酒醉飯飽，他才宣佈眞相，那時的柏老已經十分聰明，唸過洋學堂的衛生之學，立刻就要往外嘔吐，他跳起來掐住我老人家的脖子吼曰：「嚥下去，嚥下去，眼不見爲淨，這都不懂，還上洋學堂哩。」

那一次我可眞是嚥下去，一則捨不得吐，一則被他掐得奇緊，吐不出也。這事早已忘光，最近碰見大批的現代化的臭鞋大陣，家家戶戶，都在眼不見爲淨，才覺得胃腸有點不舒服。

——摘自《活該他喝酪漿》

爲別人想一想

在中國，只拚命想到自己，視別人如無物的現象，多如驢毛。對方如果竟然膽敢證明他也存在，而且有獨立的人格，麻煩可就大啦，小者吵嘴，大者打架，再大則一頂帽子罩下來，不是說你小題大作，就是說你惹事生非；不是說你不知道安份守己，就是說你不知道溫柔敦厚，亂發牢騷亂罵人。而亂發牢騷亂罵人者，一一都在卷宗裏，後果堪哀。

柏楊先生安居汽車間中，將近十月，頭頂之上，都是富貴之家，而就在二樓陽台的欄杆外邊，屋主支起鐵架，在上面放了一排盆景。盆景賞心悅目，當然妙不可言。但該屋主每天都要澆水兩次，而且每次都澆得淋漓盡致。有一次，酷日當空，柏老在門前買了一碗豆花，蹲在那裏正吃得起勁，忽然大雨傾盆，傾了我一頭一臉，剛吃了半碗的豆花，也蕩蕩乎變成滿碗，心裏詫曰：「這是何方神聖，賜下這種宋江式的及時之雨。」抬頭一看，原來能源出在澆花上，而屋主老爺已經龜縮在案，不見蹤影。我本來要大聲開罵的，怕罵了要挨揍，就沒有罵。又想上樓找該傢伙理論，心裏一想，我這個三無牌恐怕不是對手，只好作罷。於是不久我就練就一種三級跳的奇功，只要他閣下手提噴壺，拋頭露面，我就一躍而入，或一躍而出，身上滴水不沾。

這種欄杆上列盆景的奇觀，在公寓式的樓房之上，幾乎觸目皆是，有些更前後夾攻，在屋屁股的陽台上也羅列一排，則下面曬的衣服就要遭殃。而且日久天長，鐵架生鏽，忽然有一天塌啦，下面的朋友豈不要腦袋開花。即令不塌，鐵架孔洞奇大，萬一掉下一片碎瓦或一塊石頭，尊頭同樣受不了。實在想不通，住在上面的傢伙，爲啥不爲下面的人想一想。

和這同屬奇觀的是懸掛高樓的一些冷氣機。嗚呼，巍巍大廈，七層焉，八層焉，九、十、十一、十二、十三、十四層焉，高矗天際，美奐美輪，儼然小型皇宮，卻每個窗口都突出一個黑漆漆的小棺材。既大小不同，也式樣不一，每個小棺材又都有一根輸尿管，晃晃噹噹，迎風招展。好像一個雍容華貴的貴婦人生了一身膿瘡，把全部美感都破壞無遺。然而我們擔心的倒不是美感，而是萬一有一天小棺材的支架跟花架一樣，由老而鏽，由鏽而斷，忽連倒冬，翻滾而下，砸到路人的尊頭之上，據我了解，那效果可比傾盆大雨厲害。我們再一次的想不通，有錢的大爺，爲啥不爲路人想一想。

公寓的威脅不僅是後天的人造雨和小棺材，也有先天的胎裏毒。柏楊先生爲了謀生，每天要經過台北市忠孝東路四段兩次之多，每逢駕臨到一個名「國泰寶通大樓」的龐然大物，就怦然心動。心動不是想搬進去住，我可是從沒有這種想法，猶如我從沒有想搬進吾友伊莉莎白二世的白金漢宮去住一樣。我之所以怦然心動，是它的窗子。蓋別的大樓，窗子都是左右拉的，只有「國泰寶通大樓」的窗子，卻是向前開的焉。

夫窗子向前開，空氣的流通量，當然比窗子左右拉要大兩倍，屋主老爺住在其中，可能因此多活三千年。但問題也就出在這上面，向前開的現象是，每個窗戶都跟衙門一樣——作八字形，金屬的窗軸是唯一的支柱，這支柱再粗也粗不過放盆景或冷氣機的鐵架。即令是鋼的吧，鋼也有腐爛之日。好罷，俺的窗軸是鑽石做的，那就算鑽石做的。可是窗架窗框總不能也是鑽石做的吧，窗軸如不先壞，窗架窗框也會先壞。一旦壞啦，恐怕倒楣的仍是行路的朋友。如果它不垂直而下，來個天女散花，散到馬路之上，坐汽車的朋友，也難逃此劫。

最主要的是，風力的強度，隨着高度而比例增加。比例的數字，柏楊先生一時想不起來（這非關記憶不好，如果你閣下欠我銀子，看我記得清楚），只彷彿記得，紐約的帝國大廈，如果地面是一級風，屋頂就是八級風，而八級風足可以把一個人像稻草一樣捲起來拋到半空，以致遊客們不得不像幼稚園一樣，「大家小手牽小手」。或戰戰兢兢，緊抓欄杆，膽小鬼還得用一條繩索綁住纖腰。

台北國泰寶通大樓固然沒有紐約帝國大廈那麼高，但風力的遞增定律，卻是天下一樣。該大樓現在是新蓋的，還沒有跟颱風老爺碰過面。而且即令撐過一次兩次，柏老也不相信那細細的窗軸能長期抵抗日夜不停的高空的強風，萬一表演炸彈開花，別人的態度如何，我不知道；我自問可是誓不敢當。於是又想不通，當初設計的工程師老爺，爲啥不爲窗外人想一想。

寫到這裏，敝孫女拿了一張表格，教我老人家塡寫。表是啥表，不必說啦，反正是臨表泣涕，不知所云。尤其使人淚落如雨的是，表上留給塡表人應塡項目的位置，空白奇小。像「住址」欄的「省」「縣」「市」「路」「街」「巷」，上面的空格，小得簡直是在主辦視力測驗。有些空格倒是比較大方，留的位置較大，但也只能大到眼睛可以看見的地步，想把要塡的字擠進去，恐怕得使用世界上最尖的筆，外加上一副世界上最精細的顯微鏡。「閱讀書籍」一欄，奇窄而且奇短，塡三本兩個字書名的書，都得冒汗，一個人一生如果讀過三十本書，僅塡表就能塡出近視眼。更想不通，製表人爲啥不爲塡表人想一想。

這些都是小事，但從這些小事，可看出心理上的癥結。澆花水傾到你身上，冷氣機掉到你頭上，窗子把你砸的稀爛，塡表塡不進，那都是你的事，原主錢大力猛，就是這麼幹啦。

不出事時，誰嚷嚷都沒用，嚷的嗓門稍大，則招災進禍。一旦出了事，血肉橫飛，官蓋雲集，開會如儀，號叫着要追查責任，結果查來查去，除了死人有責任外，誰都沒責任。嗚呼，這癥結跟家家戶戶門口的臭鞋大陣一樣，是一目了然的，過度的自私和自卑，使頭腦不清兼老眼昏花。

——摘自《按牌理出牌》

不會笑的動物

記得若干年前，有人曾對民族舞蹈演員面無笑容，感到詫異，主持人答曰：「那一幕是『宮女怨』，宮女當然愁眉苦臉。」但後來演至「喜相逢」「萬壽無疆」，仍愁眉苦臉如故，不知主持人如何說詞。過去我曾想到，可能黃種人天生的不會笑，和不喜歡笑。可是到了日本一瞧，他們那些黃種人不但會笑，也喜歡笑，除了車掌小姐會笑外，連開那單調如棺材的電梯小姐也會笑，乃大吃一驚。於是再追究中國人所以笑臉甚少的原因，可能是百年來戰亂頻仍，哭的時候多，依生物學「用進廢退」的定律，再加上整天無米少鹽，以致想笑都笑不出。

中國人的缺少笑容，對觀光事業是一種威脅。但最大的威脅仍在中國人對陌生人的態度上，柏楊先生爲謀生走遍各省，發覺除了北平一個地方外，幾乎無一處不「欺生」。

人類是一種會笑的動物，但中國的女護士和女車掌例外，關於這一點，大家吶喊了十餘年，大概公共汽車管理處和台大醫院（台北醫院也很精彩）當局忙於搞紅包，無暇改進之故，所以一硬到底，迄今不變。看情形，除非把鈔票摔到她們臉上，便是老天爺都無法教她們嗞嗞牙。

另外，女店員的面孔，似乎也應納入改進之列，當你進店之時，活像一頭貓撞進了老鼠窩，小眼睛全充滿了敵意的望着你，如你索物，則先打量你的衣服，然後告曰：「貴得很。」你問：「還有好的乎？」曰：「更貴。」我有一個朋友，在外語學堂讀書時，便曾在台北中山堂前一家委託行，因購一件價值五百元的毛衣而大吃其癟，該老闆伸頸細瞧其領牌，不屑曰：「你外語學堂畢業，當個翻譯官，一個月也不過五、六百元，還是省點吧。」不過結果大出老闆意料，吾友竟然有錢買了一件。然而最痛苦的是，當顧客看了兩件不買辭出之時，上至老闆，下至店員，無不怒目而視，口中唸唸有詞，一種像被雞姦了似的嘴臉，全露了出來。於是，有人曰：沒有關係，他們見了洋大人，笑容自出。須知觀光事業發達後，洋大人如過江之鯽，將逐漸不再稀罕，且洋大人也有寒有窮，久而久之，劣根性復發，難免終有一天，華洋一視同仁。

坐計程汽車沒有小賬，應是中國唯一值得大吹之事，但僅此一項，難廣招徠。不二價運動應設法展開，凡是在台北中華路買過東西的人，恐怕都有同感，眞正的漫天要價，就地還錢，上當不上當全憑運氣。柏楊先生從前曾發明一定律曰：「還他一個你根本不想買的價，包不吃虧。」結果不然，前日往購一皮箱，要價三百，我以爲它只值一百五十元，但嫌其式樣不好，乃大聲曰：「七十元。」料想他寧去自殺，也不會賣，想不到他大叫曰：「好啦，拿去。」嗚呼，如何使中國人以善意和誠懇對待陌生人，不僅是觀光之道，亦是做人之道。

——摘自《妙豬集》

⊙

中國人好像是一種不會笑的動物，聖人曰：「君子不重則不威。」每個人似乎都要「重」要「威」。人生籬笆就像西柏林圍牆一樣，活生生築了起來。笑固然和「重」「威」並不排斥，但天長日久的冷漠，卻是可以把笑排斥掉了的。嗚呼，中國人不但對別人從不關心，似乎還對別人充滿了忌猜和仇恨。前天報上有則消息，台北峨嵋餐廳一個夥計病故，老闆不給錢，家族們就把棺材抬到餐廳抗議。食客同胞一瞧，大喊倒楣，一哄而散，有的趁此良機也就沒付賬。嗟夫，抬棺材對不對是一個問題，我們只是感慨，那位死人對活人的意義，難道只是「倒楣」？難道沒有一點哀傷之情？

——摘自《猛撞醬缸集》

禮義之邦

一個人的教養，和全民的品質，在人際關係第一層面的接觸上，完全顯現出來。貴閣下還記得《鏡花緣》乎，唐敖先生到了「君子國」，對禮義之邦的定義是：「聖聖相傳」「禮樂教化」「八荒景仰」。其實他閣下不過見了商店買東西時童叟無欺一件事，就五體投地。

而在美利堅，童叟無欺早已稀鬆平常，不僅僅價錢不欺，服務態度更使人嘆爲觀止。柏楊夫人在拉斯維加一家小店，看上了一件小褂，言明十二美元成交，貨銀兩訖，正要包裝，發現右腋下有塊米粒大，彷彿可以看得見的黑斑，老妻曰：「哎呀，這是啥？」店員老奶拿起來，映着日光細瞧，歉然曰：「確實是一個汗漬，用水洗可能洗掉，但也可能洗不掉。妳如果同意的話，我去問問老闆，看是不是可以減一點價？」接着冬冬冬冬跑上二樓，再冬冬冬冬跑下，說可以便宜兩塊美元。

這件事對我來說，無疑當頭一棒，蓋被店員虐待，已成習慣，一旦春風化雨，眞忍不住上去抱住那老奶親個嘴。如果換了台北，或換了香港，一場警匪槍戰的節目，鐵定的盛大推出。死婆娘竟然有膽量吹毛求疵，店員必然橫眉怒目，迎頭痛擊：「怎麼，妳說啥，黑斑？笑話，我怎麼看不見？就是有黑斑，在胳肢窩底下，有啥關係，妳是舉起胳膊走路的呀？要挑眼早挑眼，買主還有老實的，現在發票都開好啦，妳想退貨？減價？莫名其妙，以後買東西時先背地裏數數自己的家當，銀子不夠時少充闊佬？怎麼，妳不服氣呀，我們是五千年傳統文化的禮義之邦，向來賓至如歸的，妳不敢不如歸呀？嘛嘴嘟嚷，好像誰欺負妳似的，我們這麼大的公司，還在乎妳那點碎銀子。你們這些文化根基太淺的外國土包子，我也懶得去報官。反正一句話：買不起，算啦，拿來。」

拉斯維加是純觀光的賭城，百分之九十都是旅客，而這些旅客又百分之九十九一生中只來一次兩次，坑這些人絕無後患。但他們卻仍跟其他地方商店一樣，親親切切、正正派派。

三句話

——摘自《踩了他的尾巴》

中國人初到美國最大的困擾，是美國人的禮貌多端。馬路上隨隨便便擦肩而過，似乎好像碰那麼一下，也似乎好像沒有碰那麼一下，對方總要致歉曰：「對不起。」如果眞的短兵相接，肌膚相親，那聲「對不起」就更如同哀鳴。即令你低頭猛走，撞個震天響亮，也會引起一迭連聲的向你「對不起」。這個動則「對不起」場面，實在難以招架。在我們中國，卻是另一種鏡頭，兩人一旦石板上摔烏龜，硬碰了硬，那反應可是疾如閃電，目眦盡裂，你瞧他表演跳高吧，第一句準是：「你瞎了眼啦。」對手立刻還擊，也跳高曰：「哎呀，我也不是故意的，你還不是也碰了我，我都不吭聲，你叫啥叫？」前者拉嗓門曰：「碰了人還這麼凶，你受過教育沒有？」對手也拉嗓門曰：「碰了你也不犯殺頭罪，你想怎樣，教我給你下跪呀，哼，你說我碰了你，這可怪啦，我怎麼不碰別人，是你先往上碰的，想栽贓呀。」事情進化到如此地步，軟弱一點的，邊走邊罵，邊罵邊走，也就是鳴金收兵。剛強一點的，一拳下去，殺聲大作，馬上就招來一大堆看熱鬧的群眾，好不叫座。

請讀者老爺注意，從第一碰到作鳥獸散，我們聽不到一聲「對不起」。博大精深的「死不認錯學」，在這件街頭小景上，充份發揚光大。所以柏楊先生認爲中國同胞已喪夫了說「對不起」的能力，每個中國人都像一個火焰噴射器，只有據「力」力爭的勇氣。

西方文明的特徵之一，是承認別人跟自己同樣的存在，同樣的應受到尊重，所以總是小心翼翼表達這種尊重。踩了你的尊腳固然「對不起」，實際並未踩到只不過幾乎踩到也「對不起」，咳嗽一聲固然「對不起」，打個其聲如蚊的噴嚏也「對不起」，正在談話他要去撒尿固然「對不起」，廚房失火，他要去救火也「對不起」。旅客們最常見到的節目是，你正努力照相，有人不小心從中間穿過，他們也要「對不起」。然而絕大多數的洋大人，一見你舉起照相機，都會像呆瓜一樣，停下來站着傻笑，等你按下機關之後再走。照相朋友如果是中國同胞，痲木已慣，不會有啥反應。照相朋友如果是洋大人，他們不甘寂寞，總是要開上一腔。這時候不再是「對不起」啦，而是「謝謝你」。

「謝謝你」給我的威脅，跟「對不起」給我的威脅，同樣沉重。世界上竟有人把唾沫浪費到這兩句話上，實在難以了解。柏楊先生雖然十八般武藝，樣樣精通，可是到了美國，要想逃出這兩句話的網羅，卻比登天都難，你越踢騰，他越「謝謝你」。照相朋友照完相你再穿腸而過，他們固然「謝謝你」，就是去買東西，東西到手，他們也要向店員「謝謝你」（換在中國，不要說顧客啦，就是店員能說聲「謝謝你」，天花板都會感動得塌下來），銀行提款，櫃枱老奶眼睜睜看你把白花花銀子拿走，也會「謝謝你」（讀者老爺不妨到中國銀行打個轉，便知端詳），到衙門辦事，臨走把證件交還你時，也要「謝謝你」（貴閣下到咱們中國各衙門試試，包管你立刻發思洋之幽情），一旦開快車或不該轉彎處硬轉了彎，警察老爺交給你罰單，也要「謝謝你」（台北街頭開罰單的結果，恐怕是一個板起晚娘臉，一個口吐三字經）。在洛杉磯時，吾友周光啓先生帶我去停車場開車，臨出大門，繳出銀子，取回單子，他也冒出一句「謝謝你」，我訓勉曰：「老哥，禮多必詐，你不給錢，他放你一馬呀，有啥可謝的？」他想了半天也沒想出非謝謝不可的理由。可是第二次再去，他「謝謝你」如故，把我氣得要死。

柏楊先生印象最深的「謝謝你」，是彈簧門奇案。我老人家經過彈簧門時，向來都是推之而過，然後撒手不管的。到美國後，當然一切如初。朋友屢誡曰：「老頭，這裏是番邦，你可別把中國五千年傳統文化帶過來，千萬看看後面有沒有人，再慢慢鬆回原處。」笑話，我來美國是遊歷的，不是給人管門的，我走過的彈簧門比你見過的都多，還用你上課乎哉。於是，有一次，我一撒手，門向後猛彈，屁股後一位白臉老爺發出一聲大叫，朋友和我急得幾乎跪下討饒（本來我要腳底抹油，偏偏聞聲趕來救駕的閒人太多，沒有跑成）。幸好未碰出腦震盪，白臉老爺瞧我的長相打扮，以爲準是新幾內亞吃人部落的重要人物，沒敢追究。事後朋友告曰：「你沒吃過豬肉，也應看過豬走，請學學洋大人，那才是眞正愛國之道。」嗚呼，原來洋大人經過之後，總要停步扶門，直等到後面客人魚貫而入，或有人半途接棒，再緩緩放手的。不經一事，不長一智，對這種規矩，我老人家不久就滾瓜爛熟。也因而不斷聽到後進的洋老爺洋老奶一連串的「謝謝你」，好不得意。

——回到台北，我仍繼續崇洋了一陣。不過，三天下來，就恢復原狀，非我意志薄弱也，而是每次停步扶門恭候，屁股後跟進的黃臉朋友，嘴裏都像塞了乾屎橛，沒有一個人說聲謝謝。我就卸手一鬆，管他媽的碰活也好，碰死也好。嗚呼，要想從中國人口中掏出一句「謝謝你」，恐怕非動用吾友豬八戒的五齒鈀不可。

——事實上美國的「謝謝你」，跟「對不起」一樣，已成為民主生活的一部份，連剛會講話的小娃，媽媽給他擦屁股，都會說「謝謝你」，這使得它發展到氾濫之境。貴閣下看過強盜搶銀行的鏡頭乎，彪形大漢掏出手槍，教櫃枱老奶把銀子裝了個夠，然後脫帽曰：「謝謝妳。」這才撤退。不過，柏老的意思是，寧可氾濫，也不要被乾屎橛塞死。

要特別聲明一點，「對不起」和「謝謝你」，都和笑容同時並發，於是，自然蔓延出來另一句話：「我是不是可以效勞？」我老人家這麼一把年紀，從大陸到台灣，從山窩到都市，從三家村到洋學堂，從牙牙學語到聲如巨雷。「對不起」「謝謝你」雖少如鳳毛麟角，倒偶爾還聽到過，只有「我是不是可以效勞」這句話，可從沒有聽有誰出過口的。

平常日子，我們都是朋友開車接送，威風凜凜，趾高氣揚。可是有一次卻抓了瞎，我和老妻從華盛頓中心區，坐地下鐵到春田鎮，春田鎮是地下鐵盡頭，必須再坐一程計程車，才能到請我們吃飯的朋友尊府。偏偏美國的計程車比柏楊先生身上的銀子還少，我們在車站東奔西跑，眼看天又漸晚，急得像兩條喪家之犬。一位年輕的美國朋友看出我們出了毛病，前來詢問：他是不是可以為我們效勞？眞是傻瓜，這還用問。他就放下他的小包袱，站在馬路中央，眼觀四面，耳聽八方，最後攔阻了一輛，大概司機老爺趕着回家晚餐，硬是不肯，他閣下俯在窗口說了半天，才招手喚我們過去。等我剛想淸楚，想問他一聲尊姓大名，他已揚長而去啦，若非他拔刀相助，看情形我們只好就在那裏打地舖過夜。

——摘自《踩了他的尾巴》

排隊國

美國人是一個喜歡幫助人的民族，「我是不是可以為你效勞？」並不只是油腔滑調一句應酬，而是劍及履及的一種行動。除了紐約和一兩個大碼頭地方外，只要你臉上稍露出困惑焦急的顏色，準有人上前問這一句話。你如果胸懷大志，答曰：「對呀，俺正需要幫忙，借給五千億美元周轉二十年，行不行？」結果當然不行。但假設你只不過迷了路，他閣下恐怕要忙上一陣，總要跟你說上一個備細；不幸你的英文程度跟柏楊先生一樣，任憑他說得天花亂墜，仍然不敢聽懂，他可能拉着你東奔西跑，好像你是王孫公子，他是販夫走卒。柏楊夫人因為腰傷未癒，臨行時帶着一個特製的藤牌，作靠背之用。這藤牌在台灣用了半年之久，始終沒沒無聞，可是一到美國，它卻立刻樹大招風。無論走到那裏，總有白臉老爺認為她閣下的尊腰隨時都有從當中喀嚓一聲，折成兩截的可能。飛機上、火車上，更像龍袍加身，連站都不敢站，剛一欠屁股，就有人脅肩諂笑曰：「我是不是可以為妳效勞？」當然不可以，她要去毛坑屙屎，豈有別人可以代屙的。害得她老人家以後只好憋着，以免盛情難卻。

中國人際之間的關係，向來不流行這一套，而且恰恰相反，對樂於助人的人，一律花枝招展的稱之為「好事之徒」。膽敢路見不平、拔刀相助，則現成的形容詞，就像響尾蛇飛彈一樣，尾追而至，咬定他「愛管閒事」，這種離經叛道之舉，必然的「別有居心」。所以，換到台北街頭，你就是蹲在那裏上吐下瀉，我敢跟你打一塊錢的賭，恐怕是沒人扶你一把。記得去年，柏楊先生跟一位美國朋友西格里曼先生在台北看電影，一位觀眾老爺忽然口吐白沫，從座位上栽倒在地，電影院來了兩個人，把他架了出去，用不着多問，當然是送醫院去啦。誰知道散場後一瞧，他閣下竟原模原樣被扔到側門通道的水泥地上，好像他不是「龍的傳人」，而是從蚩尤部落捉來的俘虜，人潮雖然洶湧，卻無人為之駐腳，西格里曼先生大為吃驚，嘆曰：「中國人跟紐約人差不多啦，這麼冷漠無情。」

他閣下沒說跟美國人同樣冷漠無情，是他聰明之處，否則我這個愛國心切的中國老漢，可能認為他比喻不倫，語帶諷刺，「挑撥政府與人民之間的感情」。他之特別提出紐約，因紐約是「不忘本」人物的大本營，據說外國人佔紐約總人口的五分之四，以致美國人一提起紐約，就誓不承認是他們的城市。

——然而，生為中國人，身在中國地，要想幫助別人，也不容易。柏楊先生在《猛撞醬缸集》中，就努力嚷嚷過，一個沒有高貴情操的人，永不了解別人會有高貴情操，也永不相信別人會有高貴情操。「好事之徒」「愛管閒事」「別有居心」的毒箭，早就上了弦，只要對方有助人一念，亂弩立刻齊發，見血封喉。吾友楊希鳳先生，是一位計程車司機（他閣下經常載我二老，前往鬧市兜風），一個雨天黃昏，載得一位落湯雞女人，在車上不停發抖，牙齒咯咯猛響，楊希鳳先生遂動了不忍其觳悚之心，正好他太太教他從洗衣店取回來毛衣毛褲，乃建議曰：「小姐，妳可以把濕衣服脫下來，換上一換，等妳到家再還我。」那女人一聽要她脫光，立刻杏眼圓瞪，嚎曰：「色狼，你要我報警呀。」把他閣下氣得馬上就咒她害感冒兼三期肺炎。另一位朋友李瑞騰先生，乃中國文化大學教堂教習，一次在公共汽車上，一位女人（對不起，又是女人）陽傘把柄掉啦，眼看就要踩個稀爛，他趕忙揀起，巴巴的擠到後座，交還於她。感謝觀世音菩薩，這次那女人比較有文化，沒罵「色狼」，但也沒有「謝謝」，只用死魚般眼珠猛瞪，一語不發。李瑞騰先生只好大敗，向我嘆曰：「老頭，你說，咱們中國人是怎麼搞的？」嗚呼，中國人似乎仍停留在林木叢生的山頂洞時代，身上穿着刺蝟一樣的甲冑，只露出冷漠猜忌的兩隻大眼，心神不寧的，向四周虎視眈眈。

現在回頭介紹柏楊夫人的藤牌，這藤牌功用可大啦，不但惹得洋大人處處「效勞」，甚至遇到排隊，也總是讓她排到前面。夫排隊者，是人類文明外在的寒暑表，從一個國家的排隊秩序，可以準確的判斷它們的文明程度。我在美國只兩個月，就想提議把「美利堅合眾國」，改成「美利堅排隊國」，蓋美國排隊，不但氾濫，而且已造成災難，不得不惋惜那些黑白兩道朋友，竟把那麼多寶貴時間，浪費到排隊上。上飛機排隊，下飛機排隊，檢查行李排隊，繳驗護照排隊，買郵票排隊，寄封信排隊，窗口買票排隊，付錢取錢排隊，等公車電車排隊，上公車電車排隊，去廁所排隊，最使人不耐煩的，是無論大小飯舖，也要排隊。

對於排隊，絕不是吹牛，我可不在乎。不但我不在乎，全體中國人都不在乎。不過美國排隊跟中國排隊，內容上和形式上，都大不相同，這就跟美國的斑馬線跟中國的斑馬線大不相同一樣。蓋中國人排隊，只是一種學說，美國人排隊，卻是一種生活。台北排隊只算半截排隊，上車排隊，本來排得好好的，可是車子一到，卻像穆桂英大破天門陣，立刻土崩瓦解，爭先恐後。英雄人物殺開血路，跳上去先搶座位，老弱殘兵在後面跌跌撞撞，頭腫臉青。嗟夫，眞不知道當初辛苦排隊幹啥？爲了搶一個座位，或爲了怕擠不上車，來一個豕突狼奔，還可理解。而對號火車汽車，座位是鐵定了的，既飛不掉，又不怕別人的屁股帶鋼釘，眞不知道爲啥還要猛搶？美國人好像一生下來就注定排一輩子隊，所以也就心安理得。大概中國因爲人口太多之故，排起隊來，鼻孔緊挨後頸，前擁後抱，「縷衣相接聞喘息，滿懷暖玉見肌膚」，遠遠望之，儼然一串親密的戰友。只洋大人排起隊來，無精打采，稀稀落落，遇到車輛出入口或街口巷口，還會自動中斷，一派淒涼光景，不禁爲他們的國運悲哀。在紐約時，一位朋友教我陪他去一家以擁擠聞名於世的銀行取款。我心裏想，這傢伙準聽說過我在台北擠公共汽車的武功，教我異地揚威，自當奮身圖報。一進大門，只見櫃枱一字排開，每個櫃枱只有一個顧客在那裏唧咕，心中大喜，一個箭步就跳到其中一人背後，想不到朋友卻像抓小偷似的，施出鎖喉戰術，一把就把我拖了出去，不但不爲他的魯莽行動道歉，還埋怨曰：「老頭，你幹啥？」我沒好氣曰：「我幹啥？我排隊呀，自從到了你們貴國，俺可說是動輒得咎，排隊也犯了法啦。」他曰：「倒沒犯法，是犯了規矩。」原來櫃枱前面有一條線——跟飛機場檢驗護照的那條線一樣，後面的人都得站在那裏，不經召喚，不得亂動。而那裏已排了五六十人，他們要等到櫃枱前顧客走了之後，櫃枱老爺老奶御手輕招，才能像跳豆一樣跳過去補缺。嗚呼，美國立國的時間雖短，規矩可眞不少，如此繁文縟節，不知道影響不影響他們的民心士氣？

然而，最可怕的還是，大小飯鋪，也要排隊，這就太超出我偉大的學問範疇。自從盤古開天闢地，從沒有聽說飯鋪也要排隊的。柏老在舊金山第一次到飯鋪吃飯，一走進去，就被老妻拉出。嗟夫，根本無隊可排，當然大步進場，拉來拉去怎的？誰知道即令鬼也沒有一個，也得站在那裏，等待侍女像領屍一樣領到座位之上。如果沒人來領，就是當場餓死，也不能越雷池一步。印象最堅強的，是大峽谷之夜，好不容易找到一間晚上仍開張的小館，那小館倒皇恩浩蕩，特免排隊，但客人們必須先到櫃枱登記尊姓大名，然後蹲在門口聽候傳喚。侍女老奶一出現，大家把她當作大慈大悲救苦救難的聖母瑪琍亞，張着祈求盼望的大眼，惶恐不迭的望着她。聽她張金口、吐玉音，傳喚某某先生可進去啦，某某先生和他全家大小，立刻歡聲雷動，大喊大叫。咦，何必多這一道手續乎哉。台北就絕對不是這種景氣，一群餓殍殺到飯鋪，明明客人已滿坑滿谷，照樣深入虎穴，揀一張看起來杯盤狼籍，快要吃完了的桌子，把它團團圍住。桌上食客對這種陣勢，早已司空見慣，任憑餓殍們怒目而視他們的尊嘴，他們的尊嘴仍細嚼慢嚥，氣不發喘，面不改色。最後，興盡而退，餓殍們升級爲座上客，另一批新餓殍又洶湧而至，再圍在四周，恣意參觀。非洲草原上胡狼歪着脖子看鱷魚大嚼的鏡頭，重新上演，好不刺激。

最傷心的是，美國的很多中國飯鋪，也逐漸染上這種惡習，放棄了我們傳統的「看吃」

文化。人人都說美國是一個自由國家，我的意見有點相反，僅只排隊，就能把人排得精神分裂。

——摘自《踩了他的尾巴》

到底是什麼邦

僅看紙上作業，中國是禮義之邦。但在行爲上，我們卻倒退到蠻荒。

我最大的心願是：願中國最早成爲禮義之邦。這話聽起來有點刺耳，一位朋友吹鬍子曰：「依你的意思，中國現在是冒牌的禮義之邦啦。」柏楊先生曰：「我可不是這個意思，我的意思是，中國現在還沒有資格當冒牌的禮義之邦，而簡直是原始的蠻荒之邦。」一言未了，我順手把小板凳塞到他的屁股底下，他才算沒有昏倒在地，只坐下來發喘。我想，發喘的愛國之士，一定層出不窮，這就空口無憑，必須請貴閣下不要用情緒作直覺的判斷，讓我老人家先領你參觀參觀。

第一個節目　請參觀婚禮

即令離婚次數最多的電影明星，也都會認爲結婚是人生一件大事，否則既離之矣，何必再結之乎哉？蓋在生命歷程中，結婚乃一項躍進與突破，一男一女離開了所習慣的固有環境，跳到另一隻船上，組成以彼此爲中心的家，共同掌舵，駛入陌生而使人興奮的海洋。這是多麼重要的改變，所以，無論中國古老的傳統儀式，或西洋移植進來的宗教儀式，都是莊嚴的，在莊嚴和歡樂中充滿了這種改變的祝福。不要說古老的啦，縱在四〇年代，鄉間婚禮，一直都十分隆重，新郎要親自去新娘家迎娶，或坐轎或坐車，回到新郎家後，一拜天地，感謝上蒼的安排匹配。二拜高堂，感謝父母的養育之恩。三拜——拜天地、拜父母、新郎新娘互拜之後，這時才正式成爲夫婦。西洋的教堂，具有同等意義，在肅穆的音樂聲中，新郎佇立聖壇之前，新娘挽着老爹或老哥的手臂，徐徐而出，也就在聖壇之前，父親把女兒，哥哥把妹妹，交給新郎，再由牧師或神父，以上帝天主的名，宣佈他們結爲一體。

然而，不知道啥時候開始，大概是清王朝滅亡後不久吧，中國人既嫌磕頭太舊式，又嫌教堂太洋派，就發明了四不像，也就是迄今仍在奉行的「文明結婚」。婚禮遂不成婚禮，而成了鬧劇。禮堂也不成禮堂，而成了叭蜡廟。貴閣下聽過京戲乎：「叭蜡廟，好熱鬧，也有老來也有少，也有二八女多嬌。」賀客很少祝福的心聲，差不多都是前來逛廟會的。有些更東奔西跑，找朋覓友，眼目中根本沒有婚禮，只有社交。蓋大家雖然同住一個城市，卻往往兩年三年四五年，不見一面，只好把結婚禮堂，當做酒樓茶館。於是，嘰嘰喳喳，人聲沸騰，約典禮後打八圈麻將者有之，約改天再聚聚者有之，至於敍敍離情，打聽打聽消息，感慨感慨年華老去，罵罵張三李四王二麻子，更屬平常。證婚人在台上滿腹經綸，聲嘶力竭，全世界沒有一個人聽得見，連他自己都聽不見。而介紹人者，往往是旱地拔葱，臨時拔出來的，固不知新娘姓啥，也不知他所擔任工作的神聖性，偶爾還扮演一下打諢角色，把鬧洞房的一套端出，當着家人親屬的面，滿口下流黃話，猥褻的程度，使美國《花花公子》的編輯老爺聽啦，都得向派出所報案。老丑小丑，碰碰擠擠，說它是菜市場，還算積德，乃是親友蒙羞、上蒼垂淚之場也。

第二個節目，請參觀喪禮

死亡比結婚，更是人生一件大事，一個人可能結很多次婚，卻只能死一次亡，那是生命的終結，永遠的終結。拋下他一生辛辛苦苦奮鬥的成果和至愛的親眷，撒手歸西。殯儀館是他旅途的最後一站，過此一站，便永遠停留墳墓中央。喪禮的氣氛，不僅莊嚴，更無限悲傷。古人「弔者大悅」，只是「悅」喪葬的儀式合禮，並不是高興他死得好、死得妙。然而，現在流行的喪禮上，經常出現一種現象是，弔客一進門，先到靈前鞠躬致祭，家屬在靈旁跪地叩頭，悲痛時還有哭聲，尤其是母老子幼的孤兒寡婦，哭聲更斷人腸。可是，該弔客一扭身，家屬哭聲還沒有停止，他就一個箭步，跳到另一個弔客跟前，大喜曰：「哎呀，柏老，好久不見啦，看你面團團若富家翁，把老朋友都忘啦。」柏楊先生也大喜曰：「我正在找你哩，總是被他媽的一些紅白帖子纏昏了頭，走，咱們找地方擺擺龍門陣。」走到門口，迎面又來一物，兩個冷血動物立刻蹶屁股曰：「部長大人呀，你老人家安好。」部長大人則點頭含笑，握手而進，兩個冷血動物顧不得走啦，正在尾追陪笑，其他弔客已一哄而上，禮堂也就變成了社交俱樂部。其實，即令沒有此一物駕臨，喪禮也是婚禮的翻版，弔客們很少懷着悲傷悼念的心情，差不多也都是前來逛廟會的。於是，結婚禮堂的鏡頭，在殯儀館中，重播一遍：「嘰嘰喳喳，人聲沸騰，約典禮後打八圈麻將者有之，約改天再聚聚者有之，至於敍敍離情，打聽打聽消息，感慨感慨年華老去，罵罵張三李四王二麻子，更屬平常。孤兒寡婦在靈旁頓首痛哭，聲嘶力竭，全世界沒有一個人聽得見，連他們自己都聽不見。」事實上，殯儀館既成了社交場所，自然呼朋引類。而呼朋引類，自然他鄉遇故知，自然笑容可掬。洋大人嘗抨擊中國人麻木冷酷，老羞成怒之餘，也只好發喘。嗚呼，殯儀館之地，孤兒寡婦傷心之地，上蒼痛心之地也。

第三個節目　請參觀餐館

餐館是中國禮義最茂盛之處，也可以說，所有禮義的精華，全部集中在餐館的「二戰之役」。第一戰是「避位之戰」，有資格坐首席的傢伙——他就是主客，大都屬於位尊多金之輩。好像首席上埋伏一條毒蛇，該傢伙發誓不肯上坐，於是其他各色人等，包括主人在內，群起而推之，群起而拖之，群起而高聲吆喝之。該傢伙口吐白沫，抵死不從。有些人眼明手快，還來一個「先下屁股為強」，一屁股坐定，吶喊曰：「這就是首席啦。」有的於被搞大敗之後，只好委屈萬狀坐上去。等到首席坐穩，次席三席四席，每一席次，都要殺聲震天，鬧上十數分鐘或數十分鐘，才能塵埃落定。席間你敬酒，我敬菜，又是一番混戰，能把人累死，這且不表。表的是曲終人散，第二戰爆發，那就是「避門之戰」，大家像企鵝一樣，擁在門口，好像門檻之外，就是深不可測的陷阱，只要邁出一步，就會跌下去餵狼。於是，你不肯走，他也不肯走，坐首席的傢伙，這次拿定主意，縱被分屍，也不前進一步。又是一陣喊聲震天，該傢伙終於在掙扎中，被轟了出來，年老色衰之徒，立腳不住，還可能被轟得尊嘴啃地。

⊙

上面不過是犖犖大者，至於其他種種，也無不怵目驚心。好比，貴閣下去百貨公司買件襯衫吧，公共汽車站排隊，就會首當其衝，嗚呼，一個國家是不是禮義之邦，在排隊上可一目了然。而中國公共汽車站的排隊，到今天都有異於外夷，蓋外夷是排成一條線，只中國同胞擠成一大堆。車子還沒停住，群雄立刻就人海戰術，一擁而上，擠的大人跳、小孩叫。貴閣下如果認爲這裏眞是禮義之邦，循規守矩，恐怕一輩子不但上不了車，還要被罵爲白癡。假使你勃然大怒，不坐車啦，安步當車，那麼，轉彎抹角時，問問路試試？好不容易找到百貨公司，女店員一個比一個火眼金睛，你本要買十六寸領口的，她們就有本領把十三寸的賣給你，膽敢拒絕，晚娘臉立刻出籠。假如你膽大如斗，第二天去退貨，火眼金睛馬上變成青面獠牙，你能活着逃出，算你三生有幸。

嗟夫，太多的中國人，身上都是倒刺，肚子裏全是仇情敵意。愛國之士最喜歡自詡中國是禮義之邦，我想僅看紙上作業，古書上倒是說過，中國確是禮義之邦。但在行爲上，我們的禮義卻停頓或倒退在一片蠻荒階段。如果不能實踐禮義，再寫三千萬本書，再寫三千萬篇文章，蠻荒仍是蠻荒。

——摘自《早起的蟲兒》

醬缸蛆的別扭

當孫觀漢先生《菜園裏的心痕》在台北《自立晚報》上陸續發表的時候，該報總編輯羅祖光先生就挨過這麼一記悶棍。他的一位最要好的朋友，從兩百公里外的台中，巴巴打電話給他，吼之曰：「孫觀漢寫的文章，千言萬語一句話，無論是啥，都是美國的好，要說美國科學好，我還服，要說連美國文化也比我們好，我就不服，難道我們連做人處事也要學美國乎？太不像話，太不像話。」羅先生當時就在電話上勉之曰：「老哥，趕緊往醬缸外跳吧，再不跳你就成了醬缸蛆啦。」——順便聲明，「醬缸蛆」可就是羅先生這麼順口發明的，修理廟打板子時，務請認清屁股。

醬缸蛆心裏所以別扭，大概覺得中國乃禮義之邦，不但是禮義之邦，而且是最最古老、聖人又最最茂盛的禮義之邦。關於這一點，我們十二萬分的同意，想來孫觀漢先生也會照樣同意。蓋一則是自尊心使然，二則事實上也是如此，除了比不上印加帝國外，我們固是古得很也。問題是中國的禮和中國的義，到了今天，似乎只書本上才有，或只在聖人言論集上才看得見。嗚呼，中國只是文字上的禮義之邦，在現實生活上，卻是冷漠之邦、猜忌之邦、粗野之邦。

——摘自《猛撞醬缸集》

目光如豆

人人都說中國有五千年文化，有五千年文化當然有五千年文化，但一切光榮都屬於過去，誠如德國名將魯登道夫先生看了《孫子兵法》後曰：「我佩服中國人，但我佩服古代中國人，不佩服現代中國人。」

話說，美國國務卿魯斯克先生決定不來台北矣，對中華民國政府眼巴巴的邀請，拒絕詞雖然婉轉得無懈可擊，但不肯來的事實卻斬釘截鐵。嗚呼，這就教人忽然想起當年的往事，想當年甘迺迪先生奉天承運，剛坐上總統寶座，魯斯克先生尙是一位對中華民國不太友好的小民，一個小民妄議國家大事，已夠荒謬，而更荒謬的還是他竟寫了一封信給在台北的某一位立法委員，要求來台北訪問，誠是天大的不知趣。某立法委員把信轉給外交部之後，是不是眞的有人笑掉了下巴，我們不知道，但結果卻是知道的，假使對每一個唱反調的人都表歡迎，豈不人人都要唱反調乎？意料中的當然沒有下文。做夢也夢不到，風流水轉，有一天該魯斯克先生竟當上了國務卿，中華民國之官，不得不前倨後恭，不知這算不算優美傳統文化中的一條。

於是，使人又想起當年的另一往事，十年之前，吳廷琰先生以小民身份，經過台北，返回越南，張君勱先生有一介紹信給某大官，告以吳先生有掌握越南政局的可能性，爲奠立兩國友好合作之基，他建議應盛大招待。結果似乎比對魯斯克先生更慘，第一、盛大招待沒關係，但他將來萬一沒有前途，我們交這種朋友算啥？而且看他的模樣，不像有啥苗頭。第二、憑隨便一個沒有官位的小民介紹信，便盛大招待，豈不提高該小民在海外的地位？於是，吳廷琰先生只好在松山機場冷冷淸淸，度其過境時間，連鬼都沒有一個去瞧瞧他。

而今，勢利眼只好乞靈於自己的幻覺，希望大人物都有不記舊惡的美德。大人物眞不記舊惡耶？有些大人物固然寬宏大量，但也有些大人物不見得太上忘情。後來，張君勱先生赴越南講學，越南以國賓之禮，隆重歡迎（洋人對中國學人如此禮遇，百年來還是第一次，乃中國之榮。可是，台灣報紙卻一字不提，嗟夫），中華民國大使館迫於形勢，不得不舉行一個盛大酒會，屆時各國使節和所有應邀的知名之士，全部擁至，只有兩個人沒來，一位是吳廷琰總統，一位便是張君勱先生，弄得下不了台。這還不算，據說吳廷琰總統下令取消華人國籍，也有其感情上的因素，則影響就更巨矣。

用不着再搬孔孟學說，來證明中國人如何好客，如何待人。那一套早已死絕，和現代人的思想行爲，根本是兩回事。官兒們尤其如此，混世混到如此現實，如此膚淺，對手裏沒權沒錢的人，一律看不起，等看得起的時候，已來不及。魯斯克先生過境而不入，能怪他乎？

——摘自《妙豬集》

不講是非，只講「正路」

勢利眼主義最大的特徵是不講是非，而只以勢利爲是非。吾友屠申虹先生告訴我一件故事，該故事發生在他的故鄉浙江，他有一個親戚，在抗戰期間，製造淪陷區通行的僞鈔，用以在淪陷區採購槍彈醫藥打游擊。該親戚不幸在抗戰勝利前夕，被日本人捉住，槍決犧牲。當他的死訊傳到他村莊的時候，正人君子聽啦，無不搖頭嘆息曰：「這個孩子，什麼都好，就是不肯正幹，不肯走正路，如今落得如此下場。」嗚呼，這就是中國人對一個抗敵英雄的內心評價，曰「不肯正幹」，曰「不走正路」，即令充滿了憐惜，卻並沒有絲毫敬意。這正是一種冷漠，一種殘忍。在醬缸文化中，只有富貴功名才是「正路」，凡是不能獵取富貴功名的行爲，全是「不肯正幹」，全是「不走正路」。於是乎人間靈性，消失罄盡，是非標準，顚之倒之，人與獸的區別，微乎其微。唯一直貫天日的，只剩下勢利眼。

——摘自《猛撞醬缸集》

⊙

柏楊先生曾介紹過《唐聖人顯聖記》，現在再介紹一遍，以加強讀者老爺的印象，該書作者用的是一個筆名「伏魔使者」，他閣下對戊戌政變六君子殉難的悲劇，有極使人心魄動搖的評論，曰：「只聽一排槍砲聲，六名犯官的頭，早已個個落下。可憐富貴功名，一旦化爲烏有。」請注意：「富貴功名，一旦化爲烏有。」在勢利眼看來，啥都可以，賣國可以，禍國可以，當奴才當狗可以，就是不可以「富貴功名，一旦化爲烏有。」六君子唯一的錯處是沒有得到富貴功名，沒有走「正路」。寫到這裏，忍不住又要嘆曰：「血淚流盡反惹笑，常使英雄涕滿襟。」嗟夫，每個中國人都努力走富貴功名的「正路」，中國社會將成一個什麼樣子？用不着到關帝廟抽籤算卦，就可知道。可是，迄今爲止，仍有成群結隊的人在提倡富貴功名的「正路」，你說急死人不急死人。

留華學生狄仁華先生曾指責中國人富於人情味而缺少公德心，我想狄先生只看到了事情的表面，而沒有看到事情的骨髓，如果看到了骨髓，他絕對看不到人情味，而只看到勢利眼——冷漠、殘忍、忌猜、幸災樂禍，天天盼望別人垮，爲了富貴功名而人性泯滅，而如醉如癡，而如癲如狂。

——摘自《猛撞醬缸集》

一盤散沙

任何一個社會和任何一個人，多少都有點崇拜權勢，但似乎從沒有一個社會和從沒有一個民族，像中國人對權勢這麼癲狂，和這麼融入骨髓。任何一個社會和任何一個人，也多少都有點自私，但同樣的也從沒有一個社會和一個民族，像中國人這麼自私到牢不可破。這話聽起來有點憤世嫉俗，說出來也覺得危機四伏，可能惹起愛國裁判大怒，亂吹哨子。不過理是應該說的，不是應該怒的。

有一種現象大家無不樂於承認，那就是，中國同時也是一個很聰明的民族，身在番邦的中國留學生，無論留日的焉，留美的焉，留英的焉，留法的焉，學業成績，差不多都比該本國學生拔尖。辜鴻銘先生在英國學海軍，他的分數遠超過日本留學生伊藤博文先生；蔣百里先生在日本學陸軍，學科兼術科，都是該期第一名；日本人那時候比現在還要小氣鬼，忍受不了外國學生的優越成績，才把他閣下擠下來。這些是遠例，近例最驚天動地的，莫過於圍棋大王吳清源先生和圍棋小大王林海峰先生，在日本本土，橫衝直撞，所向披靡，固然是日本棋壇的優美環境所致，但更是中國人的先天智慧所致。如果一定說中國人的聰明遠超過洋大人，似乎吹牛，但至少有一點，中國人的聰明絕不亞於洋大人。——中國同胞沾沾自喜，當然沒啥爭議，就是洋大人，甚至三K黨，都不能說中國人聰明差勁，大不了說中國人群體差勁。洋朋友往往把中國人叫做東方的猶太人，當然是輕蔑，但同時也是一種敬意和畏懼。猶太人最惹人咬牙的不過一毛不拔罷啦，而其他方面的貢獻，若宗教，若科學，若藝術，無不震古爍今。試看世界上經濟大權，不是握在猶太朋友手中乎？基督教的開山老祖耶穌先生，不就是猶太人乎，現代科學巨星愛因斯坦先生，不也是猶太人乎。

中國人是聰明的，但這聰明卻有一個嚴重的大前提，那就是必須「一對一」，在個別的較量中，一個中國人對一個洋大人，中國人是聰明的，好比說吳清源先生和林海峰，單槍獨馬，就殺得七進七出。可是一旦進入群體的較量，兩個中國人對兩個洋大人，或兩個以上的中國人對兩個以上的洋大人，中國人就吃不住兼頂不過。孫中山先生曾感嘆中國人是「一盤散沙」，嗚呼，用中國的一個沙粒跟洋大人的一個沙粒較量，中國的沙粒不弱於洋大人的沙粒，但用中國的一堆沙粒跟洋大人一堆沙粒做成的水泥較量，水泥可是堅硬如鐵。

一盤散沙的意義是不合作，我們說不合作，不是說中國人連合作的好處都不知道。咦，不但知道，而且知道個徹底。醬缸蛆先生忽然發了罡氣，他能寫上一本書，引經據典，大批出售古聖古賢以及今聖今賢關於合作的教訓。柏楊先生如果也發了罡氣，我同樣也能引經據典寫上一本書——不但寫上一本書，簡直能寫上一火車書。但問題是，不管經典上合作的教訓如何茂盛，那些教訓只止於印到書上，行爲上卻不是那麼回事。

——摘自《猛撞醬缸集》

唐人街——吞噬中國人的魔窟

大多數中國人仍在努力的「不忘本」，努力的不團結，努力的窩裏鬥——無論天涯海角，只要有中國人的地方，就有慘烈的窩裏鬥。聽說美國有個機構，專門研究中國人的這些特質，爲啥對白人那麼馴服，而對自己同胞卻像殺手？自從華青幫龍興之後，唐人街很多中國餐館受不了這種東風西漸，就重金禮聘一位白老爺，往櫃枱一坐，好像避邪丸一樣，華青幫就不敢上門。這是低知識層面。而高知識層面，大概薑是老的辣，表現自然更出類拔萃，同在一個大學堂教書，又同是從中國來的，按情按理，應該相親相睦，如足如手。直到柏老身臨其境，才發現天下事竟然眞有不情不理的。學堂名稱和當事人姓名，可不能寫出來，寫出來準被活埋。那些「學人專家」兼「專家學人」，寫起文或講起演，呼籲團結，文情並茂，連上帝都能爲之垂淚。可是他們相互間卻好像不共戴天，甲老爺請我老人家下小館，絕不邀請乙老爺參加。丙老爺一聽我在丁老爺家打地舖，立刻聲明不交我這個勢利眼朋友。從戊老爺那裏出來，請他開車送一程到己處，你說啥？去找那小子？你走路慢慢練腿勁吧。

唐人街已成了中國人吞噬中國人的魔窟，有些沒有居留權的小子或老奶，被關到成衣廠，每天工錢只夠喝米湯的。跟當年黑奴，相差無幾，一生就葬送在那裏，連個哭訴的地方都沒有。即令找到哭訴的地方，也不敢哭訴。幾乎所有的黑店，都是專門爲中國同胞而設，對白老爺可連眼都不敢眨，學堂和政府衙門的中國人，也不能例外，你如果遇到一個中國人頂頭上司，那可得小心小心，不但升遷無望，一旦裁員，你可是第一個捲舖蓋，蓋頂頭上司要向洋大人表態：「俺可是大公無私呀！」事實上他的「私」連太空梭都裝不下。爲了給白老爺好印象，不惜把中國同胞宰掉，用中國同胞的屍體，作他向上爬的台階。中國人傳統的神經質恐懼，使自己先天的注定要永無止境的被騙被坑、挨打受氣。僅以平霸兼聯邦騙財這件奇案來說，老姊最初向我一五一十吐苦水，可是一聽我有意把它寫出來，就嚇得花容失色，涕淚齊流曰：「好老頭，你遠在台北，狗腿自可無恙，俺弟弟卻留在舊金山，你害了他呀，你這個老不死的惹禍精呀。」硬把鼻涕往我身上抹。逼得我當場發誓，如果形諸筆墨，教我掉到茶盅裏淹死。

嗚呼，世界上大概只有中國人天性懦弱，從不敢「據理力爭」。凡是據理力爭的，全被醬缸蛆之輩視爲不安份的偏激份子。大家都在「算啦算啦，過去的都過去啦」裏過日子，等候着玉皇大帝忽然開了竅，來一個「惡人自有惡人磨」的頭條新聞——抗暴起義的英雄壯士，竟成了同等量的「惡人」。於是，「善人」也者，不過窩囊貨兼受氣包，既沒有勇氣，又沒有品格。華青幫所以不敢碰坐在餐館櫃枱的白老爺，因爲他們深知，欺負中國人跟欺負螞蟻一樣，中國人怕事怕得要命，對任何橫暴都習慣於逆來順受，噤若寒蟬。而一旦欺負到白人頭上，律師出現，那可沒個完。

柏楊先生在去美國之前，朋友祝福曰：「你回來後，希望不會說『中國人，在哪裏都是中國人』的話。」而如今，忍了又忍，還是要這麼嘆息。嗟夫，中國人的劣根性造成中國人前途的艱辛。在美國黑白雜陳的社會，中國人卻單獨奮戰。因爲沒有集體的力量，所以，爬到某一種程度，也就嘎然而止。不要說永遠趕不上猶太人，就是距日本人、朝鮮人，都相差十萬光年。日本移民比中國移民少一半，卻選出了兩個國會議員。柏老可以預言（又要擺卦攤啦），再過一百年，中國移民也選不出一個。不信的話，咱們就賭一塊錢。

印地安人酋長「傑克上尉」有一段沉痛的話：「你們白人沒有打垮我，打垮我的，是我們自己的族人。」白人也沒有排斥中國人，使中國人處於困境的，是中國人自己。

——摘自《踩了他的尾巴》

《春秋》責備賢者

中國文化另一個使人傷心欲絕的現象是：「《春秋》責備賢者。」發揚這種學說的孔丘先生，眞使人搥胸脯。他閣下對人生有深度的了解，對做人道理，也有不可磨滅的貢獻，全部《論語》，堆滿了格言。他向當權派提供了統御之術，並向大傢伙保證，如果用他那一套統治小民，江山就成了鐵打的啦。這一套當時頗不吃香，但經過董仲舒先生奮勇的推薦，西漢王朝皇帝劉徹先生採用之後，果然發生強大威力。不過他閣下理論中最糟的是「責備賢者」，他閣下爲啥產生了這種畸形觀念，我們不知道，可能是勉勵「賢者」更上一層樓吧。君不見父母打孩子乎，孩子哭得肝腸寸斷，可是老頭卻氣壯山河曰：「你是我的兒子，我才打你呀，別人的孩子三跪九叩叫我打，我還不打哩。」無他，俗不云乎：「打是親，罵是恩，不打不罵是仇人。」你是賢者，我才表演自由心證兼誅心之論，你如果不是賢者，而是地痞流氓不入流下三濫，請我責備你，我都不屑責備你。

責備賢者的原意是不是如此，不敢確定，即令是如此的吧，結果也難逃「天下沒有一個是好人」的厄運。勉勵「賢者」更上一層樓當然是善意的，但在實踐上，自由心證兼誅心之論一齊爆發，一定產生「責人無已時」的絕症。這絕症就是挑剔沒有完，好像百步蛇的毒牙，咬住誰誰就得四肢冰冷，隆重的抬到太平間。蓋人性是較弱的，都有犯錯的時候，都有犯滔天大罪的可能，都有胡思亂想把不穩舵的局面，柳下惠先生也會想別的女人，孟軻先生也會爲目的不擇手段。

⊙

對惡棍連咳嗽一聲都不敢（往自己臉上貼金的懦夫不好意思說「不敢」，只好說「不屑」），對「賢者」卻挑剔個沒完。人是一種會犯錯的動物，也是一種會做出不可告人之事的動物，努力挑剔的結果，每一個人都成了虎豹豺狼。於是乎，存心壞蛋到底的朋友有福啦，永沒有人責備他，不但沒有人責備他，遇到「德之賊也」，還原諒他，猛勸責備他的人適可而止哩。而力爭上游的朋友，反而永遠受不完的抨擊。這種責人無已時的毒牙，只有一個後果：逼得人們感覺到，做好人要比當惡棍困難得多。

中國社會是一個恍惚萬狀的社會，有時候恍惚得連自己屙的是啥屎都不知道。《淮南子》上有一則故事，只簡單幾句，恭抄於後：

人有嫁其女而教之者，曰：「爾爲善，善人疾之。」對曰：「然則當爲不善乎？」曰：「善尚不可爲，而況不善乎？」

《世說新語》上也有一則故事，也只簡單幾句，也恭抄於後：

趙母嫁女，女臨去，敎之曰：「愼勿爲好。」女曰：「不爲好，可爲惡耶？」母曰：「好尚不可爲，其況惡乎？」

這些話使人聽啦，比沒有聽還糊塗，說了半天，到底說的是啥？懂的朋友請舉手，我就輸他一塊錢。可是司馬師先生的小老婆羊徽瑜女士（史書上稱爲「景獻羊皇后」「弘訓太后」）卻嘆曰：「此言雖鄙，可以命世人。」既然鄙矣，就不能命世人；既然命世人矣，就是至理名言，不能算鄙。不過不管怎麼吧，老太婆對女兒指示的結果，並沒指示出一條應走的路。我想這種不知道屙啥屎的心理狀態，似乎仍與「責備賢者」有關。老人家教訓子女，當然不好意思鼓勵他心黑手辣。但也不能昧着天良鼓勵他力爭上游，蓋中國傳統文化是專門用「責備賢者」的毒牙咬力爭上游的。你再賢都沒有用，俺仍能把手伸到你被窩裏，大喜過望吶喊曰：「他屁股上有個疤呀。」結果你不但賢不起來，反而弄得一身臭。

「責備賢者」與「嫉妒」在本質上是一樣的，都是在雞蛋裏找骨頭，但形式上卻不相同，「責備賢者」因有美麗的外套，所以就更惡毒、更害人。嗚呼，我們給「賢者」的愛太少，而只一味的責備，責備，責備，責備，責備。

⊙

孫觀漢先生有一句使人感慨的話，那就是：中國社會上，讚揚的話總是等人死了才說。蓋在中國社會，對活人的讚揚幾乎絕跡。嗟夫，天底下最容易的事莫過於責備人，挑別人的眼，只要一開口，就好像從懸崖上栽下來的飛車，停也停不了，剎也剎不住。閣下看過《所羅門的寶藏》乎，兩位財迷被土人捉住，綁到廣場，表演砍頭。甲先生知道再過一個小時，就要日蝕，乃嚇唬酋長老爺，說他法力無邊，可以把太陽吃到肚子裏，如果把他宰啦，天上就永遠沒有了太陽。酋長老爺半信半疑，甲先生說，他可以先露一手教他們瞧瞧。酋長老爺下令暫緩執行，看他能耐如何，於是他就唸起咒來。嗚呼，他會唸啥咒？只不過他閣下乃水手出身，可以用醜話連續罵三天三夜都不重複一個字。於是，你瞧他口沒遮攔吧，陰陽頓挫了一個小時，天昏地暗，太陽果然被他吃到肚子裏，不但救了老命，還撈了不少寶貝。

中國傳統文化似乎專門培養這種水手本領，責備起人來，如果不用膠布趕緊貼住他的嘴，他的醜話就永遠沒有句點。再加上搖頭擺尾，擠眉弄眼，就更勇不可當。可是你要請他老人家讚揚一位他最佩服的人，他準張口結舌，想上三天三夜，也想不出有誰值得他讚揚的，即令有人值得他讚揚，他也想不出用啥話去讚揚。

一切絕症都淵源於中國文化中的愛心太少，孔丘先生之道，不過「忠」「恕」而已，獨缺少愛——當然啦，抬起槓來，不但其中有愛，而且愛還多得受不了。不過，「忠」「恕」中的理智成份似乎要濃些，愛的成份似乎淡如雲煙。

——摘自《猛撞醬缸集》

談醜陋的中國人（陳文和）

・致柏楊先生——

看了您在《自立晚報》的〈醜陋的中國人〉之後，有一些不能自己的話，非要跟您吐露不可，我想，或許可做您一部份參考。

對您所說中國人要能鑑賞，要有鑑賞力，我是贊成得來不及；在有鑑賞家，能鑑賞之前，我覺得中國人最吝嗇讚美。除了讚美自己之外，別人統統是狗屎。文人相輕，同行相忌，同性相斥等等偉大的中國文字，不勝枚舉。所以如果能夠人人都肯讚美，而且是公開的讚美，那自然就會有欣賞、有鑑賞。西諺說：「沒有看到善的敵人，才是最大的敵人。」中國人就是最見不得人家好。人家好，他說沒什麼。人家眞正好，他就去整人家。

爲什麼中國人不肯多讚美、多欣賞，我想這大概與您所講的中國人不講眞話有關，除此之外，中國人也不敢公開生氣，因爲不敢公開生氣，所以也就不敢公開讚美。不敢愛，也不敢恨。

不敢、不能公開讚美，我認爲是中國人甚少「心懷感激」所致。中國人成功了，他認爲那是他自己勤奮努力的結果，跟社會和人民根本沒有關係，他認爲他自己的本事最大，根本不感激社會，和群衆帶給他成功的機會，所以他們也就沒有什麼社會責任的觀念。

另外，中國人的成功，光宗耀祖的只是他們那一家人，那一族人，那一姓人。旁的人分享不到他的那份榮耀，他成功是他的事，所以我成功以後也是我的事，與旁人無涉，與他人無關。

沒有公眾（大眾）就沒有制度之期求，沒有制度又何求能有合作、團結？

不肯讚美，不敢生氣，愛說假話、謊話，可能這些都跟中國文化裏強調「內省」的功夫有關。中國人在中國文化的薰陶下，具有太多「闇諳」的性格，這種性格使人不敢愛，不敢恨，不能心懷感激，不肯犧牲（因爲犧牲到最後他發現還是犧牲，犧牲是造成別人的成功，別人成功又不能變成大家的成功，成功不能成爲度過苦難的結果，所以大家不肯犧牲，最壞的是，自己不肯犧牲，卻要人家犧牲，我名之爲「烈士情結」）。中國的苦難就如此惡性循環。

先生指出這麼多中國人的醜陋，我知道您是恨鐵不成鋼，我所希望者，除了您在海內外的地位、聲望之外，以您對中國文化了解的深刻，和人性的洞察入微；之後，爲苦難的中國人找到一條如何鼓勵人肯讚美、欣賞、鑑賞的方法和途徑，廣大的民衆最需要有人用深入淺出的辦法告訴他們、帶領他們，走向這麼一條道路，有方法才能有實踐。

當然，這是一個世紀的重整工程，您可以號召您的朋友，用心替苦難的中國人思考出許多實用、有效的辦法來，分門別類的（教育的、文化的……），階段性的推出來。

您打破了醬缸，您要帶領我們（您看，我又患了烈士情結），當然我也用我能力所及去影響，傳播美的中國人的信念及方法。

拉雜、零亂的塗寫，耗了您不少精神，反正我想說的都說了，不過，我希望能夠成爲您的小朋友。

致陳文和先生：

您的分析使我心折，要想從中國人口中聽到一聲對別人讚美的話，那可比登天還難。當然也有對別人讚美的，可是往往是政治性的——不是言不由衷，虛情假意，就是不知所云，對一匹馬努力誇獎牠的角眞漂亮。大多數中國人都生活在使人作嘔的自卑情緒之中，沒有能力發掘別人的優點，也沒有能力欣賞別人跟自己相異之處。如果一不小心讚美了別人，立刻就會發生下列反應：

一、對方有點地位的——「怎麼，你拍他的馬屁呀。」

二、對方不如自己的——「怎麼，你收買人心呀。」

三、對方跟自己是親是友——「你們的關係不同，你當然爲他說話。」

四、對方跟自己三桿子搭不上——「你連他幹什麼的都不知道！你要是知道他的底細，就不會這麼亂開黃腔。」

反正是，怎麼都不對勁。對勁的只有詬罵，中國人聚集在一起，三句話如果不談論別人的是非，他們準不是黃帝的子孫，和龍的傳人。所謂「大漢天聲」，天聲是什麼？就是聚集在一起把別人私生活攻擊得體無完膚的人聲。尤其這種攻擊也不見得一定出於惡意，而是一種濾過性病毒發作時的自然反應。君不見狗先生乎？狗先生每次見面，你聞聞他的屁股，他聞聞你的屁股，味道對了頭之後，皆大歡喜。中國人相聚，主要的是批評別人，一旦對方鼓掌稱善，就跟聞屁股聞對了頭一樣，才互相認同。

魯迅先生鼓勵我們敢愛敢恨，「愛」和「恨」都是一種能力，神經質的恐懼把中國人的愛恨能力，幾乎全部摧毀。愛既怕人譏嘲，恨又怕人報復。於是，愛和恨熔化成一種邪惡的力量，大陸上的文化大革命——十年浩劫，就是這種累積了太久的邪惡力量的總爆發；潛伏在中國人內心深處的野蠻、凶暴、詭詐、嫉妒、殘忍入骨，全部顯現，使中國人的品格，更爲低落，不要說向上提升，就是恢復三〇年代之前的水準，恐怕還要五十年——建設所需的時間，往往五倍於破壞。

我們不能把拯救整個民族的重擔放在當權的官員身上，而要每一個中國人分擔。第三流國民絕產生不出第一流的政府，而第三流的政府卻可能擁有第一流的國民。我們——你這位小友和我這個老頭，且從我們身上一點一滴的開始（我們不可能一下子就脫胎換骨，但能變一個細胞，就變一個細胞）。你以爲是不是可行？

——摘自《通鑑廣場》

虛驕之氣

有些人似乎害着翹尾巴瘋，一談到美國，尾巴就翹起來曰：「美國的文化太淺！」（也有說「沒有根基」的，也有說「沒有深度」的，反正他們那玩藝沒啥。）美國文化是不是淺，是另一個問題，即令他淺啦，我們才更不好意思。好像書香世家的破落戶，披着蓆片，蹲在破廟裏，仰仗着別人殘茶剩飯過日子，卻噱曰：「俺祖父大人當過宰相，他祖父大人不過是一個掏陰溝的。」不但不滿面羞愧，想想自己爲啥窮？反而洋洋得意對方出身不高。嗚呼，眞是奇事處處有，只有中國多，這句話應該是別人挖苦我們，而且誰要是這麼一提，都得打上一架！現在自己卻往外猛冒，實在是虛驕過度，一時轉不過彎。

虛驕只是暈暈忽忽的自滿——自我陶醉，自我意淫，蒙着被子胡思亂想。孔丘先生當年費了好大的勁，才發明了「古」的種種，然後託古改制。現代中國同胞不費吹灰之力，就有個美利堅合衆國擺在眼前，可以看得見，可以摸得着，還可以鑽到裏頭研究研究，體驗體驗，爲啥還用虛驕之氣，把這個活榜樣拒之於千里之外？

我們並不是說美國好得像一朵花，如果美國眞好得像一朵花，他們就用不着三作牌和監獄啦。但有一點卻是絕對可以提供我們學習的，那就是他們的生活方式。美國人有一種很厲害的武器，以堵任何一個國家（包括硫磺坑出來）留學生的嘴，那只是一句話，曰：「你認爲美國這也不好，那也不行，但你覺得美國的生活方式怎麼樣？」大體上說，美國是一個自由民主的社會，有最廣最強的公道。

虛驕之氣最大的壞處是自己給自己打堵牆，把自己孤立在水桶裏，喝得尊肚跟柏楊先生尊肚一樣的奇脹，於是就再也灌不進別的東西，頂多灌一些洋槍洋砲鐵甲船。至於更厲害更基本的文化——教育、藝術、禮義、做人的道理，和處世的精神，不要說再也灌不下去，簡直望一眼都會皮膚敏感。

我們也並不一定要效法美國，效法效法德國，效法效法日本，也是自救之道。第二次世界大戰，德國和日本復興之快，眞是可怕。中國同胞研究他們所以這麼快爬起來，發現了很多原因，若馬歇爾第四點計畫焉，若韓戰焉，若他們的工業基礎焉，聽起來有這麼一個印象，好像他們復興都是靠的運氣。嗚呼，大家似乎忘了一點，戰敗後的德國和日本，固然成了三等國家，可是他們的國民卻一直是一等國民，擁有深而且厚的文化潛力。好像一個三頭六臂的好漢，冬的一聲被打暈在地，等悠悠甦醒，爬起來拍拍屁股上的灰，仍是一條好漢。而我們這個三期肺病的中國，一時站到世界舞台上，不可一世，可是被冷風一吹，當場就連打三個偉大的噴嚏，流出偉大的鼻涕，有人勸我們吃阿斯匹靈，我們就說他思想偏激、動搖國本，結果一個倒栽葱，兩個人都架不起。

⊙

提起來效法別人，臉上有點掛不住，大丈夫固應該頂天立地，轟轟烈烈，讓別的小子又羨又妒。問題是，這種場面，在漢唐之時，確實是有的，可是時背運停，洋大人紛紛崛起，打也打不過，罵也罵不贏，只好往事如煙。現在唯一的辦法只有學學他們那一套，而且也只有這一條路可走，如果靠一口虛驕之氣，像河西走廊那位老太婆一樣，一股勁直往炕沿伸既醜又臭的小腳，以表示過去纏得好、纏得妙，則只有走另外一條路，該路是一條抵抗力最小的路，直通死亡之谷。

虛驕之氣使我們產生一種錯覺，認爲中國絕不會亡，理由是中華民族最富於同化力，證據是我們已亡過兩次啦，一次亡給蒙古，一次亡給滿洲，結果還不是來個鷂子翻身，把侵略者打得夾着尾巴而逃？——滿洲似乎還要慘，連尾巴都無處夾。這理論和證據可增加我們的自信，但並不能保證以後就不再亡。有一點要注意的，再偉大的民族，當他沒有滅亡以前，他是從沒有滅亡過的，而該民族在絕種以前，也是從沒有絕種過的。然而他們竟滅亡啦，也竟絕種啦，是虛驕之氣塞住了尊眼，迷糊了心竅，對內在外在的危機，有一種葉名琛先生式的情意結，認爲危機根本不是危機，於是乎危機兌了現，哭的是千萬小民和後代子孫。當希臘祖先張牙舞爪，光着屁股，初到希臘時，克里特島已有燦爛輝煌的文明，不但知道用鐵，還有高度的藝術成就。然而，只不過兩百年光景，克里特人在後起之秀的希臘人征服之下失了蹤。五千年前，南美洲的印加帝國的宮殿，現在還在祕魯荒山中發現，從那些宏麗的建築上，可看出他們文化程度之高（當印加帝國登報招標蓋那麼好的房子時，中國人還是野蠻民族，在茹毛飲血哩）。可是他們而今安在哉？

柏楊先生說這些，可不是專門洩氣，而是我們要認清，競爭是無情的，天老爺並不會因為中國有五千年文化，而特別派六丁六甲，謁者功曹，像保護唐僧一樣保護中國。趁着還活在世界上，應該趕緊鍛鍊鍛鍊，把脅肚裏的髒水吐出來（吞點瀉鹽拉出來也行），多吃一點有養分的東西。現在我們哀悼那些在歷史上被滅了亡、絕了種的民族，不希望有一天別的後生也來哀悼我們，千言萬語一句話：「勿使後人復哀後人也。」

——摘自《猛撞醬缸集》

恐龍型人物

——跳出影子，似乎是中國人第一要務。

吾友趙寧先生，在他的專欄中，指出大多數中國人都生活在自己的影子裏，明明是一隻小貓的，一看影子那麼龐大，就自以為是隻老虎。嗚呼，趙寧先生誠目光如炬，不過，柏老得補充補充，蓋自以為是隻老虎，那還是日正當中的影子，如果是日落西山的影子，則不僅僅自以爲是隻老虎，因爲斜照的影子更爲龐大，他簡直還自以爲是頭恐龍，一個噴嚏，地球都會震動哩。這種恐龍型人物，滿坑滿谷，觸目皆是，馬路上、商場上、房間裏、衙門裏，以及每一個行業的每一個角落，都會碰到。重則碰得你命喪黃泉，輕則碰得你膀胱發緊，小便頻仍。

十二年之前，台北上演一部好萊塢電影（片名已忘之矣，好像是「聖杯」，不敢確定），最精彩的一段是江湖郎中表演空中飛人。他閣下本來有一套精密設計的裝備，那是一對結實的輕金屬翅膀，綁在兩臂上，就可跟鳥一樣滿天亂飛。可是當他一上枱面，面對皇帝老爺的隆重介紹，和黑壓壓一片群眾的歡呼，就忽然尾大起來，翅膀也不要啦，一直奔向樓梯，往塔上爬去。害得他那美麗妻子，在後面苦苦的追趕哀號，告訴他沒有翅膀不行。江湖郎中不但不聽，反而認爲連自己老婆都唱反調，都拆自己的台，是可忍，孰不可忍，就暴跳如雷，用腳猛踹嬌妻攀登而上的玉手，幾乎把她踹下跌死。但她仍尾追不捨，一直到了盡頭，江湖郎中把蓋子一蓋，嬌妻只好掩面痛哭。接着是江湖郎中高立塔頂，群眾的狂熱使山搖地動，他的信心更如火燒，張開雙臂，仰面向天，朗聲誓言：「沒有翅膀，照樣可以飛。」於是，姿勢優美，凌空而下，只聽噗通一聲，跌成肉醬。

——跌成肉醬的後果是禍延嬌妻，上自皇帝，下至觀眾，一致認爲受了欺騙愚弄，這種跳塔自殺的節目，人人都會，有啥可看的。他們鼓噪起來，眼看就要暴動，皇帝老爺不得不下令要江湖郎中的妻子繼續去飛。她當然不會飛，但在槍尖圍逼下，只好含淚爬上樓梯，爲她丈夫的虛驕，也付出一團肉醬的代價。

這是歷史故事啦，現實的場面是，今年（一九八〇）二月，中華航空公司一架飛機，在馬尼拉降落時，機長吳釁先生，就有這種膨脹鏡頭。聞見思先生在台北《中央日報》上說他：「藝不高而膽大」，恐怕太過於客觀，蓋在主觀上，他已到了江湖郎中階段，認爲沒有翅膀，跟有翅膀沒有分別，只要信心堅定，就是武功高強。他早已發現降落的高度不對勁，但他的自尊心不允許他重來一次。反而收回油門，放下襟翼和起落架，更使用減速板，使飛機降的更快。等到接近跑道尾巴時，下降的趨勢更勇不可當，鼻輪和兩個主輪，三點式同時的重重落地，一聲響亮，剎那間翅膀折斷，引擎脫落，大火沖天，飛機化成灰燼。四位最倒楣的乘客燒死，三十九位次倒楣的乘客受到輕重之傷。

——吳釁先生一個人虛驕，四十餘人罹難。比起江湖郎中只不過夫妻兩人斷送殘生，似乎更價值連城。

就在吳釁先生表演一手之後的次月——三月，司機老爺許萬枝先生，也有表演。他開的是遊覽車，滿載國立台灣師範大學堂的學生，作畢業旅行。行駛途中，車掌小姐照例介紹她自己和司機，當介紹許萬枝先生時，稱讚他是最好的司機。許公龍心大悅，而且爲了表示他確實與眾不同，就在危險萬狀的山路上，放下方向盤，舉起雙手，向大家抱拳，一方面答謝服務小姐的推薦，一方面向大家展示他優美的駕駛技術，已到了神奇入化之境，雖不用方向盤，照樣可以開得四平八穩。當他抱拳的剎那，全車人都出了一身冷汗，有人更喊出聲音。

但許公神色自若，並且對那些喊出聲音的膽小鬼，嗤之以鼻（有沒有像江湖郎中踹嬌妻那樣踹了乘客幾腳，報上沒有記載，不便瞎猜），蓋那太傷他的自尊心啦。於是，到了梨山附近，左撞右撞，終於把車子撞到萬丈深淵，十七位大學生死亡。

——無論如何，許萬枝先生仍是第二流的司機。他跟吳鸞先生不同，吳鸞的虛驕，只斷送別人的生命。而許萬枝先生的虛驕，卻用自己的生命殉葬。

上面幾件壯舉，柏楊先生都沒有親身參加，只有一件事，我卻是榮膺男主角的。那就是，我老人家請吳基福先生診治眼疾，最初的幾個月，每天都需要靜脈注射。我既不好意思每天往返八百公里去高雄打針，只好把針劑帶回台北，在柏府附近找到一家私人診所，每天前往挨戳。該診所的那位女護士，秀色可餐，被秀色可餐捉住手臂亂搞，本也心甘情願，可是她閣下跟許萬枝先生的功夫一樣，同是天下高手，許先生可以不用方向盤開車，護士小姐則可以不用眼睛注射。她總是一面注射，一面跟她的男同伴猛聊，聊到得意之處，還咕咕呱呱，前仰後合。我懇求曰：「老奶，請妳看着點，這可不是耍的呀。」她的玉容就像掛着簾子似的，刷的一聲拉下來曰：「這有啥好緊張的，我閉着眼睛都能注射。」忽然一陣劇痛，我就哎喲，她曰：「我打針打了整整十年，從沒有出過錯，你這個老頭，怎麼還像孩子這麼難伺候。」回到家裏，左臂一片鐵青。第二天再去，指給她看，她曰：「沒啥，沒啥，用熱毛巾一敷就好啦。」只好換打右臂，回到家裏，這條不爭氣的右臂也跟着一片鐵青，一個月下來，她談笑風生不輟，而我老人家的兩條胳膊幾乎成了兩根木炭。

——一個女孩子的虛驕，柏楊先生就得爲她贖罪。幸虧我注射的不是含有劇毒的六〇六，如果是六〇六，當場就在她玉足前滿地打滾矣。

恐龍型人物最大的特徵是生活在日落西山斜照下的影子裏。眼看太陽就要沒啦，影子也要沒啦，但他卻覺得一切都是永恒的，一個人只要駕了一陣飛機，就自以爲可以直起直落。只要開了一陣汽車，就自以爲雙手凌空，仍能轉彎抹角。只要當了幾年護士，就自以爲閉着眼睛就可以找到靜脈血管。

於是，一個人只要有了一點錢，他就覺得神通廣大，所有的人都得向他朝拜。手裏稍微有點權，他就虎視眈眈，隨時準備教對方領教領教他手裏的玩藝。只要出了兩本書，他就成了文豪，全世界都得向他歡呼。只要當上一個主管，不管是二、三流的或七、八、九流的，他的能力就跟着高漲，職位比他低的傢伙，都成了豬八戒的脊梁——無能之輩。只要弄到一個學位，不管是青蛙媽死脫，或跳蚤打狗脫，他就以爲連對同性戀都是權威。只要會說幾句英文，如果不在談話中夾幾個字，屁眼都能憋出黑煙。只要認識幾個洋大人，那就更不得了啦，更得隨時隨地亮出招牌。

——至於柏楊先生，自從巷口擺地攤的有一天看我教敝孫女唱：「月奶奶，明光光，打開後門洗衣裳。」讚揚我是偉大的聲樂家之後，我就覺得台灣這個小島簡直容我不下，每天早上都把舖蓋捲好，準備出洋去當貝多芬的教習（我最近就要寫一大文，揭發貝多芬《田園交響樂》十大謬誤，讀者老爺拭目以待可也）。

中國有五千年悠久的歷史和龐大的國土，中國人理應見多識廣，充滿深厚的氣度和胸襟。卻有這麼多恐龍型人物晃來晃去，好像參加恐龍競技大會，各顯各的神通。跟我們深厚的文化背景，如此的相悖，實在教人越想越糊塗。沾沾自喜和浮誇膚淺，只有使一個人陶醉在自己的影子裏，惹人生厭生畏，自己卻再不能吸收任何新的東西，再沒有長進。大多數人都如此，中國殆矣。

至少是近百年來的事，中國人走兩個極端，不是沮喪自卑，就是盲目自傲，而很少能有自尊。嗚呼，跳出影子，別當恐龍，袪除虛驕，應是中國人的第一要務。

——摘自《早起的蟲兒》

崇洋，但不媚外

《封神榜》是中國的《伊利亞特》，神仙如雲，妖怪似雨，雖然最後都歸結於邪不勝正，但雙方打鬥過程，仍花樣百出，轟轟烈烈。《封神榜》神怪中最厲害的角色之一是殷郊先生，他閣下的番天印，乃天下第一等蓋世奇寶，只要口中唸唸有詞，喝一聲「疾」，該蓋世奇寶就被祭升空，砸將下來，不要說人的血肉之軀，就是喜馬拉雅山，都能一劈兩半。這還不算叫座，叫座的是連把法術傳授給他的師父廣城子先生，都無法拒抗，一見殷郊先生翻臉無情，祭起那玩藝，立刻魂飛天外，落荒而逃。

柏楊先生這些時吉星高照，忽然間也遇到了這種蓋世奇寶，不過時代不同，現代化的「

番天印」不叫「番天印」，改名換姓，另行修煉，而叫「崇洋媚外」。只要「崇洋媚外」這句話被現代殷郊先生隆隆祭出，比三千年前的「番天印」，還要雷霆萬鈞。洛杉磯一次聚會上，我正頭頂石臼，努力演唱，一位聽眾老爺忽然傳來一張字條，上面寫曰：「老頭，想不到你竟崇洋媚外，認爲美國一切完美，而美國絕不像你想像中那麼完美。」稍後，洛杉磯《南華時報》刊出鐸民先生一文，其中一段曰：「崇洋媚外觀念，應該猛批。柏楊老頭也像許多剛踏上美國本土的老中一樣，迷失在這個社會表象的美好之中，先是自慚形穢，接着是妄自菲薄。假如他能夠待上個三年五載，相信觀感必會大不一樣。」

「崇洋媚外」這個蓋世奇寶，大概是十九世紀四〇年代鴉片戰爭之後，才煉成正果，爲害人間的。這奇寶的內容，可用一個老漢朋友的吼叫作爲代表：「你們這些崇洋媚外的傢伙（這還算客氣的，有時候簡直成了『漢奸』『洋奴』『賣國賊』），千言萬語一句話，無論是啥，都是美國的好，要說美國科學好，我還服，要說連美國的文化比我們好，我就不服，難道我們連做人處事，也要學美國？」

——怒吼的不僅這麼一位老漢，而是很多老漢，事實上很多小漢也同樣怒吼，就使我老人家的血壓大增。

這裏涉及到一個重要課題，有些人竟能把截然不同的兩碼子事，和並沒有因果關係的兩種行爲，不經大腦，就能用唾沫黏在一起，實在是高級技術人員。「崇洋」與「媚外」相距十萬八千里，風馬牛互不相及，經過如此這般的硬生生黏在一起，動不動就掏將出來「猛批」，災難遂無遠弗屆。不過受傷害的並不是被詈爲「崇洋媚外」之輩，而是因怕「媚外」而不敢「崇洋」的人民。柏老的意思不是說根本沒有人崇洋媚外，這種動物可多得要幾籮筐有幾籮筐。而只是說，更多的朋友，卻是「崇洋」而並不「媚外」。在洛杉磯會場上，我一時緊張，忘了自己客人身份，把臉一抹，露出本相，立即反問與會的紳士淑女，爲啥不坐獨輪車而開汽車來瞧老頭？開汽車就是崇洋。爲啥不梳辮子，不束髮盤到頭頂，而弄成左分右分模樣？左分右分模樣就是崇洋。爲啥女士們不纏三寸金蓮，走路一擰一擰，而天足穿高跟鞋？天足穿高跟鞋就是崇洋。爲啥男人不穿長袍馬褂，或更古的京戲上寬衣大袖，而穿西服？穿西服就是崇洋。爲啥不吸水煙旱煙，而吸紙煙雪茄？吸紙煙雪茄就是崇洋。爲啥煮飯時不用煤球木柴麥稭，爬到灶頭吹火，而用電爐瓦斯？用電爐瓦斯就是崇洋。爲啥不睡土炕，而睡彈簧床水床？睡彈簧床水床就是崇洋。爲啥見了頂頭上司不忽咚一聲跪下磕頭，而只握手喊「嗨」？握手喊「嗨」就是崇洋。爲啥不弄碗豆油燃亮，挑燈夜讀，而用電燈？用電燈就是崇洋。爲啥寄信時不託朋友順便帶去，而弄張郵票一貼，往一個密封筒子裏一投？貼郵票投郵筒就是崇洋。爲啥不去看皮影戲，而去看電影？看電影就是崇洋。爲啥不拉着嗓門猛喊，而去撥電話？撥電話就是崇洋。然而，我可不相信各位紳士淑女媚外。

回到國內，心裏更沉重得像掛個秤錘，覺得事情必須弄個一清二楚，才能不做虧心事，不怕鬼叫門。國慶日閱兵大典剛過，各位讀者老爺的記憶猶新，夫洋槍洋砲、洋鼓洋號、洋指揮刀、洋軍樂隊，哪一樣不是崇洋產物，可是，卻又哪一樣媚了外？地面分列式、空中分列式，更是崇洋產物，又跟媚外怎麼攀上內親？深入家庭社會一瞧，簡直更成了驚弓之鳥。寫稿也好，寫文也好，寫黑信告柏楊先生挑撥「人民」與「政府」之間感情也好，都只用原子筆、鋼筆而不用毛筆，原子筆、鋼筆（加上打字複印）固努力崇洋者也，與媚外又有何干？客廳也好，辦公室也好，公共場所也好，只坐軟綿綿的沙發，而不坐硬梆梆的長板凳，軟綿綿沙發固努力崇洋者也，跟媚外又有何干？上星期去一位朋友家串門，他當面吆喝我「崇洋媚外」，把我吆喝得發起酒瘋，找了個鋤頭，要把他家的抽水馬桶砸個稀爛。他太太苦苦哀求，我也不理，誓言跟崇洋媚外的抽水馬桶，不共戴天，等砸了抽水馬桶後，我還要砸電視機、砸收音機、砸電冰箱、砸瓦斯爐、砸電話、砸電燈……最後還是他家姑娘，大學堂畢業生，深中「崇洋」之毒，不知道敬老尊賢，不知道禮讓大義，而竟訴之於法，召來警察，把我轟出大門，才算結束這場鬧劇。否則，一鋤頭下去，他們可是住在十二樓的，全家屁股立刻就沒地方放。不過，想了半天，也想不出該姑娘有啥地方媚了外。

嗚呼，眞不敢想像，如果上帝老爺一旦大發神威，把中國人「崇洋」所得到的東西，全部抽掉，不知道中國還剩下了些啥？番天印朋友鼻孔冒煙曰：「難道我們連做人處世也要學洋人？」咦，眞是一個漿糊罐，這還要問，我們在做人處世上，當然更要崇洋，更要學習洋人的優點，但這跟媚外又有啥瓜葛？中國在政治制度上，崇洋已崇到過了頭，首先就把五千年帝王世襲傳統一筆勾銷，猛學洋大人的投票選舉。接着把封建制一腳踢，猛學洋大人的民主政治。在經濟制度上，摒棄五千年的重農輕商，猛學洋大人的工商第一。更拋棄五千年做官爲唯一途徑的人生觀，猛學洋大人多層面結構。在文化上，整個大眾傳播工具，包括報紙、電視；整個藝術創作，包括小說、詩、話劇、繪畫、音樂，又有哪一樣不是崇洋崇得暈頭轉向。可是，豈全國上下都死心塌地的媚了外？

情緒化的番天印「崇洋媚外」，是語意學上的差誤，經不起思考，經不起分析。鐸民先生曰：「假如在美國住上三年五載，相信觀感必會大不一樣。」這是可能的，但也不見得。我們盼望中國的武器更精密，要求崇洋學習。我們盼望中國的工商管理得更有效率，要求崇洋學習。我們盼望中國人一團祥和，要求崇洋學習說「對不起」「謝謝你」。我們盼望中國人排隊，要求崇洋學習一條龍。我們盼望中國人尊重斑馬線，要求崇洋學習嚴守交通規則。我們盼望中國人過彈簧門緩緩鬆手，以免後面的人腦震盪，要求崇洋學習佇立以待。我們盼望中國人都有開闊的俠情，要求崇洋學習笑容滿面，樂於助人。我們盼望中國人身體健壯如牛，要求崇洋學習把時間花在運動上，不花在窩裏鬥上。——這一切，怎麼扯上他媽的媚外？面對彬彬有禮的洋大人，我們難道不自慚形穢？反應該「不忘本」到底，橫眉豎目到底。古書曰：「知恥近乎勇。」死不認錯只要情緒衝動，捶胸打跌，就可功德圓滿。而知道啥是羞恥，不但需要勇氣，更需要智慧。

——鐸民先生在「自慚形穢」下，緊接着「妄自菲薄」，這兩句話同樣沒有因果的必然關係。自慚形穢固然可能妄自菲薄，但也可能矍然醒悟、發奮圖強。日本老爺的明治維新，就是這麼搞起來的。情緒激動的夾纏，屬於風火輪戰術，中國人特質之一。

美國一位教授寫了一本《日本第一》，沒有一個美國人怒詈他崇洋媚外。柏楊先生只不過寫了幾篇僅涉及到皮毛印象，便番天印亂飛。嗚呼，你就是掐着我的脖子，我還是要嚷：「絕對崇洋，但不媚外！」還請讀者老爺思量。

——摘自《踩了他的尾巴》

種族歧視

世界上黑白之間的種族歧視，本屬一種血海深仇，都已在人權大義和開闊的心胸之下，被理性克服。而絕頂聰明的中國人，卻仍醬在情緒的地域觀念裏，煞有介事斤斤計較，只好越想越自嘆命薄如紙。

中國人根本沒資格抨擊美國白人種族歧視，目前——二十世紀八〇年代，美國應該是世界上種族歧視最最輕微的國家之一。環顧寰宇，大國小國，強國弱國，二十個巴掌都數不完，恐怕也只有美國一國，還肯繼續接納中國人，假使沒有美國，那些想出國移民想得如醉如癡的中國同胞，還有啥地方可以投奔？這可不是說美國白人真的表裏如一的沒有種族歧視，更不是說對中國人沒有種族歧視。，而只是說，中國人不但有比種族歧視還要低層面的地域歧視——任何一個高度文明國家中，地域觀念都日趨泯滅，代之以政黨利益！你聽說過維吉尼亞人排斥阿利桑那人？又聽說過九州人排斥四國島人？而且，中國人的種族歧視，比起美國人的種族歧視，恐怕更變本加厲。「炎黃子孫」加「大漢天威」，「非我族類」加「其心必異」，別人活命的機會，微乎其微。

身在美國的若干中國朋友，明明處於跟黑人相同的地位，心眼裏卻難以接納黑人，一提起黑朋友，簡直把頭搖得好像啥時候害了搖頭瘋，那種不屑的表情，能使人抽筋而死。眞不能想像，如果中國人中十一巴仙是黑人或是印地安人的話，我們黃臉朋友，不知道會發燒到多少度？不同省份尙且難以包容，更何況不同種族。

⊙

種族歧視是一種頑癬性的觀念，我們不必大驚小怪。値得我們大驚小怪的是，美國處理這種頑癬的方法。他們的方法可跟中國不同，中國的方法是「諱疾忌醫」兼「家醜不可外揚」——事實上這是原理，不是方法，眞正的方法是一面屙血，一面雙手搗住屁股號曰：「俺可沒害痔瘡呀。」誰要說俺害痔瘡，誰就是「別有居心」兼「是何居心」。「二居心」是傳統法寶，只要唸唸有詞，祭出這法寶，對手就在劫難逃，痔瘡就霍然而癒——哎呀，又說溜了嘴，不是痔瘡霍然而癒，而是自己就從有痔瘡忽然間變成沒有痔瘡。醬缸蛆、畸形人所努力的，只是猛搗屁股，不是治療痔瘡。

美國是一個健康的社會，而且是一個非常強壯的社會，強壯到可以自己調整自己，所以它的反應不是猛搗屁股，而是到處嚷嚷不得了啦，痔瘡發啦，一天流八千加侖的血，要打聽棺材的價錢啦。鬧得天下皆知，使人心驚肉跳，然後打針吃藥開刀，把硬板凳換成沙發椅，把彎腰駝背改正爲挺直脊梁。

傳播工具和文學上直接暴露種族歧視，正是鬧得天下皆知，使人心驚肉跳。健康強壯的社會，建立在人民健康強壯的心理上，他們有智慧尊重事實，有勇氣承認錯誤，有能力加以改正。種族歧視是一樁事實，也是一樁錯誤，美國人正藉着他們的智慧和勇氣，尋覓妥善的解決之道，他們理性的採取種種步驟，使種族歧視慢慢減少，期於根絕。

——摘自《踩了他的尾巴》

集天下之大鮮

殖民地意識下的社會，以母國的語文爲最高級、最尊貴，和最神聖的語文。中國雖然沒有當過殖民地，但中國人有殖民地意識。留華學生白安理先生，義大利米蘭人也，在台灣八年，他發現他去店裏買東西，講中國話時，店員愛理不理，可是一講英文，店員馬上就變成了馬屁精。以致白安理先生雖然中文呱呱叫，當買東西時，仍是用英文。嗚呼，白安理先生也屬於少見多怪，固不僅店員如此，他如果到高階層打打轉，恐怕他會發現英文更威不可當。今年（一九七八）六月二十四日台北《聯合報》上，有一段新聞，一字不改，恭抄於後。

新聞曰：

台灣郵政的服務良好是出了名的，但是也有服務不周的時候。紐約州立大學校長約翰托爾，最近到台灣訪問時，曾希望透過台灣良好的郵政服務，去約晤一位學生家長，卻令他失望了（柏老按：把「寄一封信」寫成「透過良好的郵政服務」，以加強壓力，可謂神來之筆，眞得遞佩服書）。

約翰托爾校長，到我國訪問時，住在台北圓山飯店，他用英文寫了一封信給他學生羅玉珍的家長，希望見面談敍，結果因這封信未附註中文地址，由於時間耽擱，待羅玉珍的父親羅明鑑收到信時，已過了約定時間，托爾也已返國。羅明鑑認爲郵局把此信退回很不合理（柏老按：好一個不合理）。

托爾校長於四月二十四日，隨美國大學校長訪問抵華，在二十七日寫信給就讀紐約州立大學羅玉珍的家長，約定二十九日下午七時見面敍談，結果這封信五月初才送達羅玉珍家裏。

羅明鑑指出，他收到信時，信封上雖加註中文地址，但郵局已加蓋「退回」的戳記，上面並註明「寄交國內之外國郵件封面，應附註中文地址」字樣，顯然是此信退回圓山飯店後，再由別人加註中文地址的。

羅明鑑說，外籍人士不一定會寫中文，郵局上項國內函件應註中文地址的規定，應僅指國人相互通信而言，對外籍人士投寄未附註中文地址的信封，照理仍應立即按照所寫英文地址投送。

台北郵局人員表示，此信可能是被郵政人員誤認爲是國人投寄信函，以後決予改進。

這則新聞眞是集天下之大鮮，這位可敬的羅明鑑先生因未能及時晉見洋大人，失望後跳高之情，躍然紙上。郵局明明規定：「寄交國內之外國郵件封面，應附註中文地址。」羅明鑑先生卻解釋爲：「應指國人相互間通信而言」，「對外籍人士投寄未附註中文地址的信件，照理……」嗚呼，照理，照的是啥理？一封英文信寄出，郵局老爺是不是都要拆開瞧瞧，如是洋名就照寄，如是單音節就退回？有些華裔的美國人，如中國原子科學之父孫觀漢先生，行不改名，坐不改姓，一直用的是 K. H. Sun，根本沒有洋名，郵局老爺又如何分辨。如果只看信封，又怎麼知道他是「外籍人士」和「內籍假洋鬼子」？這還不說，中國人在美國用中文寫信，行耶，不行耶？阿拉伯人在台灣用阿拉伯文寫信，泰國人在台灣用泰文寫信，又是行耶？不行耶？郵局老爺迫不及待的承認錯誤，眞不知錯在哪裏，誤在何方？又拍胸脯保證改進，更不知哪裏可改，啥地方可進。

我們對這種現象，沒啥可說，只是提醒一點，在如此強大的殖民地意識、洋奴意識壓力下，中國人的嘴臉，已經大變，變得可憎！

——摘自《按牌理出牌》

【下輯・怒濤拍岸】

◎執筆者江舟峰先生。
◎文載一九八四年十月八日愛荷華《愛荷華大學中國同學會會訊》。

我們還可以做個好兒子

柏楊先生九月二十四日晚上在OIES，以「醜陋的中國人」爲講題，吸引滿堂的聽眾，是我少見的中國同學聚會盛況。

柏楊先生在整整一個半小時的演講中，細數他所經歷過的事實，中國人性的醜陋面，像沒有自尊（只有自大或自卑），缺乏團隊精神（像日本人所有的），天生恐懼感，太狹窄的胸襟，缺乏「鑑賞力」，內鬥等等。我也特別注意到柏楊先生用「膨脹」（Swelling）的傳神。

我們很感激有朋自故鄉來，像父母般地給我們這群海外遊子，耳提面命，給我們一個深深反省的機會（不是閉門思過），的確，我們聽太多奉承的話了，我們需要這樣的棒喝！

柏楊先生以他史學家的眼光，總結中國五千年的文化經驗（包括台灣？大陸？）說了幾句驚天動地的話。他說：歸根究底，這些醜陋的中國人性，是因爲中國文化裏有一個根深的毛病，而這毛病不是別的，正是我們從小奉爲圭臬的儒家傳統。我沒讀過多少史書，涉世不深，但與其說這樣的論斷太有革命性，不如說太過大膽！太過大膽！

柏楊先生的語調充滿無奈的宿命觀，認爲身在這種環境的中國人，受到這種醜陋的文化侵蝕，身不由己，就好像我們不能選擇誰當爸爸一樣，是的！我們誠然不能不要一個醜陋的爸爸，但我們還可以做個好兒子。

柏楊餘波

⊙執筆者南日先生。
⊙文載一九八四年十月八日愛荷華《愛荷華大學中國同學會會訊》。

柏楊先生在九月二十四的演講中，把整個中國人性的醜陋面，全歸因於儒家傳統，如果一般人這樣講，一點也不奇怪，反正「醜陋的中國人」總是喜歡人云亦云，然而以深研中國歷史的柏楊發此議論，不得不令我訝異！

「打倒孔家店」已經是六、七十年前的老調，除了毛澤東爲了「造反有理」把它「借屍還魂」之外，在近些年來的知識界，已經不興「這一套」了。我不是說不興「這一套」就代表「這一套」不對，但是至少代表知識界在激情的「運動」「革命」行爲之後，冷靜理智思考的一種成熟表現。

兩千多年的歷史進程中，其社會、歷史、人文的互動過程，是相當複雜的，任何人想用一句簡單的口號或單一的原因，來解釋所有的現象，都過於武斷（邏輯上的全稱命題在現實世界中，根本缺乏經驗意義），更何況「五四」運動的時代價值，不在於它是否爲中國指出一個正確的路向，而在於它提供中國知識份子一個反省的動力。事實上，在「五四」時期批評儒家的人，根本就不一定懂得儒家，孔老夫子只不過是「革命行動」中爭取群眾的「替死鬼」而已！

儒家是不是該爲兩千多年來中國所有的罪惡負責，是一個很嚴肅的課題，除非眞正是研究儒家的內在精神，再加上了解歷史的外在情境，否則很難做出一個正確的判斷。我認爲柏楊先生只在歷史的外在情境上打轉，不了解儒家的眞精神，所以把很多不是儒家的東西，都當成儒家。事實上這就是一般「治史而不治思想」的知識份子所犯的通病。

我建議柏楊先生研究一下余英時先生的《歷史與思想》，以及熊十力先生的《原儒》，也許對「什麼是儒家」，會有比較清楚的認識，否則像柏楊先生這麼知名人士，連定義都搞不清楚，就「拾人牙慧」，大放厥辭，豈不是又替「醜陋的中國人」添一註腳？

熊十力先生是民國以來相當有「功力」的思想家（當然這和相當「有名氣」的思想家有很大的差別）。余英時先生是目前中國思想史研究的領航人物，他們兩人都共同認爲儒家根本就沒有在中國歷代政治舞台上以其眞面目出現。熊先生認爲：「儒家經典迭遭竄改」，余先生則指出中國兩千多年來所實行的，根本是法家而不是儒家，這種「陽儒陰法」的政治制度，使得儒家揹了兩千多年的黑鍋！

作爲一個知識份子，我比較相信嚴謹的學術性論者，而不相信情緒性的判斷，街談巷議的率爾之言。沒有人會責怪一個傑出的科學家在政治上的幼稚見解，但是人們可以鄙視他要求別人對他政治見解的欣賞，也和他在科學上的成就一般的態度。我認爲一個人不可能懂所有的東西，「不懂就不要說」，這是對自己誠實，對聽眾尊重。如果柏楊先生只想當雜文、小說作家，我沒什麼可建議的，但是如果他想嚴肅的談儒家傳統這類話題，我建議他應多讀點學術性書籍，以免有「不惜羽毛」之譏！

⊙執筆者余波先生。
⊙文載一九八四年十月二十二日愛荷華《愛荷華大學中國同學會會訊》。

也是醜陋中國人餘波

中國人有一個特性，就是諱疾忌醫——其他種族相信也許更嚴重，我不是研究人種學的，也不搞統計，無法提出這方面的證據——柏楊指出中國人的種種醜陋點，正是冒犯了這些人的大忌，難怪要挨罵。再說，他一下子罵了上萬萬的人，也活該被罵。上一期會訊裏，罵他的人是個「後生小子」，年齡也許還不及他老人家歲數的一半，這種不怕「權威」（不是權勢）的精神，是頗令人讚賞的。只是縱觀全文，南日君所提出的批駁柏楊的證據，只是熊十力和余英時的論點，他說，熊十力先生是民國以來相當有功力的思想家，余英時先生是目前中國思想史研究的領航人物！就憑一個有功力，一個領航，他就無條件接受他們的看法，利用他人的看法去批駁別人的見解，這不是又犯了迷信權威的毛病嗎？熊余兩人是何許人物，恕我孤陋寡聞，連聽都沒有聽過，幸好我不是研究哲學的，二不搞史學，三來身份屬「東南亞華僑後代」，對中國文化和中國歷史，了解不深入，按照「不知道就不要說」的原則，實在不該寫這篇文章。只是我覺得南日君的火氣旺了點，口氣也很大，缺少儒家敬老尊賢、長幼有序的作風，因此忍不住要說幾句話。

「儒家根本就沒有在中國歷代政治舞台上以眞面目出現」、「儒家經典迭遭竄改」，這些論證的提出，並不需要有太大的功力，只要對中國歷史稍有點涉獵的人都懂，也非常有說服力，至於「余先生指出中國兩千年來實行的根本是法家而不是儒家」這個論證，就太玄得教人難以相信，不知南日君能再爲文解答此中玄奧之處嗎？

我讀過的「學術性書籍」寥寥可數，不過有關中國文史的雜書野史，倒是看了不少，據我的粗淺認識，中國不是沒有民主的傳統，堯舜禹湯實行的公天下，就不會輸給現代的民主選舉制度，戰國春秋時代是個自由風氣鼎盛，百家爭鳴、百花齊放的時代，那種民主精神實在教現代的中國人羨慕不已。後來漢朝罷黜百家，獨尊儒術後，中國的民主就被鎖進冰箱裏了，一直到共產黨奪取政權，中國實行的就一直是只有人治，沒有法治的封建主義法統。統治者高高在上，小民匍匐在下，聽命於英明偉大的領袖，三呼萬歲。二十世紀後半期，民主思潮大行其道時，卻硬是打不開中國大門，統治者假民主之名，行封建之實，小百姓似乎也習慣了，只要給點甜頭，大部份的人都願意當順民，儒家思想在維持這種封建道統所起的作用，實在不能低估。

我說的是外行話，只希望能抛磚引玉，眞理是愈辯愈明的，實在沒必要教別人閉嘴不說，我很懷疑南日君在教柏楊先生珍惜羽毛，回去多讀學術性書籍時，有沒有確實的證據，證明對方是不「學」無「術」，沒讀過熊十力、余英時這些人的大作？我覺得這一老一少看法的分歧，除了意識形態的差別外，還有「代溝」的問題存在，年輕一輩雖然也知道中國人近幾十年來所受的種種悲慘遭遇，但不是親身經歷，就無法「憤怒」起來。設若南日君也曾經歷過柏楊先生所遭受的種種苦難，也許在鞭撻中國人的缺點上，會更激烈吧！柏楊先生也許太偏激了一點，但「愛之深，責之切」，我們能怪他嗎？這個時代的中國知識份子也實在該猛醒了，爲什麼那麼多中國人要離鄉背井，寄人籬下？爲什麼那麼多優秀的人才要「楚材晉用」？爲什麼東南亞的華人會一而再、再而三遭受排華的噩運？爲什麼中國政治上的民主老是遙遙無期？爲什麼「黨」「國」老是不能分開？我們這些深受「中國傳統優秀文化」的高級知識份子，能不負起一些責任嗎？

一點感想

⊙執筆者今生先生。
⊙文載一九八四年十月二十二日愛荷華《愛荷華大學中國同學會會訊》。

柏楊先生談到醜陋的中國人，還包括受中華文化薰陶的海外中華人，我想以一個「海外華人」的身份，講幾句話。

東南亞地區是當年（指清末民初）中國人大量移民的重點之一，隨着華人的南移，華文教育也在各地開花結果，很多第二代華人雖是土生土長，但從小接受母語教育，深受母族文化的薰陶。殖民地教育政策的一大「缺點」，就是讓你可以「認宗」，可以自由接受母語教育。於是我們（指三十歲以上的）從小還是把中國當「祖國」，嚮往神州大地。當年中共宣傳的「海外華僑心向祖國」，並不是完全揑造，想當年（指五、六〇年代），我的姨叔兄姊輩，多少熱血青年曾爲「祖國」的解放，而歡欣鼓舞，以爲中國從此脫離苦難，中國人民從此翻身解放了，爲了響應建設祖國的號召，多少青年遠離父母弟妹，回歸祖國。更有不少滿懷理想與革命熱情的青年，拋棄溫暖的家庭，潛入森林，堅持鬥爭，爲響應共產黨的「解放全人類」的口號而犧牲一切。

文化大革命時，我們相信了大陸電台的瞞天大謊，我們相信了被瞞騙的外國記者的報導，我們偷聽大陸的「海外僑胞」的廣播，暗中為文革的「一個又一個偉大的勝利」而高興，我們拒絕一切反面的報導，大家怎麼也不肯相信一個口口聲聲為人民服務，為解放全人類而鬥爭的人民政權，會做出任何對不起時代，對不起人民的事。然而，歷史無情，血淋淋的現實證明了我們的幼稚衝動，當美麗的外衣被一層一層剝下來後，海外華人的心都涼透了。是幻滅，徹底的幻滅！多麼重大的打擊！多麼教人心灰意冷的殘酷現實，不但失望，而且絕望。那些回歸的「僑胞青年」，那些堅持鬥爭的年輕人，都成了時代的犧牲品，那一代「三明治」型的海外知識份子，既失去了認同的目標，又難以生根落地，他們又豈止是「無根的一代」？於是多少人消沉了，多少人自暴自棄，多少人變得自私自利，只為個人的利益打算！多少人變得冷酷無情？歷史是什麼？有時歷史只是一頁頁可怕的謊言！不是中國人生性醜陋，他們光輝的一面往往被歷史，被統治者，被權勢摧殘殆盡，而只剩下醜陋的一面，不如此，他們活不下去，或者活得很辛苦，他們變得面目可憎，背後往往有一段心酸無奈的遭遇！

在這個可詛咒的時代，我們這些有幸放洋，有幸出來呼吸西方自由民主空氣的「高級知識份子」，應該為我們的民族做點什麼切實的工作？大家說說吧！

⦿執筆者姚立民先生。
⦿文載一九七三年十一月十二日香港《七十年代》雜誌。

中國傳統文化的病徵——醬缸

凡是關心祖國前途的中國人，都可能會想到一個根本上的問題：中國（自一八四二年至一九四九年）何以如此之弱？美日何以如此之強？

中國面積廣大（僅次於蘇聯，居世界第二位），人口眾多（居世界第一位），資源相當豐富，再加上有些人自豪的五千年悠久的文化，照理說，應該是世界上一等一的強國才對，可是事實不然！自一八四二年鴉片戰爭以來，列強相繼入侵，割地賠款，不一而足，差一點便被瓜分。一九三七年七月七日，開始了保衛國土的對日聖戰，日本軍閥在中國姦淫殺掠，已到了毫無人性的地步！八年抗戰，我國軍民同胞被日本人殺害的，在千萬人以上，財產的損失，更是天文數字。翻遍中外古今歷史，一個國家遭遇的悲慘的命運，像鴉片戰爭以後的中國那樣，實在是絕無僅有。世界文明古國，若埃及焉，只不過曾經成爲大英帝國一個國家的殖民地；即使數十年前的非洲黑暗大陸，各帝國主義者在劃定了地界之後，不過只受一個殖民主子的壓迫而已。不像鴉片戰爭以後的中國，殖民主子是多頭的，任何一個帝國主義者，都可以插上一腿來咬中國一口，日俄兩帝國主義者爲了爭奪在華的殖民權益，還在中國領土上打了一仗，此孫中山先生之所以慨然地稱中國爲次殖民地！

簡單地敍述了近百年來中國的慘狀以後，再來看一個強烈的對比：美國立國不及兩百年，其文化之「悠久性」，實在無法與中華文化同日而語，但目前美國是世界上的一等強國。有人說，美國的資源太豐富了，咱們實則比不上。好，就不比美國，比比日本總可以吧。日本的土地、人口和資源，有哪一點比得上中國？而且日本文化也一直是中國文化的延伸。一直到一八六七年，明治天皇即位，來個明治維新，才有了劃時代的改變。四十年之內，國勢大振，一戰而擊敗中國，再戰而擊敗帝俄，儼然是世界上一大強國（筆者堅決反對日本軍國主義是一回事，但承認日本富強，虛心檢討其所以富強之原因，又是一回事）。

看看美日之強，再看看中國之弱，有心人一定要問：爲什麼？爲什麼？爲什麼？可能的答案只有兩個：第一可能的答案是：中國人的智力不行；第二可能的答案是：中國傳統文化有問題。

關於第一可能，又有兩方面不同的解釋：第一個解釋是：中國人的智力根本不行，也許較過去的匈奴、突厥，和現在的（並不指未來的）非洲黑人爲優，但顯然地比美英德法俄日等國人民爲劣。第二個解釋是：中國人祖先的智力很行，所以才有漢唐盛世；但不幸的是，智力逐代遞減，一代不如一代，再過幾百年，恐怕就要成爲白癡民族了。

假如眞的是智力不行的話，那麼中國人只有認了，誰教我們自己不爭氣呢？根據「物競天擇、優勝劣敗」的公理，做個「次次次殖民地」也是應該的。反過來說，假如不是智力有問題，而是文化有問題，那麼我們的前途還大有可爲，不過我們要切實地自我反省，勇敢地丟掉包袱才行！

以上所述的第一個可能（智力有問題），只不過是理論上的可能，事實上並不存在。因爲，沒有一個中國人承認我們中華民族的智力是低下的。這不是感情上的、打腫臉充胖子式的不承認，而是理智上的、鐵證如山的不承認。這些如山的鐵證是什麼呢？要言之有二項：①東南亞華裔人士對當地經濟開發的貢獻；②留美華人在學術上的成就。即使是具有優越感的白種人，也不得不承認中華民族個人智慧之高。只是他們認爲：中國人不團結、不合作，自己人鬥得太凶，團體的力量發揮不出來而已。

柏楊在《死不認錯集》（《猛撞醬缸集》）中有個極好的闡釋：

某人請教一位高僧，問他的前生和來世。高僧答曰：「欲知前世因，今生受者是；欲知後世果，今生作者是。」柏楊乃嘆曰：這四句名言，使我們想到五千年傳統文化。這文化是好是壞，用不着把頭鑽到故紙堆裏研究，只要睜開眼睛看看今天我們受的是啥罪，就應該明白。而我們將來能不能復興，也用不着看李淳風的《推背圖》，和劉伯溫的《燒餅歌》，只看看我們現在作的是啥事，也就應該明白。

問題是提出來了，初步的答案——文化有問題——也有了，接下去便是從事進一步的分析。

對柏楊極爲欽佩的孫觀漢先生，在其〈環境與地氣〉一文中提到：

中國不能建設一個健樂國家的原因，不是先天的而是後天的問題。用種田人的言語來說，問題不在「種子」，而在「地氣」。對植物而言，地氣是指土壤、水份、空氣、陽光等；對一個民族講，地氣就是環境，包括人性的習俗。到現在爲止，我們沒有良好的種植出品是一個事實，如果原因不在種子，那麼我們一定要承認，我們的地氣或環境中，至少有一部份不適宜於種子的生長……我已開始相信，中國五千年來的文化和習俗中，除了好的一部份以外，有一部份是壞的。這壞的一部份，就是使一粒良好種子不能生長的地氣。這部份巨大和醜惡的文化和習俗，就是柏楊先生簡稱和總稱的「醬缸」。

筆者以爲：魯迅先生所創造的「阿Q」，李宗吾先生所創造的「厚黑」，以及柏楊先生所創造的「醬缸」，都是至理存焉，鼎足而三。

要言之，「阿Q」是揭露中國人的「人性」，「厚黑」是揭露中國人的「官性」，「醬缸」似乎是集上二者之大成；爲什麼會有「阿Q」？因爲有「醬缸」；爲什麼「厚黑」橫行，不可一世？也因爲有「醬缸」。

「醬缸」究竟是啥？其成份又是啥？柏楊的定義（見《死不認錯集》【《猛撞醬缸集》】）是：「夫醬缸者，腐蝕力和凝固力極強的渾沌社會也，也就是一種被奴才政治、畸形道德、個體人生觀，和勢利眼主義長期斲喪，使人類特有的靈性僵化和泯滅的渾沌社會。」柏楊接着又說：「奴才政治、畸形道德、個體人生觀，和勢利眼主義，應是構成醬缸的主要成份，因爲這些成份，自然會呈現出來幾種現象，曰『對權勢的崇拜狂』，曰『牢不可破的自私』，曰『文字詐欺』，曰『對殭屍的迷戀』，曰『不合作』，曰『淡漠冷酷猜忌殘忍』，曰『虛驕恍惚』」。

在介紹「醬缸產品」之前，筆者趁着這個空檔，還要說幾句話。因爲開始介紹以後，便如長江大河，一瀉千里，再想中途插隊，一定插不進去。

有些愛國之士認爲：中國需要富強，無人可以否認。如何謀求富強，才是當務之急。儘量揭老祖宗的瘡疤幹麼？拚命罵老祖宗又有啥用處？難道說，把老祖宗罵得痛快淋漓之後，國家就富強得起來了嗎？

筆者認爲，話可不是這麼說。中華民族是一個有「病」的民族，年代愈久，「病」也愈深。這個「病」，起因於漢武帝之獨崇儒術，加上後來幾位蒙古大夫（如科舉，如宋明理學）一搞，更把中華民族搞得靈性全失，一息奄奄。以前的對手們如匈奴、突厥、契丹、西夏，實在是文化基礎太差，無法與我們抗衡，即使是後來的蒙古和滿清，也只是在武力上征服我們，在文化上卻被我們征服。這些文化上所歷經的「順境」，使我們雖患病而一直不能自知。直到清代對西方門戶開放以後，我們所遭遇的對手，和從前的大不相同，才病態畢露，一發而不可收拾！

一個有「病」的民族，正如同一個有病的個人，不先把病治好，一切無從談起。若民主，若科學，實天下至補之藥，但對一個患嚴重腸胃病的人來說，補藥有什麼用？欲治病必須先探求病源，病人既不能諱疾忌醫，也不能畏痛忌割；在必要時，斷臂鋸腿，毅然爲之；割胃換腎，在所不惜。必須具備如此之勇氣，始有起死回生之可能，此虛心檢討傳統文化病徵之所以重要。

中華民族的這個「病」，究竟是啥？魯迅、李宗吾、柏楊等，已先後摘要指出；至於「藥方」究竟要怎樣開？這個問題更大了。魯、李、柏三位，似乎都沒有爲我們開出可以藥到病除的處方；想來想去，覺得這幾位先生的言外之意，似乎可供吾人參考。這「言外之意」是：把病徵一一指出，把病源一一列出，然後，每一個有心的中國人，對着這些病徵，時時自我反省。有則改之，無則加勉。假如這種有心人愈來愈多，大家「改之」和「加勉」的勁兒愈來愈大，那麼，不出幾年，中華民族這個老病，便可以不藥而癒了。這也許又牽涉到「知易行難」或「知難行易」的問題，但不在本文討論之列。

《死不認錯集》（《猛撞醬缸集》）中說：

有人以爲，中國人自己不爭氣，把國家搞成這個樣子，不但不責備自己，反而窮氣亂生，怪老祖宗這也不對，那也不對，使我們現在受罪。如果能打下鋼鐵江山，教我們安坐享福就好啦。對於這種說法，柏楊先生的答覆是：「這就跟父子一樣，當孩子的結結實實，聰明伶俐，又上過大學堂，然而卻把日子過垮，當然不能責備他的父親，而只能怪他自己不爭氣。可是，如果他一生下來就被淋菌弄瞎了眼，就遺傳了羊癲瘋，就遺傳了色盲，而又是個白癡，則他到了後來，沿街敲磚，乞討為生，他的責任就太小。他如果指責他爹不該染一身梅毒，指責他娘不該不把淋病治好，我們能忍心教他閉嘴乎哉？

柏楊所列舉的醬缸產品，當然不一定完全都對，但至少有一部份是對的。還是一句老話，希望讀者中的有心人士，切實地反省一下，有則改之，無則加勉，則中華民族幸甚！

柏楊的文章，一向是脈絡分明，可惜其在敍述醬缸產品時，行文相當凌亂，有時一扯，離開原題到十萬八千里之外，然後嗖的一聲，一個觔斗雲翻了回來，過了一會兒，又是一個觔斗翻走。下面的介紹，是經過筆者的一番整理，以求不違背其原意為原則，請細心的讀者勿逐字逐句與原文核對。

⊙

醬缸產品之一，是對權勢的崇拜狂。

在古代中國，最有權勢的人當然是皇帝。倫理觀念對皇帝概不適用，皇帝所有的旁系尊親屬，在皇帝面前只不過是「臣」是「奴才」而已（假如皇帝是過繼來的，那麼即使是自己的親爹娘也不例外）。這種逆倫滅性（官性大於人性）的畸形道德，不但無人反對，反而認為天經地義。在宮廷生活的荒淫方面，洋皇帝更是望塵莫及。唐代的「後宮佳麗三千人」，固無論矣，即使在周王朝時，天子也可以合法的擁有一百二十一個太太。夫《禮記》中的〈

內則〉，更爲天子苦心孤詣地排好顛鸞倒鳳的日程，使這一百多位妻子，可以雨露均沾，不至爭風吃醋。所有聖人，對這些不但不予反對，反而化「淫棍」爲天子聖明，化「雜交亂交」爲正式的國家法制和社會規範。因此，柏楊認爲：聖人不僅是幫凶，簡直是正凶，跟有權的大淫棍們是共犯。蓋權力好比汽油，聖人不但不設法防止它燃燒，反而搶着點火，怎不一發難收？柏楊認爲，洋皇帝的權力，一直受到知識份子的約束，但中國聖人爲當權派發明畸形哲學曰：「普天之下，莫非王土，率土之濱，莫非王臣」。原來人民的生命和財產，全是來自大淫棍的賞賜，無怪乎大嫖客想幹啥就幹啥，有了聖人發明的「理論」基礎，這種亂搞是既合法又合理，既順天又應人。

以權勢崇拜爲基石的五千年傳統文化，使人與人之間，只有「起敬起畏」的感情，而很少「愛」的感情。所謂「仁」也者，似乎只能在書本上找，很難在行爲上找。而且「仁」似乎並不是平等互惠性的。

對權勢絕對崇拜的結果，缺乏敢想、敢講、敢做的靈性，一定產生奴才政治和畸形道德。沒有是非標準，只有和是非根本不相干的功利標準。只有富貴功名才是正路，大家都削尖了頭，拚命往官場裏去鑽，只要給我官做，教我幹啥都成。像陶淵明之不爲五斗米折腰，能有幾人？「十年辛苦」，不是爲了研究發明，不是爲了著書立說，也不是爲了奔走革命，而只是爲了「一日成名」，「成名」者，有官做之謂。

古往今來，做官之所以把人吸引得如癡如狂，原因有四：

一、有權在手，可以某種程度（視官之大小而定）地爲所欲爲。

二、受人崇拜。

三、學問變大。（洋人知識即權力，中國權力即知識。）

四、財產增多。洋人以經商爲致富之源，中國人重士輕商，且受孟老夫子「何必曰利」的影響，所以口不言利，但心裏卻想利，想得要死要活，乃以做官搜括爲致富之源。昔南宋大盜鄭衆受招安後爲官，同僚鄙之，鄭衆有詩曰：「各位做官又做賊，鄭衆做賊才做官」，可謂一語道破。

在權勢崇拜狂之下，不要說政治場合、學術場合，就是人與人之間的友誼，也變了質：變得近視，變得勢利。

有人認爲：中國人雖缺乏公德心，但富有人情味。其實所謂人情味也者，還是錦上添花的多，雪中送炭的少而又少。留美「學人」短期（請注意「短期」二字）「訪」台，恨不得每天有四十八小時參加應酬，「學人」「返」美後，都是「人情味」的見證人。但筆者一位在台的世伯，在股票上栽了觔斗，一生積蓄付諸東流，於是舊日好友對其都敬而遠之，在街上遇到時，佯爲不見，想打小麻將消遣，都找不到一個搭子（怕他輸了付不出錢），人情味者，當如是乎？

醬缸產品之二，是自私與不合作。

儒家在原則上只提倡個體主義而不提倡群體主義。儒家的最高理想境界，似乎只有兩項：一是「明哲保身」「識時務者為俊傑」，鼓勵中國人向社會上抵抗力最弱的地方走去。另一是「行仁政」，求求當權派手下留情，在壓迫小民時壓得稍輕一點。

在這裏抄幾段儒家的經典，說明其「明哲保身」哲學：

「不在其位，不謀其政。」

「邦有道則仕，邦無道則隱。」

「危邦不入，亂邦不居。天下有道則現，無道則隱。」

關於行仁政：皇帝假如偏偏不行仁政而行暴政，那又怎麼辦呢？儒家似乎並無有效的對策，唯一的對策只有「進諫」，進諫而又不被採納，那就只有「邦無道則隱」之一途了。

自私之心，在私有制社會中，未可厚非。但自私不能超過一定限度，儒家的思想既自私而又不肯冒任何風險，就一定變成社會進步的反動力！

柏楊認為：在現代中國，自私觀念又更進一步：一個計畫也好，一個決策也好，甚至一件官司也好，參與其事的朋友，第一個念頭似乎都是：「俺可以在裏面撈到多少好處？」「俺可以少負多少責任？」大家都在這上面兜圈子，國家還有什麼前途？

一部二十五史，便是一部官擠官史，和官鬥官史（皇帝當然是官中之最大者）。不是你擠我，就是我擠你，不是你鬥我，就是我鬥你！除了動刀動槍，還動讒動諂。刀槍固然可怕，讒諂尤其難防。中國人最大的悲哀，百分之九十九的精力，都用到窩裏鬥上。

窩裏鬥的劣根性，是不合作最主要的原因。此外，弱者「明哲保身」，強者「定於一」，這兩種不同的思想，也構成一個不能合作的習慣反應。所謂「強者」是指不安份的人，不怕鋌而走險的人，也是「打天下」的人；所謂「定於一」，是指一種獨斷獨行的氣質：「凡是有老子在場的地方，一切都得聽老子的！」

⊙

醬缸產品之三，是淡漠、冷酷、猜忌、殘忍。

在朱秀娟女士的大著《紐約見聞》中有一段，大意是：朱女士初到紐約，偕夫逛街，遇一黑髮黃膚之陌生人士，有「他鄉遇故知」之喜，乃趕緊熱情招呼，該黃膚人士竟視若無睹，擦肩而過。朱女士未免下不了台，乃自我安慰曰：「他一定是日本人。」十幾分鐘後，在地下電車中，又遇見該黃膚人士，正埋首讀武俠小說哩。朱女士又自我安慰：「他一定以為我是日本人。」朱女士寫來輕鬆，但讀了以後，心情沉重。柏楊所稱「淡漠、冷酷」，其此之謂?!

在美國，後來的猶太人有先來的猶太人照顧；在巴西，後來的日本人有先來的日本人照顧；只有在海外的中國同胞，只好一個人亂闖，最多只能找找私人關係，但永遠找不到民族感情。

在台灣的中央、省縣、鄉鎮大小衙門，大多數辦事人員都是一副晚娘面孔（柏楊曾以台灣銀行、公路局監理所、區公所爲例來說明），這些大小官僚姑且不去說它；最令人不解的是：商店需要和氣生財，以服務顧客爲第一要義，可是很多大公司的男女店員，卻都是一副晚娘面孔，對顧客沒有一絲笑容，沒有一點耐心，對我們這個口頭上高喊的「禮義之邦」，實在是一個莫大的諷刺。所以柏楊建議：我們最好不喊；即使忍不住要喊的話，那就老老實實把我們喊成「書上的禮義之邦」。

因爲處處是淡漠、冷酷，用正常的腳步，寸步難行，特權現象乃油然而生。舉例來說，拿份戶口謄本要等一個星期，有了天大的急事，再哀求他也沒有用，或者是要買張車票，急如星火，偏偏賣票員說，幾天後的快車票都賣光了。當此時也，最好的辦法，便是找一張特權階級的名片，或者是找一位在「裏面」做事的朋友，關照一下，一切都可迎刃而解；戶口謄本可以在十分鐘之內拿到，下個鐘頭的特快車票，也會馬上含笑送來。

談到猜忌，這跟官的大小成正比。柏楊曾在《聞過則怒集》（《不學有術集》）中指出：

歷代忠臣良將的下場，多數慘不忍睹。舉其較爲大家所熟悉的，計有趙之李牧，秦之蒙恬，前漢之韓信、周亞夫、李廣，後漢之竇憲，唐之侯君集、高仙芝，宋之楊業、岳飛，明之徐達、于謙、熊廷弼、袁崇煥。那些混帳皇帝總是代敵人報仇，令人浩嘆！皇帝之所以如此，全是猜忌心作怪。大好的精力，除了用在女人的身上外，剩下來的全

> 用來殺人才、防反叛，別的啥都不談。皇帝猜忌臣下，官員猜忌同僚，小民猜忌朋友，上下交猜忌，而國危矣！

說到殘忍，柏楊更是慨乎言之。他提到宦官，提到女人纏足。中國人居然會想出這種殘忍的玩意兒，眞是中國人的莫大恥辱！更嚴重的是：

> 聖崽們平時板起一副道貌岸然的面孔，滿口仁義道德，要求小民應該做這這這，不應該做那那那，但對於最不應該的割男子之陽、纏女子之足，以及幽禁女子之青春（皇帝後宮三千人，大官兒姬妾如雲），卻縮起頭來不敢挺身說話。對於宦官、宮女、姬妾不但不敢說話，也許還認爲是理所當然，這又牽涉到權勢崇拜狂問題。對於女子纏足，不但不予反對，反而表示欣賞，於是爲文研究者有之，吟詩讚美者有之，此無他，以女性爲男性玩物，男性牢不可破之自私心在！

柏楊漏掉了國人另一殘忍的表現，筆者必須代爲補充，那便是刑求（俗稱屈打成招，台灣則習稱「修理」）。宦官制度隨滿清王朝之結束而結束，纏足也受新風氣之影響而廢止，獨有「刑求」，一枝獨秀，且有後來居上之勢。蓋現代科學進步，施行的方法也跟着進步，而且都是內傷，蒙古大夫想要驗傷，都驗不出來。

中國歷史上冤獄無數。冤獄雖不一定來自刑求，但刑求則必然導致冤獄，所謂「三木（

古代刑具）之下，何求不得！」古時偵查刑案，不憑推理，不憑證據，自抓人到判刑，全憑辦案人和審判人的自由心證。最常見的是：抓到疑犯，送上公堂以後，先不問情由，打他（她亦然，男女一律平等）三十大板再說，算是來個下馬威，假如再不招供的話，那「好戲」還在後頭呢。有些被冤枉的人想，既然不幸落在這些活閻羅的手裏，招供了不過一死，不招供也難逃一死，而且長痛不如短痛，與其零碎地受着活罪，不如橫了心就招了罷。招供以後倒是不再受刑，只等「秋決」時喀嚓一刀而已。也有些運氣好的，遇到了青天大人（如敝同鄉包拯先生）來覆審，結果沉冤昭雪，重見天日（當然沒有「冤獄賠償」這回事），但青天大人畢竟是少而又少，此開封市長包拯先生之所以被小民懷念至今。

在台灣住過的人，大概都還記得：二十年前的八德鄉滅門血案，眞是轟動一時，但也構成了台灣的最大冤獄之一。正因爲該案轟動一時，三作牌對上級非交賬不可，於是就抓穆萬森、秦同餘等數人，來做代罪羔羊。結果，秦同餘被「修理」過度，竟死在刑警總隊的囚室。穆萬森雖是人所周知的甲級流氓，但也人所周知他與八德血案無關（按：八德血案是由於前軍統局特務人員的窩裏反），總算他身體壯，熬過了修理，請了幾位好律師，結果把冤獄平反了過來。由於牽涉到特務人員，所以八德案永遠懸在那裏。

在中國古代，比「刑求」更爲殘忍的，還有「滿門抄斬」和「誅九族」，令人不寒而慄。幸運的是，隨着專制王朝的結束，這些極不合理的「制度」，也都隨風而逝了。

醬缸產品之四，是文字詐欺。

柏楊認爲，在我們的文化中，似乎只有「美」，只有「善」（也只是向權勢効忠型的善），而很少「眞」。

「眞」在中國歷史文件中，幾乎沒有地位。儒家開山老祖孔子在其大著《春秋》中，就公然提倡文字詐欺，而其信徒們則更進一步製訂詐欺細節。《公羊傳》曰：「爲尊者諱、爲親者諱、爲賢者諱。」「諱」者，就是文字詐欺。諱來諱去，剩下來「不諱」（也就是「眞」的）部份，還能有多少？

關於中國正史上明目張膽的文字詐欺，柏楊曾有專書，曰《鬼話連篇集》（《亂做春夢集》）。上面所收集的，全是歷代帝王（特別是開國帝王）裝神弄鬼的記載，一望而知其說謊。舉例言之：

劉邦之母因在野外與蛟龍性交而有孕，遂生劉邦。（按：此龍種也！）趙匡胤生時，室外紅光四射，室內異香遍佈。其所以如此說謊，原意大概是：天子之所以爲天子，自有其與衆不同處。爾等小民，不可生非份之想。閣下太夫人受孕之前有異徵乎？曰：「無也。」閣下誕生時有異香滿室乎？曰：「無也。」既然是「無也」「無也」，閣下還是安份爲宜，不必夢想皇帝寶座，以免腦袋搬家、禍延九族。有時也有些聰明的軍閥或流氓，知道其中奧妙，硬是說他出生時也是如此這般，那麼，此公至少已具備當皇帝之必要條件。

更進一步分析，文字詐欺，乃是來自對權勢的崇拜。所以中國歷史學家沒有原則，沒有是非，只有功利。成則爲王，敗則爲寇。

⊙

醬缸產品之五，是對殭屍的迷戀和膚淺虛驕。

對祖先的慎終追遠，在本質上是充滿了靈性的；但可惜變了質，變成了對殭屍的迷戀。孔子是驅使祖先崇拜跟政治結合的第一人，那就是有名的「託古改制」。「古」跟「祖先」遂化合爲一，這是降臨到中華民族頭上最早最先的災禍。蓋外國人都是往前進一步想的，偏中國人遇事都往後退一步想。「退一步」，正是儒家那種對權勢絕對馴服的明哲保身哲學。

對殭屍迷戀的第一個現象是：「古時候啥都有」；第二個現象更糟：「古時候啥都好」包括古人人品好，古代法令規章好，古書好，古代名詞好。

舉一個較突出的史例：宋代大政治家王安石先生，算是跳出了醬缸，他說過三句衝擊力很強的話：「天命不足畏，祖宗不足法，人言不足恤。」結果，一些對殭屍迷戀的人，群起而攻之，這股反對力量，如排山倒海而來，迫使他的變法終歸失敗。假如王安石變法成功，中國的歷史恐怕要改寫了。

如何糾正死不認錯之病

⊙文載一九八一年八月十二日紐約《華語快報》社論。

台灣名作家柏楊訪美，日昨在紐約中華公所，發表演說稱，中華民族之所以一蹶不振的原因，主要是由於死不認錯的性格。柏楊這一看法，相當平實，雖然沒有什麼特殊的創見，倒也不失入木三分的道理。我們試想，近數十年來中國之誤國誤民措施，一意孤行政策，是不是由死不認錯而來！恐怕雖不中亦不遠矣。

但是，假如我們更擴大來看，死要面子和死不認錯，恐怕是全人類的通性，各民族的共同缺點。基督教《聖經》上說，每個人都有兩個口袋，前面的口袋裝着別人的過錯，後背的口袋裝着自己的過錯。換言之，人們都喜歡議人之短，而不肯坦白批評自己之失。可見遠在兩千年前，死不認錯的習性，已經是人們的通病了，不僅僅中國人如此。

或問，既然全世界人都有死不認錯的習性，爲什麼西方國家的政治、經濟、社會文化、科技，仍然進步神速，而同樣死不認錯的中國人，獨不能呢？這不是矛盾嗎？我們的看法，答案應是制度問題。既然每個人都有兩個口袋，裝着別人過錯的口袋在前面，裝着自己過錯的口袋在後面，則每個人背後口袋的所有過錯，必然正好就裝在別人面前的口袋中。如果准許每個人打開面前的口袋，公佈袋中的過錯，則所有人們背後口袋中的過錯，必然會全部曝露於光天化日之下，而無所隱遁，不承認也得承認了。這套制度，便是言論自由，便是民主。因此之故，自由民主是糾正人類死不認錯通病的特效靈丹。反之，不實行民主，有權勢者封閉無權勢者的嘴巴，有權勢者只看到他們自己面前的口袋，而無權勢者面前的口袋，則被封條鎖住。則有權勢的錯誤，便永無暴露和改正的機會。只好一錯到底，讓整個社會跟着遭殃。

西方國家有沒有錯？當然有錯，而且曾經大錯特錯，例如西方初期資本主義之剝削勞動者，初期帝國主義之壓迫別國人，都是大錯。但他們因實行民主，不去封閉別人的嘴巴。馬克思可以在倫敦召開共產第一國際大會，發表《共產宣言》，而不受禁止，便是證明。因此，在民主與自由制度之下，他們的過錯不斷獲得暴露與改正，議會成立了，保護工人的立法制定了，工人的生活獲得充份的改善。兩次大戰的教訓，殖民地也獨立了。孔子讚揚大禹「聞過則喜」，又說「聖人之過，如日月經天」，而指出一般常人卻掩飾過錯。孔子希望每個人都成爲聖人，但他沒有想出可行的好方法。西方人想出來了，他們用民主制度，使每一個當政者變成聖人。至少能做到了：當權者的過錯，「如日月經天」，大家一目了然，不改不行。請看制度的功用有多麼大？從而我們可以獲得一項結論，要想每一個人都自動認錯，雖聖人也辦不到，唯一的辦法是實行民主，使每一個人無法隱瞞過錯，自然可以糾正死不認錯之人類通病。所以要想中國得救，唯一的辦法，就是民主。

推理能力發生故障

⊙文載一九八一年八月十三日紐約《華語快報》社論。

由於名作家柏楊先生昨在紐約演說，談到中國人的缺點是死不認錯。我們昨天特發表一篇社論，響應柏楊先生，說明改正死不認錯的毛病，不能寄望任何當事人的幡然醒悟，自我改悔。因爲寄望於本人的醒悟，無異於寄望「人人爲堯舜」，那將永遠不會達到目的。只有改變制度，利用制度的壓力，使不願改過的人，無所逃避，非改不可，這才是正確的答案。

談起中國人的缺點，我們又聯想到另外一個問題，那就是中國人的邏輯思考，可能比西洋人稍遜一籌。每一個民族都有他的優點和缺點，中國人的直覺能力，可能是世界第一，似爲西方所不及。凡是與直覺有關的事，中國人的表現無出其右，許多大發明如指南針、火藥等，中國人憑直覺就能創造出來，早於其他國家幾百年或千餘年。但中國人迄未創造出理論科學，知道製造指南針和火藥，而不明瞭其科學原理。甚至中國迄今沒有推理科學（邏輯學）這門學科，而西洋早在亞里斯多德時代，即發現了邏輯的道理，用作推理的工具。從這些蛛絲馬跡，似乎顯示，中國人的推理能力，稍微差一點。

再以柏楊先生所舉之例爲例，謂中國人死不認錯，其實中國人早就發現改過之重要。遠在二千餘年前，孔老夫子便諄諄告誡：「過而能改，善莫大焉。」但是孔子所提出的辦法，是每個人學堯舜，這便是直覺的解決辦法。當然，每個人都能變成堯舜，那是再好不過，可惜事實上永不可能，因此人人變爲堯舜的辦法，也就等於沒辦法。結果倡導了兩千餘年，仍然無人變成堯舜。

如果中國人會運用邏輯思考，早就該發現民主制度，利用言論自由，來糾正統治者的過錯。美國實行民主制度，尼克森犯了一個不過想偷竊反對黨文件的芝麻小過，結果被《華盛頓郵報》揭發，想隱瞞也隱瞞不起來，最後被迫辭去總統的寶座。顯見在民主制度之下，無法隱瞞過錯，有過必須負責，非改不行。反之，在一黨專政的中國大陸，唐山大地震，直到幾年之後，我們才知道究竟死了多少人。四人幫的十年大災難，全國犧牲的人數不下數千萬，若非四人幫垮台受審，到今天我們還被蒙在鼓裏，以爲毛澤東的「不斷鬥爭論」，可創造人間天堂。沒有民主制度，便沒有眞理，便不能改過，這不是明明白白嗎？

可是直到今天，仍有許多中國人，相信統治者會自動變成堯舜，不需要權力制衡，不需要民主監督，也不需要言論自由。這還不能證明中國人的推理能力不夠嗎？任何統治者都會死命反對民主，因爲一旦民主，即剝奪了他們的特權。奇怪的是，被統治者也跟着叫囂，說西方民主是資產階級民主，是要不得的反動制度，這批人的推理機能，顯然已發生了故障。這才是我們所擔心的缺點。

從醬缸跳出來

⊙文載一九八一年八月二十四日紐約《北美日報》社論。

柏楊先生是台灣風靡一時的社會批評家，筆鋒幽默中帶尖刻，怒罵中常令人深思，代表的是中國脫離帝制以來所產生的一種批評文體。他的入獄，基本上也就是中國在未脫離舊政治文化時，持該種文體之人的命運。我們在這裏甘冒喜愛柏楊文章的人可能不滿，跳出柏楊先生個人的際遇，由歷史的眼光，來評論柏楊先生的論說方式，在近代中國社會批評史上，擔任什麼角色。

日前柏楊先生在紐約演講，以「中國人與醬缸」爲題。當然，「醬缸」不是柏楊先生所凝就的唯一觀念，但因爲柏楊先生在過去，以及在這次演講中，都曾取他凝就的「醬缸」觀念，來解釋中國社會裏的病態現象，我們這裏，就取「醬缸」做對象。

做爲一個觀念，「醬缸」非常鮮跳，它可以一下子把人心目中對社會諸多病態現象的不滿與困惑，由一個日常經驗的形象，組織起來。事實上這也是思想家的基本功能：提供觀念，讓人們能從紛雜中，看出意義。在這方面，柏楊先生啓發民智，功不可沒。我們這裏想指出的是：這類觀念有比喻社會現象的功能，但不是一個解釋社會現象的觀念。這話怎麼說呢？我們隨手舉個例子，如果有人能在中國社會財富分配，和醬缸之下種種現象之間，找出關係，這就是用財富分配「解釋」了那些社會現象。我們於是可開始思索，用稅收、政府理財制度等途徑，去糾正醬缸現象。例如，如果一個機關中財富（薪水）分配權掌在某些人手中，鑽營、傾軋行爲，自然會出現。如果沒有看出財富分配方式與鑽營現象之間的關係，那麼縱然許多人「意識」到了醬缸現象，這醬缸行爲恐怕還是在財富分配的大框限下，不得改變。當然，財富分配只是一端，其他如選舉程序、訴訟程序等等，也都適用。

在這裏，我們肯定柏楊先生的社會意義，沒有他的文字，恐怕中國再出百來個政治學博士、社會學博士，也不能讓那麼多人民意識到中國社會的積習。我們只是希望區分出兩點：行爲改革過程中，有個人意識啓發的層面，有超出個人意識的社會層面。在前者的功能上，柏楊先生甘冒嘻笑怒罵之譏，做出了「學者」萬萬趕不上的貢獻。

「醬缸文化」

⊙執筆者朱正生先生。

⊙文載一九八一年八月二十四日至二十六日紐約《北美日報》。

「天命不足畏，人言不足恤，祖宗不足法」。這是宋神宗時代實行政治改革的王安石（一〇二一－一〇八六）的名言。這位政治家恐怕是秦漢以後，盛唐以降的第一個不願固守傳統，而敢於向歷史祖宗提出挑戰的人。我們中華民族從宋朝起，就國勢轉衰，到了十九世紀，終於遇到空前的生存危機。由於受到西方文化的衝擊，我國知識份子才開始注意到自己的古老文化的問題。從清季文華殿大學士理學名臣倭仁，於一八六七年反對人士接受西學的言論算起，關於中國文化的論爭，斷斷續續已鬧了一百多年。一九一九年的「五四」新文化運動，則是中西文化矛盾中所引起的一場激變。

以中國幅員之廣，人口之眾，民性之勤，智慧之高，竟一再受制於外國。自鴉片戰爭之後一百年來，幾至亡國滅種，豈非咄咄怪事，令人大惑不解？凡有血性的中華兒女，無不為此潛心探索，因悉我國積弱如此，無非種因於文化。在無數向中國傳統文化挑戰的人士中，我們最熟悉的，前有魯迅、胡適，後有柏楊，他們眼見社會道德的墮落，政治觀念之落伍，學術文化之萎縮，一致針貶時弊，痛詆我們祖先所遺留下來的世故、功利、權詐、諂諛、泥古、保守、作僞的傳統文化。我們就拿柏楊來說吧！這位以雜文名聞天下的作家，著作等身，除了若干文藝小說而外，計有短篇雜文《柏楊選集》十輯，《柏楊隨筆》十輯，以及諷刺小說《古國怪遇記》《打翻鉛字架》二集。他的全部作品都是以嘻笑怒罵、刁鑽靈活的筆法向目前中國社會中的畸形道德和醜惡人性，展開無情的攻擊，吸引了無數像孫觀漢先生、寒霧小姐這樣忠實的讀者。這個「糟老頭」的基本出發點卻是「我愛吾國，愛之切，故責之也苛」。他一方面是不滿現狀，而另一方面又恨鐵不成鋼，對自己國家的前途，深感嘆惜！

中國人的暮氣、保守、迷信、愚昧、欺詐、鄉愿、貪污、奴顏、畏縮、虛榮、勢利、淫亂、嗜殺等等惡劣的習氣和人性，是多方面的，很難一語予以概括；但我們可以肯定地說，這些人心不振、道德沒落的現象，往往與我們的傳統文化有關，或直接從我們的祖先手裏遺傳下來。魯迅先生把中國人那種變態的精神上的存儲反應，統稱之爲「阿Q精神」。李宗吾先生從我國官場，悟到了一種「厚黑哲學」，教人臉厚如城牆，心黑像鍋底，曾在生活艱苦的抗戰期中，膾炙人口，人人樂爲傳誦。現在我們的柏楊先生對上面這些林林總總，積非成是的盤古文化，無以名之，統而稱之爲「醬缸文化」。

醬和霉豆腐一樣，都是我國農村裏最常見常吃的食物。二者的製作都是經過醱酵生黴的化學作用而成。因爲具有以毒攻毒的自我防腐作用，這兩種食物都很容易保藏，無論冬冷夏暖，都可經久不壞（實際是：本身已腐爛到了極點，根本無從壞起）。霉豆腐是吃稀飯用的一道好菜。至於醬，它的用途就更多了，醬可以做成甜麵醬、辣椒醬，下飯調味都可以。當我們把黃瓜、蘿蔔、生薑，放在醬裏泡一個時期，這些東西就原味盡失，而成了醬瓜、醬蘿蔔、醬生薑等等所謂的醬菜。這些蔬菜成了醬菜之後，也就與醬一樣容易保存，經久不壞了。不過，無論醬和菜，畢竟是中國民間的窮辦法，在肉類價格奇昂，新鮮蔬菜不能終年常有的情況下，只好以醬、醬菜、霉豆腐、鹹菜、梅乾菜等家常菜來下飯。反正中國人一向米麵是主食，其他的東西都是次要的。話雖是這樣說，像醬這種東西，偶爾吃一點是可以的，如果以此爲主，長期的吃，任何人都會倒盡胃口。筆者是有過親身經歷的人。在抗戰時期上學，每次從家帶去的菜，以醬菜爲最多，到後來吃得一嗅到那股醬味就怕了。

說完了醬的特性，聰明的讀者就不難理解柏楊先生爲什麼把中國的古文化稱爲「醬缸文化」的道理了。醬缸裏面所存儲的東西，固然不全是一無是處的渣滓，但其內容之陳腐汚濁，則是一定不易的。柏楊先生在《猛撞醬缸集》中劈頭就下了一個定義：「夫醬缸者，腐蝕力和凝固力極強的渾沌社會也。也就是一個被奴才統治、畸形道德、個體人生觀和勢利眼主義，長期斲喪，使人類特有的靈性僵化和泯滅的渾沌社會。」柏楊先生對於「醬缸文化」深痛惡絕，成見越來越深，久之他乾脆把這個渾沌的醬缸看作是一個垃圾坑，把一切有惡名的東西統統往裏丟，像目前中共把四人幫看作一切罪惡根源一樣，凡是現在要拋棄的東西，統統歸咎於四人幫或四人幫所搞的「無產階級文化大革命」，倒也痛快淋漓、乾脆俐落。

世界上有兩個大醬缸，一是位於亞洲大陸西南角的印度，也就是古代的天竺，或唐僧去西天取經的地方。一是東瀕太平洋，南臨南海，西迄崑崙山、喜馬拉雅山脈，北接西伯利亞的中國。印度醬缸裏面盛的是逃避人生現實的印度教文化；中國醬缸裏面所裝的是以「堯、舜、禹、湯、文、武、周、孔」道統定於一尊的「固有文化」，這兩個古老的國家，同是地廣人眾，但都將國之不國，民無死所，其貧窮為世界之最，弄得差一點都被自己的文化所埋葬。不幸的是，由於地理環境的封閉，中國向來與廣闊的世界隔絕，既沒有外交，也沒有通商；別人的文化不易流入，我們自己也不屑接受。從外國傳來而能在中國落地生根的東西，沒有別的，只有麻醉人心的佛教。又由於華夏民族的夜郎自大，一向把自己尊為天朝，凡中國以外的地方都視為藩屬或蠻夷之邦。對付這些文化較低的民族，不是剿，就是撫，可說因應自如，游刃有餘。可是，中華民族到了十九世紀，情形就大大地不同。因為這時候到東南亞來找麻煩的英、美、法諸國，絕非已往的匈奴、羯、氐、羌、鮮卑、蒙古、倭寇等「異類」可比。我們雄踞海港，砲鎮要塞，而那些來自不同世界、不同文化的碧眼兒，竟能從幾千里外的海洋上，坐着船，裝着砲，把我們岸上以逸待勞的上國水師和陸師，打得落花流水，俯首稱臣，天下竟有這種窩囊的事！這才眞把那些滿大人搞糊塗了。筆者每讀史書，以今視昔，猶感大惑不解，悲憤莫名。

民族與民族的競爭，猶之於個人與個人的競爭，最足以一決勝負的，莫過於知識文化高低。原來在嘉慶、道光年間，西方世界已具備了所謂近代文化，而東方世界仍停滯於中古時代；我們的祖先還熱中於小腳、辮子、太監、姨太太，和鴉片煙，西方的科技於十八世紀中葉，已開始製造堅船利砲，已經利用機器從事生產和運輸，而我們的農業、工業、軍事，還都停留在唐宋時期，文人或知識份子還在那裏做八股文，講陰陽五行，我們實在太落伍了！天朝中國，又焉有不敢不亡之理！而後有識之士尋根究底，漸漸看出我們的問題出在傳統文化上面，可是偏偏有些冬烘先生執迷不悟，掛起「衛道」旗幟，不脫孔孟的奴性，披着道統的外衣，宣傳儒教。其實，我們的「本位文化」簡直已成爲一個大糞坑！

難怪那天（一九八一年八月十六日）柏楊先生在紐約華埠容閎小學大禮堂講「中國人與醬缸」時，一開始就重提他在《猛撞醬缸集》中引用過的兩句話：（「欲知前世因，今生受者是；欲知後世果，今生作者是。」筆者注：此話原出於《聊齋誌異》）。以說明因果循環之理。有什麼樣文化，就有什麼樣的民族和國家，一個時代的盛衰榮枯，豈能無因？他的意思也就是說：我們五千年的文化傳統是好是壞，用不着把頭鑽到故紙堆裏去研究，只要睜開尊眼看看我們民族現在受的是什麼洋罪，就該明白了。而我們能不能復興，用不着到街上找鐵嘴直斷，只要看看我們民族現在做的是什麼事，也就應該同樣明白！

「醬缸文化」一詞與「阿Q精神」有異曲同工之妙，至於什麼是「醬缸」？「醬缸文化」裏面的主要內容是什麼？說了半天，還是一個玄之又玄的問題。妙就妙在可以心領而很難言傳。聰明的柏楊先生那天講演的時候，恐遭畫蛇添足之譏，並未提出解釋和界說。不過，筆者對柏楊先生所提出的「醬缸文化」問題，有兩個初步的假定：

第一，柏楊先生好像是一個病理專家，而不是一個生理學家。他在那浩瀚的著作中指出無數因我們的古老文化而產生的病變，但他並沒有進一步去深思文化的本身是什麼？文化的內涵，文化發生的現象、變動和層次等等學理的問題，也沒有下功夫去研究中國文化的特質是什麼？源流如何，因此，一不小心，他自己也跌入文化的陷阱裏面去了。

文化的內容是包羅萬象的。它是人類爲了爭取生存、適應環境所作的一切努力的總成果，是一個不可分割的融合的整體，文化之分爲「精神文化」與「物質文化」是死要面子的頑固份子，爲了不肯接受西洋文化，甚至不願承認「西夷」也有文化這個事實，而硬捏造出來的二分法。柏楊先生與胡適同志，對於這個觀點一向抱着同一的態度。故他在《勃然大怒集》中說：「把文明分爲『東』『西』還有點道理，但把文明分爲『物質』和『精神』，實在是婊子養的，嚴格地說，世界上壓根兒就沒有精神文明，……精神文明是不存在的，起碼是不能單獨存在的，沒有物質文明，就沒有精神文明。一定要有的話，則那不是精神文明，而是『神經文明』」這是他一九六五年十二月二十三日在台北以〈神經文明〉爲題所寫的一段話。他的主張與提倡「中學爲體，西學爲用」的張之洞等人，骨子裏根本不承認西洋的學術文化意見，是背道而馳的。

可是十五年以後的八月十六日，當他在紐約大談「醬缸」的時候，竟忘記了上面的說法。筆者很驚訝地聽到他一再區分出「物質文明」與「精神文明」兩種東西。他說：「……這個大的衝擊，對我們醬缸文化的中國來說，無疑是對歷史和文化的嚴厲挑戰。它爲我們帶來了新的物質文明，也爲我們帶來了新的精神文明。……所謂物質文明，像西方現代化的飛機、大砲、汽車、地下鐵等等，我們中國人忽然看到外面有這樣新的世界，有那麼多東西和我們不一樣。使我們對物質文明重新有一種認識。再說到精神文明，西方的政治思想、學術思想，也給我們許多新的觀念和啓示，過去我們不知道有民主、自由、人權，這一切都是從西方移植過來的產品。」（見一九八一年八月二十日紐約《北美日報》）讀者們，你們看看他這段話與上面那段咬牙切齒反對「精神文明」存在的話，是不是明顯地衝突和矛盾呢？是不是柏楊先生上次的筆伐，是一時「心血來潮」，而這次的口誅，是有一點神經衝動呢？

柏楊先生講演完畢後，有一個多小時的發問和討論。當日筆者就提出兩個問題，一個就是精神文明與物質文明的問題，已如上述。他承認這是爲了敍述方便起見所發生的錯誤。第二個問題是：根據西方學者的研究，文化的發生從這個階段到那個階段，是循着一種客觀的程序，並且形成各種文化上的不同層次。我問柏楊先生，是否同意這種觀點，西方文化與東方文化，是否有層次上的不同？或者說西方文化是不是比東方文化高出一層？這個問題柏楊先生沒有明確地表示他的意見。只是含糊其辭，敷衍了過去。許多中外人士談起文化問題來往往很起勁，可是，進一步追究，文化是什麼？也許馬上會使大家感到茫然。美國教育家前哈佛大學校長羅厄爾（一八五六—一九四三）說得好：「在這個世界上，沒有一樣東西比文化更難捉摸。我們不能分析它，因爲它的成分無窮無盡，我們不能敍述它，因爲它沒有固定的形狀。」但是，以我們目前對文化的認識程度來說，至少下列幾點是可以肯定的：

一、中西文化之間誰優誰劣，是近一百年來知識文化份子爭論不休的問題。解決這個問題的先決條件，是要找到評定文化優劣的標準是什麼？在優劣的標準沒有定位以前，任何爭論都是沒有意義的。如果我們把「適者生存」這個生物界生存競爭的原則，應用在文化上，以一種文化之能否適應它內部的要求，和外部環境的壓力作爲優劣的標準，那就不用說的了，西洋文化是優於東方文化；我們俗謂的「精神文明」優於西方，而西方的「物質文明」優於東方，這是一種無稽之談。何況文化是人類適應環境與創造活動及其成果的總稱，涵蓋了文化發展中的各種層次。若以「物質」和「精神」這樣簡單而粗疏的分割法，不能說明文化的內容。

二、人類文化的發生，已有一百萬年以上的歷史，凡有人的地方就有文化。「文明人」固然有文化，所謂「野蠻人」，同樣有他自己的文化。究竟誰是「文明」？誰是「野蠻」？這是文化價值觀問題，在世界文化典型尚未出現以前，我們很難籠統地指出誰的文化優秀，誰的文化落後。但人類是有活動的，因此文化也跟着流動。文化與文化就會彼此接觸，一經接觸，就有競爭，競爭的結果是優勝劣敗。落後的文化就會被淘汰，並遭到滅亡的命運。例如：巴比倫文化、亞述文化，都已成爲歷史的一個名詞，根本從世界上消失了。南美的印地安土人印加族（Inca）和中美印地安人之馬雅族（Maya），都曾有過很高的文化，但到如今只留下一些遺跡供人憑弔。再說埃及文化，今已面目全非。古代的西亞文化，現在已爲油田所淹沒了。印度文化正在蛻變的過程中，我們中國的文化，自中英鴉片戰爭以後，一直在艱苦的掙扎。

三、文化並非一成不變的化石，而是在不斷地變動之中。不過有的文化變動得快，有的文化變動得慢。無論中國人自己的心裏是否願意，事實上，中國文化已被「船堅砲利」逼着我們走上變遷的道路。不想變也得變，任你對自己固有的文化多麼愛慕與貪戀，也沒有用。文化是和水一樣的，只要找到出路，它就要流入或滲透。例如：隨着建交行爲，太平洋兩岸間的橋樑暢通以後，很快地，中國大陸就發生了不可抗拒的生活上的變化，可口可樂、彩色膠卷、錄音機、電視機、電子計算機……一擁而入，男的西裝領帶，女的裙子、口紅、燙髮，一一應運而生，日趨時尚。所以文化一經交流摻合，優劣自明。我們爲了文化問題，操過許多無謂的心，老圍繞着「變」與「不變」這個軸心上打轉，什麼「回向源頭論」「中體西用論」「本位文化論」「全盤西化論」「洋爲中用論」，爭得臉紅耳赤、唇乾舌燥，鬧了半天，到頭來又有什麼用呢？該來的都來了，不該來的還不是也來了？

四、文化不但要變，而且貴在不斷維持良好的新陳代謝作用，使不合時宜、見不得人的文化，一層一層剝落蛻化，不斷產生另一層次的新文化。切忌過於好古泥古，拿「聖人之教」這頂大帽子來責人「離經叛道」，以致一堆古老的文化不變不棄，而形成痲痲雜雜、粘粘糊糊的一個大醬缸。要言之，當我們的本位文化受到外來文化的衝擊時，不必驚慌失措，也不必盲目地實行「文化抗戰」，產生義和團式的保衛本土文化運動，我們要知道文化有種族、地域、時間、階段、層次等等之別，但文化與文化都有互相依賴的傾向，這種依賴，包括縱橫兩個方面。例如：東方文明的發展與轉形，有賴於西方文化的物理學、數學、生物學、哲學、宗教、天文地理、政治法律等方面知識。西方文化的改進，也有賴於東方文化中的藝術、倫理、烹飪技術、拳腳功夫等等來充實它的內容。再從整個人類的文化來看，考古學上的文化分期，也是一個接着一個互有密切關係的。沒有石器時代，就沒有青銅器時代，和鐵器時代；石器時代也不能不經過青銅器時代，一步跨入今日的電器時代和太空時代。總之，文化不是從天上掉下來的，而是由這個文化與那個文化，經過這個時期到那個時期，漸漸濡化，遞變發展。

第二，柏楊先生在中國文化問題的思想範疇、觀念形態上，都未超越五四新文化運動時期的層面。五四運動在中國近代史上，是最有意義的一件大事，對中國影響之鉅，實在無與倫比。在文化史上來說，眞是一個百家爭鳴、百花齊放的黃金時代。如果柏楊有魯迅、胡適那樣好命的生辰八字，也就不會因文字而罹牢獄之災了。如果沒有五四運動的發生，中國共產黨的出現，恐怕就不是那麼順利的事。甚至時到今天，我們回頭去看那時的《新青年》《獨立評論》，以及其他的《新月》《人間世》等期刊雜誌上有關中國問題，和文化思想方面的論述筆戰，眞是多彩多姿，實在令人不勝懷念與讚嘆之至！

在八月十六日一個半小時的演講中，柏楊先生提出了一些在他的著作中一再指責過的醬氣。這些從醬缸文化裏衍生出來的問題，正是五四時期的健將們大聲疾呼過的論點。我們把他的演講內容，歸納起來，大概可分爲下列幾個方面：

一、閹割和纏腳。閹割這種慘無人道的不可思議的事，說起來實在是太噁心。我們的祖先竟做出這種見不得人的事，使我們後代子孫，個個臉上無光。婦女纏足這種「矯柔造作戕害天和」的習俗，起自南唐李後主宮中行樂，有宮嬪名窅娘，以帛纏足而舞，一時上行下效，相習成風，是爲纏足之濫觴，此後誨淫造孽，長達一千年之久，中外有關纏足的各種史籍，眞是洋洋大觀，不勝列舉，這個陋習大概在唐宋元明四、五百年間，發展還不很快，因明太祖朱元璋的太太，還是安徽鳳陽的大足婆，算是一個例證。可是到了滿淸，卻加速發展，很快就成爲根深柢固的風習。民國成立以前，除江西、廣東等邊區少數客家人以外，全國婦女沒有不纏足的。

二、榮譽一元化的文化價值觀。中國人要想「揚名聲、顯父母」，唯一的一條路，就是一頭鑽進官場。做了官就可以發財，就有權有勢，跟着身份、地位，一切榮譽都有了。中國知識份子追求榮譽利祿的途徑，絕不是經商致富，或製造發明，而是科名文章。所以中國人的價值取向，素來是「萬般皆下品，唯有讀書高」，「十年寒窗」讀書的目的，就是要擠入仕途，仕是「四民之首」，他們瞧不起工匠和農夫，也瞧不起唯利是圖的商賈，有身份的女子絕不肯嫁作商人婦。在中國文化裏，地位和聲威的外表層相是面子，中國的「讀書人」最愛面子。「面子」是中國文化份子的第二生命，「面子」也是中國文化份子的自尊心之最積極而具體的表現。所以，大家說：人生的情面、體面、場面，這三碗麵「最難吃」，但又不得不吃。甚至時至今日的台灣，還是一條鞭式的學制，教育不講究內容，不重視工藝和職業教育，人人只知由幼稚園、小學而中學，而大學，往一個窄門裏鑽。每年參加聯招的考生，在選擇志願時，是先選學校而後才是志趣，以大學的名聲費用的考慮為先，把所有各大專學校的所有科系，都填在報名單上，填完為止。入學目的還是受到「書中自有顏如玉，書中自有黃金屋、書中自有萬鍾粟」那一套名利和虛榮觀念的作祟。

三、鄉愿。這兩個字的意思就是良知的泯滅，事情不分是非曲直，不管眞僞黑白，只根據同個人的關係、利害、好惡論事，這種人無論做什麼都沒有正義感，都缺乏道德勇氣，處處推、拖、拉，對人敷衍，對事不負責任，所謂「明哲保身」「溫、良、恭、儉、讓」也者，只不過是隨波逐流、逃避現實的別解。

四、「物質文明」與「精神文明」之爭。這個問題已在前面討論過了，不必再提。

五、人權、民權和自由。這些名詞都是舶來品，在中國自己的文化中是從來沒有過的。中國人民在皇帝面前的地位，連狗還不如。什麼「民為貴，君為輕」，只聽見過有此一說，從來沒有看到事實的表現。終年胼手胝足，為孝敬肚皮而忙碌的人民，是沒有餘暇去從事任何較高級的文化活動的。一般的農民，只有「日出而作，日落而息」，自生自滅式的自由。

六、包容性。「心胸狹窄」是我們中國文化中表現得很強烈的弱點，以「我族主義」為中心的中國人，一向認為「非我族類，其心必異」，對於被征服的「夷狄」和「化外之民」，燒殺、搶擄、奸淫，無所不為，絕不客氣；對外來文化特徵，處處都看不順眼，而且有意無意存着一種鄙夷和排斥的態度。我們從這個角度來看看美國，就更慚愧了。他們對待那些船民和難民，無論是友邦或敵國，都來者不拒，不但周濟衣食，而且還要提供教育、安排職業。這種同情心和包容性是何等偉大！

七、容忍性。民主、法治、自由是現代政治的三大支柱。而「容忍」又是「自由」的基礎，不能容忍就不會有自由。胡適之先生在台灣時，曾寫過一篇很有名的文章，登在《自由中國》，篇名即爲〈容忍與自由〉。他的主張是：政府肯容忍，人民才能有自由。個人要肯容忍，才不致妨礙別人的自由。果能如此，則執政黨能容忍反對黨，黨內可以容忍黨外，大黨可以容忍小黨，大家就可以和平共存，各走自由發展的道路。有一次，我在紐約地下車裏看到一個黑人高高地蹺着二郎腿，那時是晚上，車上乘客並不多，並不妨礙別人行動。但一個警察走到他面前加以干涉，兩人都很不愉快，那個人就說了一句：「這是我的腿！」（我的腿放在哪裏有我的自由！）他不買那警察的賬，二郎腿還是照蹺在那裏。那個警察也只好默默地走了。我的心裏想，美國眞不愧是一個民主自由有素養的國家！這種事如果發生在台灣，那「三作牌」（柏楊語：作之君，作之親，作之師，謂之「三作」）的警察會容忍那條二郎腿嗎？

八、女權。在傳統上，中國社會男女生活的壁壘，特別森嚴，重男輕女的觀念深入民心。在封建時代女子不得拋頭露面，女子不能有財產權，不能成爲一家之主，否則就是「牝雞司晨」，是反常的異教。女子與孺子、小人相提並論、等量齊觀的，孔子曰：「唯女子與小人難養也。近之則不遜，遠之則怨。」孔聖人的遺教還強調女子不必有才能，只要嚴守婦道、從一而終就好了，所以說：「女子無才便是德」。婦女在家從父、出嫁從夫、夫死從子，再加上婦德、婦言、婦容、婦功，便是「三從四德」，也就是當時社會壓迫女子的道德律，自古以來男子三妻四妾有如家常便飯，可是在舊禮教約束下的女子，如有不貞，只有去死的一條路，別無選擇。「吃人的禮教」殺起人來，比什麼都厲害。所謂的「貞節牌坊」，鼓勵女子個個要三貞九烈，正是禮教吃人的一個代表作。

⊙執筆者徐瑾先生。
⊙文載一九八一年九月十一日紐約《華僑日報》。

要隱惡揚善，勿作踐自己

——對柏楊先生的批評與建議

近閱報載柏楊先生來美的消息，他的遭遇十分令人同情。現在能來美國，使關心他的人興奮不已，許多人更對他寄予期望，希望他能對現代中國人的迷惘，有一些啓示。然而，他來此，還是強調所謂的「醬缸文化」，我中華民族五千年的文化，唐宗宋祖，開創的天地，被他鋒利地挖出那一點藏汚納垢的一角，使我們對文化的信心和驕傲，被澆了一盆冷水。柏楊先生的看法，相信是由衷之言，是由他自身的不平經驗而發。但是，以他目前的身份，尤其在會影響到許多人的時候，不能再肆無忌憚、嘻笑怒罵。他這一番「醬缸」理論，使我不得不對他作一些善意的批評。柏楊先生不只向許多人澆一頭冷水，打擊人們對自身文化的自尊心，而更使外人拿宦官小腳，來取笑我們。

從實際上來說，他的想法也是相當偏激的，而且誤解到宦官小腳是文化的缺失。事實上，我認爲這些只是專制獨裁的昏君庸主，爲了私慾而作的殘酷行爲，這並不屬於眞正的中國文化。譬如唐詩的詩律，後人認爲是作詩的妨礙。但唐人的詩生動自然，唐詩律是依當時的言語、文字水準而來的，眞正詩的精神，崇尚自然、有創意，唐人並沒有要後代以他的詩律爲準則，那是後代捨本逐末的結果。再以生活習慣上來說，旗袍是滿族的服裝，雍容華貴，但是現代的旗袍多爲緊身高叉，早已失去其原有的氣質！當然，忽視我們祖先曾有過諸如宦官、小腳的惡習，是不正確的，但是我們都知道中國傳統中有「隱惡揚善」的德行。美國西部的開發，現在被說成是一部創業奮鬥的史詩，而當時的黑暗殘酷，雖然是其重要的一面，卻被削減到最低點，更有的成了傳奇浪漫故事。

中國文化的精美深奧，眞正研究中國文化的洋人，不只讚美，而且嘆服。日本明治維新，一切仿效西洋，但在江戶時期以前，對中國文化不但佩服得五體投地，他們文化的根本精神都是從中國來的。十八世紀的大畫家謝春星，不但用中國姓名，畫中國畫，寫中國詩，別人給他的最高讚語乃：「眞漢人也！」如今在日本，大街小巷尙有受中國文化深切影響的痕跡。現代的日本，堪稱是世界文明的先進，它從不敢排斥中國文化，但卻要和中國人劃分界線，否認血統上和中國人有密切關係，而在中日戰爭時所說的同文同種，現在則絕口不提。何也？是否我們中國人自己應該多反省一下，不是中國文化有什麼問題，而是我們了解了多少？爲什麼要自己作踐蹧蹋這樣美麗地屬於自己的文化，而把一切中國人現代的惡運，歸咎於「醬缸文化」這種似是而非的理論上？

現在中國有八億人口，中國的當務之急是這八億人的團結和幸福，即使是在台灣的中國人，亦應有此觀念。而這八億人在國防上已具備自衛的條件，人民也多少有機會學習知識，唯一能使這麼多人邁向現代文明，精神有所歸屬的，不是東洋文化，不是西洋文化，而是我們自己的古老傳統。它有深邃的人生經驗，它有豐富的科學思想，它有優美的文字詩歌，它有變化無窮的美術、工藝、建築、音樂、服裝……，只有它能正確地領導我們走上文明的道路，八億人幸福的道路。日本人用過、受益過，西洋人也在學習它。我們，屬於我們自己的文化，萬不應不斷予以詆毀。否則，不僅危及國家民族的前途，更成了中華民族的不肖子孫。

不要讓日本人說他們才是繼承中國文化衣鉢的子孫罷！我們該睜眼仔細看，多思考，多判斷，就像柏楊先生說過的，要思考，和培養正確的判斷力，爲了己身的幸福，更爲了八億人的幸福。

⊙執筆者王亦令先生。
⊙文載一九八五年一月二日洛杉磯《論壇報》。一月十六日香港《百姓》半月刊。一月二十一日紐約《華語快報》。

賤骨頭的中國人

拜讀柏楊先生〈醜陋的中國人〉長文，心中有氣，不得已於言者。

這百年來的中國人眞是很苦、很可憐，而且每下愈況。先有洋務派的「中學爲體、西學爲用」之說，那倒還不太離譜，不管其主張切實可行與否，至少其心目中還維持一個中國之「體」。後來不對了，慢慢地「體」也不要了，只恨爹娘給了自己一頭黑髮、一副黃的臭皮囊，洗又洗不掉，扔也扔不了，遂興「月亮也是外國圓」之嘆，一味以罵爹罵娘罵祖罵宗爲能事；所謂「五四」傳統，即此是也。這還是幾十年前的情況，比起現在還算好的；那時只是外國月亮圓，還沒有到達外國屁也香的程度。這是由於那時的交通資訊沒有現在發達，無法對洋人亦步步趨；如今則消息便捷，立竿見影。於是，人家美國人自稱「醜陋」，日本人自稱「醜陋」。馬上就有中國人緊跟，振振有詞地以「醜陋的中國人」爲題，撰寫宏文。

所有這些肆意罵街的中國人，都不是等閒之輩。幾十年前那些高唱「打倒」、自詡「進步」的「五四人」，都是以愛國愛民爲己任的大作家。他們或廢名，或廢姓，或以對中國傳統刻骨仇恨的「家」「春」「秋」來揚名立世，有意無意地爲日後馬列主義紅色江山，做了思想宣傳的鋪路工作。中國老百姓這三十多年的禍害，實在是六十年前那批時髦文人種的根。如今又出了一位柏楊先生，也是號稱非常愛民的大作家，他把五四傳統發揚光大，先是大喊「醬缸文化」，繼而詆毀「醜陋的中國人」。

我是中國人，我有很多缺點錯誤，甚至大錯大誤，但是我絕不醜陋，更不承認中國人一概都醜陋。柏楊不知道算不算是中國人，如果還算是中國人，那他要承認自己醜陋，這是他的自由，可別硬拉別人陪他。

我不同意〈醜陋的中國人〉一文的主旨和基調，但並不是說全文一無是處。也有幾句話是對的，例如柏楊認爲：「中國人可是世界上最聰明的民族之一，在美國各大學考前幾名的，往往是中國人，許多大科學家，包括中國原子科學之父孫觀漢先生，諾貝爾獎金得主楊振寧、李政道先生，都是第一流的頭腦。中國人並不是品質不好，足可以使中國走到一個很健康、很快樂的境界，我們有資格做到這一點，我們盼望中國成爲一個很好的國家。但我們不必整天要我們的國家強大，國家不強大有什麼關係？只要人民幸福。在人民幸福了之後，再去追求強大不遲。」以上一段話，我認爲很對，尤其那句：「只要人民幸福」云云，我贊成之極。可惜這幾句正言讜論，並非全文主旨，其主旨是說中國人醜陋，這是我所絕不接受的。

通讀其全文，中國人究竟有什麼醜陋呢？柏楊倒並非空言無物，他拉拉扯扯堆砌了許多實例，證明中國人：「髒、亂、吵、窩裏鬥。」我相信柏楊不會造謠吧，但即便如此，又能說明什麼問題呢？世界上哪一個民族，哪一個國家，是百分之百不吵鬧、沒有窩裏鬥的？美國嬉皮髒不髒？紐約的地鐵亂不亂？美歐日本的政壇上，大吵大鬧、勾心鬥角的醜事還少嗎？哪個角落沒有窩裏鬥？按照柏楊的邏輯，應該把這題目正名爲「醜陋的人類」。

最最荒唐的是，連中國人嗓門大，也被柏楊一本正經舉出來，作爲中國人「醜陋」的佐證。誠然，入國隨風，入境問俗，凡是來到美國的中國人——包括我自己在內——都應改正在中國時大聲說話的習慣，盡力仿傚那些有教養的美國上層人士，講話細聲細氣，甚至在電話筒上也輕微得像蚊子叫。這是必要的。但即使有人一時改不掉舊習慣，也不算什麼大不了的罪惡，怎麼就扯得上是「醜陋」呢？即此一端，可見這位柏楊先生內心對中國人憎惡到什麼程度。眞是欲加之罪，何患無辭！

爲什麼一位一貫自稱是——同時也被李黎女士恭維是——愛國愛民的大作家，會如此處心積慮地，用種種東拉西扯的瑣碎現象，來詆毀自己的同胞呢？我無緣面晤其人，根據李黎女士的面訪紀實，也許柏楊眞有一顆赤子之心，眞是很愛中國，眞有恨鐵不成鋼之心，發而爲聲，就成爲怨天尤人的沖天惡氣，於是悻悻詛咒不已。其根本原因，在於柏楊對中國傳統文化的認識偏離正軌，誤入歧途，也許被他自己胡謅的「醬缸文化」，迷糊了心竅，被他自己培養的「病毒」，麻痹了神經。

中國文化博大精深，有王道，有霸道，有仁義道德，有男盜女娼，有正心誠意，有風花雪月，無論哪一方面，都是登峰造極，而且五花八門，什麼都有，莫說你要在中國文化中專找「醬缸」和病毒，即使要專找糞缸和細菌，也能找得出來。你若據此斷言中國文化就是糞缸和細菌，那也無損於中國文化，只說明你這個人臭不可聞和不可救藥而已。

即以同一部《資治通鑑》而論，有些人讀了可以學會治國平天下的方法，毛澤東讀了則豐富其整人坑人的毒辣手段，連史達林也搞不過他。中國傳統文化的作用就類似於此，像一個鋒利的刀子，看你用不用它和如何用它，你可以用來治病救人，也可以用來殺人，當然也可以用來自殺。所以，任何人如果蓄意走偏鋒，要從中國傳統文化中找「醬缸」和病毒，至少可以患濾過性病毒的，不是中國文化，而是這位走偏鋒的作家本人。

我尚未拜讀《柏楊版資治通鑑》，也不想拜讀。因爲，我相信，憑他這種「打倒一切，罵倒一切」的「五四」「紅衛兵」的心態，譯解《資治通鑑》，不可能不大走其樣。我對司馬溫公是五體投地的。他的《資治通鑑》，教導人君何以治國，教導人臣何以從政，甚至教導平民百姓何以處富貴，何以處貧賤，邦有道如何自處，邦無道又如何自處。在中國這樣的社會裏，認認眞眞把《資治通鑑》研究一下，確實受用不盡，最起碼不至於坐國民黨的牢或者戴共產黨的帽。

附帶講幾句題外的話。近百年來，由於中國的政治黑暗，文人作家被槍斃者有之，被長期關在牢裏者有之，被戴帽子者更有之，這當然是政府當局的天高地厚。人們出於對暴政的鄙棄，就對暴政的反對者因同情而崇敬，彷彿坐過牢或戴過帽子的人，頭上都自然出現一層光圈。

但我認爲不然，至少不能一概而論。古往今來，有些牢獄之殃和殺身之禍，是值得尊敬的，例如古代甘冒斧鉞之誅而秉筆直書的史臣，以及近代不畏權貴而揭露孔宋豪門的新聞記者，這些人的殺頭和坐牢，當然有意義、有價值，令人肅然起敬。至於那些李大釗、胡也頻之流的「烈士」，我認爲死不足惜；那些王亦令之流的「右派」，我認爲咎由自取。儘管政府當局製造這些「烈士」和「右派」，完全是無法無天的暴行和虐政；但對這些受害者本人而言，其取禍僅是有損於己，並無益於生民，一句話，苦頭吃得沒有名堂，活該。

基於這個道理，我認爲柏楊先生開口閉口坐了九年另多少天的牢，彷彿牢獄是他鍍金之地一樣，實在大可不必。要照柏楊這個邏輯，寶島上有位文人，比柏楊更了不起，他坐牢出來後，至今仍在島上搖筆桿大罵，絲毫不減鋒芒，照樣是祖宗十八代的罵。但在我看來，這又有什麼了不起呢？充其量，亡命文人而已。

最後，歸納爲一句話：中國人，醜陋則未必，但中國人內確不乏賤骨頭。

——甲子冬寫於美國加州棲雲閣

醜陋的王亦令

⊙執筆者江沕先生。
⊙文載一九八五年一月三十日洛杉磯《論壇報》。

柏楊先生講了一篇〈醜陋的中國人〉。王亦令在加州棲雲閣看了，心中有氣。於是「右」迷心竅，罵柏楊先生及其同路人爲「賤骨頭的中國人」。

王亦令不讀書，更談不上「甚解」。奇怪的是，他拾了幾點右派既得利益集團的牙慧，居然舞起文弄起墨來，不僅把提倡民主與科學的「五四」傳統，歪曲成「一味罵爹罵娘罵祖罵宗」，反將已經證明行不通的「中學爲體，西學爲用」，奉爲「還不太離譜」。

中文沒有冠詞，柏楊先生講「醜陋的中國人」時，沒有用冠詞，也沒有用量化詞（qualifier），固然沒有說明百分之多少的中國人「醜陋」，但是，也沒有說每一個中國人都不例外！王亦令一邊承認柏楊先生說的醜陋並非向壁虛構；一邊又拉拉扯扯，反問「世界上哪一個民族，哪一個國家，是百分之百乾淨的，百分之百的不亂，百分之百不吵不鬧，沒有窩裏鬥的？」他顯然想藉用「百分之百」來抹煞一般事實。請問王亦令，柏楊什麼時候在什麼地方滿口「百分之百」？白紙黑字，怎可栽贓？

王亦令鸚鵡學語，說道：

「中國文化博大精深：有王道，有霸道，有仁義道德，有男盜女娼，有正心誠意，有風花雪月。無論哪一方面都是登峰造極，而且五花八門，什麼都有。莫說你要在中國文化專找醬缸和病毒，即使要專找糞缸和細菌，那也無損於中國文化，只說明你這個人臭不可聞和不可救藥而已。」

在這裏，王亦令不是承認中國文化有醬缸的一面嗎？柏楊先生可曾說過「中國文化沒有別的，全是醬缸」？凡是對柏楊先生略知一二的人，誰不知道他的「醬缸」專指專制政治的遺毒？王亦令睜眼說瞎話，吹噓「中國文化中……什麼都有」，請問：中國文化中可有民主政治？可有天賦人權？可有言論自由？你不必搬弄那些只掛在嘴唇上，從未見諸實現的「王道」或「民爲貴」，那根本就不是王亦令本人置身其間的民主政治。在專制政治制度的「體」上，請問王亦令要「用」什麼？難道要「用」洋槍大砲來鎭壓自己的同胞？

王亦令沒有讀過《柏楊版資治通鑑》，而且「也不想拜讀」。但是，他只憑右派配給他的成見，便誣衊柏楊先生是「『打倒一切，罵倒一切』的五四紅衛兵的心態」，便「相信」柏楊：「譯解《資治通鑑》，不可能不大走其樣」。眼睛雪亮的讀者們，請看：這是什麼心態？王亦令已經將柏楊判罪確定，毫無辯解餘地——即使柏楊把《柏楊版資治通鑑》搬到王亦令御前，只要他說一句「莫須有」，柏楊想不引頸就戮，其可得乎？

王亦令說，他對司馬光佩服得五體投地。他說：

「司馬光的《資治通鑑》，教導人君何以治國；教導人臣何以從政；甚至教導平民百姓何以處富貴，何以處貧賤；邦有道如何自處，邦無道又如何自處。在中國這樣的社會裏，認眞把《資治通鑑》研究一下，確實受用不盡，最起碼不至於坐國民黨的牢或者戴共產黨的帽。」

王亦令的同宗王迎先之所以陳屍秀朗橋下，原來是因爲他沒有「認眞研究一下《資治通鑑》」！司馬光書中對北魏任城王拓拔雲推崇備至。那樣德高望重、善於避禍的拓拔雲，最後仍不免「遇害」而死，是不是因爲他生得太早，沒有「認眞研究一下《資治通鑑》」？中國文化中的詔獄寃案，連綿數千年，至今不絕。十一世紀以前的，王亦令可以藉口他們沒有「認眞研究一下《資治通鑑》」；但是，十一世紀以後呢？都沒有「認眞研究《資治通鑑》」嗎？王亦令躲在棲雲閣上大放厥詞，享盡免於言論肇禍恐懼的自由，司馬光可曾有半點功勞？王亦令接受道聽塗說，把毛澤東和史達林也扯了出來，不知他要證明什麼！

自由、民主、人權、法治，都是爭取來的。王亦令知道對：「古代甘冒斧鉞之誅而秉筆直書的史臣，以及近代不畏權貴而揭露孔宋豪門的新聞記者」，表示「肅然起敬」；同時卻將爭過言論自由的柏楊，貶爲「大可不必」和「亡命文人」，這是什麼邏輯？王亦令自己不盡言責，反而誣衊盡言責「取禍僅是有損於己，並無益於生民」。如果王亦令「識時務」，緊閉尊口、明哲保身，倒還罷了，反正這種中國人多得是，多他一個不算多。如今他竟不此之圖，居然搖起筆桿，膽敢罵那些爲爭言論自由而坐牢的人：「苦頭吃得沒有名堂，活該！」如果要在醜陋的中國人小巫中找大巫，捨王亦令其誰！

⊙執筆者張紹遷先生。
⊙文載一九八五年二月六日洛杉磯《論壇報》。

評王亦令〈賤骨頭的中國人〉

王亦令先生對柏楊揭國人「髒、亂、吵、窩裏鬥」的諸般瘡疤，非常憤慨，立即指出西洋人也並非百分之百的沒有以上的那些缺點。

我認爲王先生這種說法幾近抬槓，不像在認眞討論問題。無疑的，世上任何國家都有好人，也有壞人。中國當然有很多愛乾淨的人，美國當然也有很多不愛洗澡的嬉皮。但光憑這點，並不能證明中國人不髒不亂。王先生請心平氣和地想一想，至少與美國人、日本人相比，我們中國人是否平均起來比較髒亂？我一度以爲國人之髒亂完全是貧窮造成的，後來方知錯了。在美國的華人，平均收入不亞於白人，但一般的白人，的確比我們整潔。

王先生認爲柏楊最荒唐之處是：「把嗓門高也當成中國人醜陋的佐證」。我認爲這點很值得討論。一個人或一群朋友在自家關起門來大嗓門呼叫，誠然無妨，但在公共場合大聲說話，便不僅是禮貌和教養問題了。蓋妨害他人寧靜。我個人便常邊走邊思考，身邊若有人突然大聲講話，被嚇一跳不算，思緒也馬上中斷。我認爲在公共場所大聲說話與汽車猛按喇叭，唱機開得震天響，進別人房間不先叩門等等，都可歸入同一類——那就是將自己的自由放在他人權益之上。西洋人訓練小孩在公共場所輕聲說話，讓孩子們知道別人有不受騷擾的權利。孩子們從小便學到尊重別人（即使是無權無勢的人），西洋的人權思想遂根深柢固。中國人一向缺乏人權思想，所以始終不能實行眞正民主。我們若將民主的希望寄託在下一代身上，就必須先灌輸他們人權思想。我認爲最簡易的起步便是教孩子們公共場所講話輕聲，進別人房前敲門，同進出一門時，替後面的人扶住門。大人遣孩子做事要「請」，做完了要「謝」，讓孩子們體會到權位高的人對權位低的人也得保持適度的尊重。

柏楊愛中國和愛中國人的程度，相信不亞於一般標榜「中華本位」護法衛道之士。他恨國不強、恨民不富，想從國人性格上找出不富不強的根源。爲了鞭策，他愛用尖刻的、驚心怵目的字彙來形容國人種種缺點，使很多「聞過則怒」的人，對他痛恨不已。

我的看法是：若柏楊舉出國人「醜陋」之處的確存在，無論他用什麼使我們臉紅的字眼，我們都不能責怪他。若由於他的影響，國人能稍有改進，我們更應感謝他。須知發現自己的缺點，需要智慧；承認缺點，需要勇氣；改正缺點，更需要決心。因此從惡習的窠臼裏爬出來，往往是一段艱苦的歷程。不過如果我們不想更改惡習，那可容易多了。我們只要籠籠統統地將中國文化形容爲「博大精深」，根本不承認「醬缸」的存在，再將唱反調份子罵成「賤骨頭」，就可在精神上大獲全勝。

王先生厭惡中共政權的心情，可以了解，但他不必遷怒左翼文人，更不應該隱隱約約地將柏楊也歸入左傾文人之列。中共在大陸取得政權，自然有其政治、社會的客觀因素，不能歸咎（或歸功，如果你贊成共產主義的話）於魯迅、巴金等一批文人。否則三十、四十年代歌頌國民政府的文人也很多，爲什麼一般知識份子不去讀那些「歌德」派的文章，偏要同魯迅、巴金的作品產生共鳴？同樣地，柏楊的作品在海內外產生共鳴，是由於國人缺點的確存在的客觀因素。遷怒到提出問題的人，不僅不公，也很不智。

我本人也很佩服司馬光在史學與文學上的成就，但對於他的政治智慧，則有很大懷疑。他反對一切新的政治措施，認爲祖宗立下的法絕不能改。他最大的願望是將中國帶回他所想像的烏托邦式的堯舜時代。他完全不了解由於智慧的累積與工藝的進展，新生事物會不斷產生，唯有創制新方法，才能應付社會的新需要。宋代的積弱不振，司馬光型的士大夫，要負很大的責任。

王先生不願讀柏楊版的《資治通鑑》，是他個人自由。但他武斷地說柏楊一定將《通鑑》曲解，未免因人廢言。《柏版通鑑》很忠於史料，柏楊不同意司馬光的，只是史觀。王先生想批判《柏楊版通鑑》，先讀它一兩册，亦不嫌遲。

講到武斷，我也忍不住批評柏楊先生。前幾年柏楊在蒙特利公園演講，一位聽眾問他對瓊瑤女士作品的看法。柏老說他從未讀過瓊瑤的作品，言下頗有不屑之意。雖然很多人說瓊瑤筆下缺少創意，不能算一流小說家。但她的讀者如此之多，我若處在柏老的地位，對她的作品至少也會細讀兩篇，看看奧妙何在。

王文中有一點本人頗有同感。就是柏楊恢復自由身已很久了，不應還老在人前人後提「九年二十六天」。柏老的寃獄，我們同時代的人都是見證，也會永遠記住。不過站在一個柏迷的立場，個人倒自私的寧願柏老忘卻那些苦難的歲月，使他靈台清明，觀察更客觀，思想更進一個層次。

⊙執筆者江沕先生。
⊙文載一九八五年三月二十日洛杉磯《論壇報》。

王亦令越描越醜

前些日子，在台灣因文字獄坐牢多年的柏楊先生，講了一篇：「醜陋的中國人」。王亦令看了，「看不懂」，也「不順眼」，於是寫了一篇〈賤骨頭的中國人〉，大言亂罵。朋友們實在看不過，不得不予以駁正。無奈王亦令假裝「今後應改，謹拜受教」，骨裏還是在繼續誣衊那些爲爭取中國的民主、自由、人權、法治，奮不顧身的言論勇士和烈士。

王亦令跟熊玠之流的右派金剛一樣，只要你踩到他的痛腳，他就：「一輩子沒有打過筆墨官司，現在也不例外。」王亦令想畫葫蘆，他說：「偶遇文友，向我大嚷：『報上有人批你，怎不見你反駁的文章？』當時我哈哈一笑。因爲我根本不想反駁，不想爲筆戰而筆戰。我寫文章向來只是直抒己意，把心中所想發揮盡淨，就行了；別人看得懂看不懂，順眼不順眼，知我罪我，皆非我所掛念。」

可惜，王亦令的道行，跟熊玠者流比起來，畢竟差了一大截。他沒有本事貫徹他的死寂戰術（Toischweigentaktik），他「越想越不是滋味」，他在接受「指責」「拜領」「嘉言」之後，終於：「不分青紅皂白，不問是非曲直，立刻予以反擊」。

在那篇〈賤骨頭的中國人〉中，王亦令的黑字寫在白紙上，表示他「尊敬」「甘冒斧鉞之誅」而寫下「崔杼弒其君」的齊太史兄弟，他也「尊敬」「揭露孔宋豪門的新聞記者」；但對於同樣冒生命危險，抨擊暴政、爭取言論自由的柏楊，卻任意侮辱。請問王亦令，你的判準（criterion）是什麼？盜亦有道，你王亦令的「道」在那裏？國民黨大公子沈君山見到殷海光，還自慚形穢。你王亦令不知羞恥，居然搬出美利堅合眾國憲法第一修正案，大批其皮。美國憲法固然給你王亦令大放厥詞的自由，但是，美國憲法並不替王亦令自暴其醜擦屁股。王亦令有自由發表任何言論，但是，他也必須爲他的言論負責。

王亦令爲了文飾他對「亡命文人」的誣衊，不惜自封「無膽文人」，自稱他沒有豁出一條命的勇氣，他說：「只敢在美國這塊土地上」大放厥詞。他說：「如果我現在處身於社會主義天堂，或者安和樂利的寶島，我決無膽量寫這些文章。我筆下只可能翻來覆去兩句話：『天王聖明』『臣罪當誅』。」看官，看到了吧！這流貨色的王亦令，居然還要誣衊敢寫批評暴政文章的人爲「亡命文人」；還要說敢不寫「天王聖明，臣罪當誅」的人沒有什麼了不起；還要認爲，「這稱『無膽文人』和『亡命文人』都是無可厚非……都是人各有志……。」既然如此，王亦令憑什麼罵人家爲「賤骨頭的中國人」？王亦令的心目中還有「青紅皂白」還有「是非曲直」？

王亦令憑他的「想當然耳」，以爲天下人都跟他一樣無膽無恥。於是王亦令節外生枝，跑到題外去找撐腰的。他說：「最令人齒冷的，應數海外那幾個男的女的『大不要臉』。不管是宋美齡紅得發紫的年代，也不管是江青當道，或是鄧小平上台，他總是坐上客，而且總是對當時國事歌功頌德，肉痲吹捧；不管實行什麼樣的倒行逆流的政策。……他總是大說風涼話，滿口好好好。……這種『大不要臉』，眞是狗彘不食，根本不配稱為『文人』，與『亡命文人』相距十萬八千里。無以名之，不妨叫做『亡臉人』。」最後，王亦令憑他的想當然耳，使出他的殺手鐧，說道：「現在，有一種血性漢子，自己待在美國這個言論自由的天地裏，去慷慨的鼓勵別人到中國去盡言責，去坐牢。這跟上述那幾個『翩然一隻雲中鶴，飛來飛去宰相衙』的『大不要臉』，頗有異曲同工之妙。這種血性漢子，恐怕也只好歸之於『亡臉人』之列。」

王亦令轉彎抹角，兜了半天圈子，運用「出其不意，攻其無備」的戰爭原理，突然發動他以為致命的一擊。可惜他知己而不知彼。他所貶為「血性漢子」的那些人，並非像他按照他自己的面目想像的那個樣子。他們在「待在美國這個言論自由的天地裏」之前，曾經親身「甘冒斧鉞之誅」的危險，在中國土地上盡過言責。他們完全沒有鼓勵別人當火牛的意思，在美國不過是繼續盡點言責而已。王亦令弄錯了對象，「亡臉人」那頂帽子，依王亦令的自白看來，恐怕還是他留着自己戴最為合適。

最後，奉勸王亦令：還是向熊玠者流認眞學習，謹遵死寂戰術吧！免得越描越醜。

⊙執筆者迴旋處先生。
⊙文載一九八五年一月二十三日香港《信報》。

不懂幽默

本期《百姓》便有一篇筆戰文章，署名「王亦令」者，寫〈賤骨頭的中國人〉，向柏楊大肆討伐。作者聲言：「心中有氣，不得已於言者。」細閱其文，筆鋒凌厲，毫無溫柔敦厚的中國高貴優美傳統。他使用「臭不可聞」「不可救藥」「賤骨頭」「把坐牢當作鍍金之地」等等字眼，可說是十分刻薄。如柏楊認爲「中國人醜陋」之說可以成立，則王氏之文，恰是自暴其醜，表面來看是唱反調，實際上正爲柏楊理論提供佐證。

其實王亦令的醜陋，乃中國人千古以來的眞面目，就是欠缺一份「幽默」。柏楊罵中國人醜陋，你道他是從事人種學研究，希冀獲得諾貝爾獎金？文人寫雜文，旨在引起反應，激發論爭，與寫證據確鑿的學術專著不同。王亦令無法忍受柏楊觀點，而怒火中燒，可說是正中柏楊下懷。中國人醜陋與否並不重要，有人氣得呱呱大叫，無端死去不少細胞，那才是重要的。

《百姓》同期有一封讀者來信，讀者梁君讀畢柏楊〈醜陋的中國人〉講辭，表示深受感染，因而沮喪，而沉默，而落淚！但以我看來，他的眼淚，與王亦令的憤怒，不過是五十步與百步之比。兩者都是道學先生的襟懷，裝了滿肚清正的人生觀，而未能在柏楊的字裏行間，體會出幽默的趣味，竟然要爲那些美妙生動的譬喩，加上荒唐古怪的註解。

讀柏楊文章，實在要具備一點幽默心態。他老人家只是在搞惡作劇，智慧之刀在我們面前輕輕一晃，頭腦靈活者可以捕捉神髓；正襟危坐以謹嚴格律煞有介事欣賞者，往往失其精彩。

老實說，中華民族歷史悠久，怎可以完美無瑕呢？柏楊先生找些缺陷來挖苦，其實是自嘲，爲我們提供一點警醒作用，而且說醜不道美，也是一種自謙。不懂幽默，以爲他刻意去揭瘡疤，可眞辜負柏楊一番苦心。然而哭哭啼啼，也恐怕不是柏楊所願見到。

總而言之，中華民族是偉大的民族，講美麗，美過任何民族；講醜陋，也醜過任何民族。然而與其歌頌美麗，不如刻劃醜陋。退一步說，即使醜陋，也有醜陋之美呀！

⊙執筆者柏仁先生。

⊙文載一九八五年四月一日香港《百姓》半月刊。

中國人的十大奴性

——論中國人的醜陋致柏楊

柏楊先生：

為什麼中國人能忍受暴君暴官的統治？就因為中國人奴性十足。魯迅在他的雜文《燈下漫筆》中，認為全部中國歷史只能分為兩個時代，一個叫做「欲做奴隸而不可得的時代」，另一個叫做「暫時做穩了奴隸的時代」。魯迅的剖析，何等深刻！中國人從來不知道自己是這塊土地上的主人，只知道做奴隸。因為「醬缸文化」告訴他：江山屬於帝王將相、英雄豪傑，人民只有做奴隸的份兒。中國人的希望，也就是在「太平盛世」做奴隸，甘心納糧服役。因為這樣的機會，都並非容易得到，所以一旦得到，自然是拱手相慶，感謝上蒼，保證做順民到底。

中國人的奴性有十大表現：

一、中國人有「萬歲癖」。自古喊慣了「萬歲」，所以患有遺傳性的「萬歲癖」，稱皇帝為「萬歲爺」。無論他是誰，那怕是流氓、惡棍、強盜，只要得了天下，坐上金鑾殿，人民就會三呼萬歲，頂禮膜拜。到了二十世紀中期，這種「萬歲癖」更有惡性發展。新皇帝尚未進京，已經遍地呼「萬歲」了。當他進入中南海，登上天安門時，萬歲聲響徹雲霄，達於沸騰，喊得熱淚滿面。我自己就是其中的一個，當年當日，站在天安門廣場，遠眺龍顏，激動得淚如泉湧，喊「萬歲」喊啞了喉嚨。此後是年年喊，最後是天天喊，似乎不喊太陽就不會升起，地球就不會轉動。

二、中國人有迷信症。這也是遺傳性的，生來就迷信皇帝，把皇帝捧到天上，把自己貶入地下，從來不敢說自己和皇帝一樣，而是迷信皇帝是天神降世，眞龍下凡。對於當代皇帝，更是如此。明明知道他是個普通人，曾在北京工作，是北京的普通市民。但是，一旦他進入中南海，就把他奉若神明，開始崇拜他、迷信他，把一切交給他，包括肉體和靈魂。家家把灶君撕下來，貼上他的「標準像」。最後在災難中還要唱「語錄歌」、跳「忠字舞」。

三、中國人對於暴君暴官，從來就奉行「忍」字哲學。無論是抓丁拉夫，還是橫徵暴斂，乃至大開殺戒，中國人都是忍！忍！忍！對於當代皇帝，「忍」字哲學更是空前盛行，誰不懂得忍，誰就不識時務。對於「改造」，忍！對於「帽子」，忍！對於飢寒，忍！對於一切天災、人禍，乃至十年浩劫，同樣是忍！能忍者自安——傳統的人生哲學，無師自通！

四、中國人不懂得眞正的民主，卻奉行「奴性民主」——「少數必須服從多數」，多數人都願意做奴隸，就不准少數人不願做奴隸。關於這一點，魯迅早已談得十分深刻而生動。他說，既然猴子可以變人，爲什麼現在的猴子不想變人呢？並非都不想變人，也有少數猴子想變人，牠們曾經兩條腿站起來，學人走路，並且說牠們想做人。然而牠們的同類不允許，說牠違背了猴子的本性，把牠們咬死了！中國人也並非都願意做奴隸，也有少數人不願意，他們要做主人，但是同胞們不允許，揭發他們，密告他們，於是他們被抓、被關、被砍頭。當代的許多「反革命」「右派」，就是這樣產生的。

五、中國人慣於同類相殘——這大概是「窩裏鬥」的一種表現形式吧。面對暴君暴官的欺壓和殺戮，中國人的反應不是團結一致，起來反抗，反而是同類相殘、官府一旦指某人爲「賊」爲「匪」，人們就會隨之罵「賊」罵「匪」，並協助官府一起捉之。這一點同樣相傳至今，並且惡性發展。一旦運動到來，人們明明知道是製造災難，但卻不敢反對、不敢反抗，恰恰相反，還要爲此而歌頌「偉大領袖」英明偉大，並且積極參加，和「敵人」堅決鬥爭。可是這「敵人」是必須從自己人當中抓出來的。抓誰？誰願意被抓？誰願意遭難？沒人願意。但這是「最高指示」，必須照辦！於是便揭發、檢舉、批判、爭鬥，你揭我，我檢你，你批我，我鬥你，愈演愈烈，最後按「最高指示」的要求，抓出幾個倒楣鬼來，或送公安局，或送「學習班」，或戴上「帽子」交「群衆監督改造」。這樣，一場運動才算過去。下次運動，仍然是這個程序，仍然是這樣製造「敵人」。永遠同類相殘、相殘同類，勝利者永遠是暴君暴官。

六、中國人崇尚明哲保身。什麼叫明哲保身？在大陸有兩條解釋：一是絕不觸犯「天條」，二是在災難中絕不同情任何人。說穿了就是做一個聰明的奴隸。誠然，他們不陷害無辜，但也絕不反抗邪惡，他們只求苟安、苟活。為了苟安，牆倒眾人推時，他們跟着推；破鼓萬人捶時，他們跟着捶。這就是所謂的明哲。我有一位老同學來到香港以後，還對我說：「如果五十七年我們在一起，我也會批判你。」因為只有這樣才算明哲。您說：「暴君暴官最喜歡的就是人民明哲保身。」不錯，因為就這就是奴性。

七、中國人靠希望過日子。因為中國人的命運不是掌握在自己手裏，而是交給了暴君暴官，所以他們從來不去想如何依靠自己的智慧和力量去開發自己的未來，而是寄希望於暴君暴官，希望暴君變成「明君」，暴官變成「青天大老爺」，如此他們才可以獲得溫飽。這同樣是中國人的傳統。歷代帝王無不利用這個傳統，推行愚民政策。當代帝王更是如此，他給人民以無限希望：共產主義是天堂。一九四九年，我還是個高中生，聽過哲學家孫定國演講，他說：「什麼是共產主義？那就是喝牛奶、吃麵包！」當時我們的伙食是玉米窩頭、白菜湯。喝牛奶、吃麵包，該是多麼美好的希望啊！但是十年過去，不僅沒喝上牛奶、吃上麵包，連當年的玉米窩頭和白菜湯也都限量而不管飽了！然而這時依然抱着希望，希望有一天窩頭不限量，白菜湯管夠喝。可是這個希望也沒實現，而是災難連綿，越來越糟，直至文化大革命爆發，許多人遭難，終於徹底失望而自殺。但這也不會影響活着的大多數人，使他們放棄「希望哲學」，大多數人仍然是抱着希望過日子。因為他們不知道反抗，不知道自己是一個有智慧、有力量的獨立的人。

八、中國人的確有神經質的恐懼症。這一點您提得完全正確，這同樣是遺傳性的，因為世世代代受暴君暴官的欺壓，總感到隨時都會大禍從天降。一旦大禍臨頭，不但自己掉頭，還會滿門抄斬。這種神經質的恐懼症，到二十世紀中期之後，更加嚴重，達到惶惶不可終日的地步。一位朋友在一九五七年被定爲「中右」，這只是一種警告，表示已經到「右派」的邊緣，但並未戴「帽子」。可是這位朋友從此精神恍惚，一聽有「中央文件」下達，便坐立不安。到文化大革命，一聽到「十六條」，第二天就入院了，醫生的診斷是：嚴重的神經官能症——正是您所說的神經質恐懼。這種病的患者，至今數不勝數。不久前一位老朋友由大陸來港探親，還正顏厲色地警告我：「老兄，寫東西不要太自由了，一九九七年很快就到了！」

九、中國人喜歡框框。這同樣是自古傳來，您談到東漢的知識份子寫文章講究「師承」，必須按照老師指定的範圍寫，否則就是違反法條：這是古代的框框。當代的框框，大大超越了古代，不單是寫文章、講話、教書，要遵照框框，就是婚喪嫁娶，以及拍拖戀愛，都不可以超出框框。這個框框是什麼？就是「偉大領袖」的「偉大思想」。這框框是無形的，但是絕不可超出！多少作家、文人、學者，由於超出框框而身陷囹圄，乃至喪命！爲什麼大多數中國人喜歡框框呢？因爲喜歡它，就不會超越它，這樣就安全得多。所以許多人習慣成自然，眞的愛上了框框！不僅自己不超越，也不准別人超越。

十、中國人是變色龍。傑出的俄國作家契可夫，有一篇名作，就叫〈變色龍〉。他嘲笑俄國人的變色龍性格。其實中國人的變色龍性格，不亞於俄國人。這也是暴君暴官最喜歡的，所以三十多年來，大陸的變色龍越來越多，其性格也越來越升級，變色之快，令人慨嘆！曹操——歷來認爲白臉，但偉大領袖一說：「不是白臉，這是寃案！」立刻就有人給曹操翻案；秦始皇——歷來認爲是暴君，但偉大領袖一說：「勸君少罵秦始皇！」於是有人給秦始皇畫一張笑臉仁君的肖像。偉大領袖說，林彪是副統帥。於是齊聲祝他：「永遠健康」；後來他摔死在溫都爾汗，便立刻齊聲高呼：「打倒林賊！」更有趣者，某某前天是書記，見面頂禮膜拜；昨天他成了「走資派」，批鬥會上拳擊加腳踹；今天他復職了，急忙給他紅花戴。誰見過變色如此之快的變色龍？

柏楊先生，以上所談，僅僅是個人所看到、所感到的，遠非全部。但您總能看出一個大概吧？

多少年來，每談到中國人的醜陋，就認爲是帝國主義侵略造成的。三十年的歷史證明，不是帝國主義造成的，而是我們的「醬缸文化」造成的，我完全同意您的意見。假如不是「醬缸文化」造成中國人醜陋，帝國主義豈敢侵略？

正是「醬缸文化」造成暴君暴官，教他們無法無天；又造就了黎民百姓，教他們奴性十足。兩者共同製造災難，也共同在災難之中，表演醜態。三十年來是一場大表演、大暴露！

怎麼辦？這是最令人頭痛的問題。您說只有中國人才能改造中國人，我同意。可是我們從來不自省，從來沒有發現自己是何等醜陋。

近年來，大陸的大門逐漸敞開，許多人來到海外，尤其是大批青年到海外去求學，看一看洞外世界，對比自己，或許能發現自己醜陋，而決心改正。這似乎算是一點希望。——但這是否又在靠希望過日子呢？

沒有文明那有文化

⊙執筆者胡菊人先生。
⊙文載一九八五年二月六日洛杉磯《論壇報》。

「文明」與「文化」，是兩個相當混淆的字眼，究竟什麼叫文明，什麼叫文化？兩者的定義怎麼樣？常常人言人殊。有些染了中國文化自大狂的中國知識份子，還有種稀奇古怪的說法，說是西方哪有文化，只有文明。或不屑地揮手說，美國沒有文化，卻從不說美國沒有文明。

假如我們反過來問一句：中國有優秀文化，但是有沒有文明呢？再問：是文明重要還是文化重要？沒有文明，豈有文化？

其實文明與文化是二而一，一而二的事情。彼此原是不可分的。我覺得可以爲這兩者，用一句話結合起來，就是——文明是文化的體現，文化是文明的保母。

文化的觀念表現於具體的生活上和社會上，這就是文明了。最簡單的例子，如禮貌，便是文明的表現。而孔子制「禮」，便是文化，他的「禮」，在中國兩千多年來，是表現於國家社會的制度之中，在人民日常生活的言行之內，在一年四季的節慶和儀節之上的，是以，這就是中國的文明；文明就是生活。

假定我們承認這個說法，那麼中國人就顯得很可笑了。因爲我們連中國文明都沒有，又怎麼可以奢談有中國文化？因爲我們的文明（如果有的話），則是與我們的文化乖離的，那又算得上是什麼文化的體現？

也就是說，我們在生活上所體現的，不是中國文化的價值觀念，而是從另外一個文化而來。因此，中國人現實的文明（如果有的話），那也不過是私生子，與其母親——中國傳統文化，沒有多少血緣關係。

近讀柏楊先生新書《踩了他的尾巴》，其中講到他的旅美印象，美國人較之中國人，太有禮貌了。這也是我本人旅美的印象。中國人較之美國人，在一般人的日常生活之中，簡直成了「原始人」「野蠻人」，因爲我們連「謝謝你」「對不起」都不會說。這半分都不誇大。中國人的禮貌——文明的表現，不僅萬萬比不上美國人民，也比不上日本以及南韓。

沒有基本的生活文明，而奢誇祖先已死的文化，行嗎？沒有文明，哪有文化？文明若有，也只是私生子，還說什麼中國文化！

中國文化不容抹黑

⊙執筆者劉前敏先生。
⊙文載一九八五年三月六日洛杉磯《論壇報》。

在台灣知道柏楊先生大名的人，恐怕爲數不少。譬如筆者雖從來不看柏楊文章，於道聽塗說之中，對柏楊的經歷、遭遇，亦頗耳熟能詳。二十年前柏楊在台灣寫雜文，那時候的台灣社會是個枯燥乏味的封閉社會，柏楊的雜文對於當時沉悶的人心，正是一帖投其所好的清涼劑，就這樣，雜文給柏楊帶來了盛名。凡是得手容易的事，風險也必很大；天南地北的文章寫多了，沒遮攔的話說夠了，觸犯時諱的地方也就在所難免；最後，柏楊給送往綠島，閉門深思。及至釋出，名聲更噪，水漲船高之餘，矯情也脹得特別厲害。一小撮人已是罵不過癮，更要揮鞭，批今撻古，連數千年的傳統文化，亦不倖免。

最近閱讀《論壇報》，有機會一覽柏楊在愛荷華大學的演講詞〈醜陋的中國人〉。讀罷，感觸良深。所謂人窮志短，偌大一個國家，若再長久貧困下去，終必弄得分崩離析，永遠不復統一。現在不就已經有一部份受過高等教育不爭氣的華人，不承認自己是中國人，而叫嚷着要和中國劃清界線麼！

有的人當看到外國人的富強，乃就因貧而諂，打從心底覺得外國月亮比中國圓；再回顧自己如此窮酸，乃又因貧起怨，打從心底把中國人、中國文化，罵得一文不值。到目前為止，世界上除了柏楊這種人外，還沒有一個貧窮國家的老百姓，在諂媚、怨恨的心態下，急急乎詆毀自己的同胞，和賴以生活的文化。古代希臘的大科學家阿基米德說：「給我一個支點，我將撬起地球。」柏楊大概在睡夢之中找到了這個支點——文化醬缸，他志得意滿地，要用這個支點來敲擊我們十億人口的文化大國的命運。

在富有的國家中，倒是有兩本談醜的書發行問世。二次大戰以後，有一位美國人寫了一本《醜陋的美國人》；另一位日本人不遑落後，也寫了一本《醜陋的日本人》。兩位作者或感於國人的驕奢德性，或禮數欠缺，或修養不夠，乃著文警惕，給予棒喝。尤其是那位日本作者，大概為了強調他的逆耳之言，不惜在駐外大使的任上，付梓出版。毫無疑問，這位公職人員的行徑，有虧職守，但從這裏也可窺見他忠心謀國的一片誠意。

我在美國生活十多年，就我的了解，美國人日常生活頗為忙碌，每天為這為那的事忙得不可開交，區區一本《醜陋的美國人》，大概引不起一般人的興趣，知道這本書的美國人，想必不多，熟讀這本書的美國人，恐怕就更如鳳毛麟角了。台灣的情形則不一樣，雖然那裏的工商業正在蓬勃發展，但人民的日常生活，仍然不失悠閒，愛看熱鬧的興趣，並未比前減退。閣下若是不信，可到西門町鬧區，一邊漫步，一邊揚起脖子，保管頃刻之間，近傍的人群也都跟着你一起翹首，仰天探望。生活在台灣的人民，對於周遭事物都是出奇地好奇！所以柏楊的醜書這一出，洛陽紙貴雖未必，但暢銷則是可期。很多中國人吵架，常常口不擇言，罵人祖宗三代，原因不外中國人講究孝道，罵人家祖宗，最能獲致出氣效果。柏楊這本書罵術更精進，醜詆人家的文化，才是一網打盡的最佳出氣法門，套用柏楊「什麼樣的土壤長什麼樣的水果，什麼樣的社會產生什麼樣的人才」公式，眞可爲所欲爲，罵盡天下華人。

中國現代史是一本內憂外患的民族災難史，長期的貧困苦難，已使我們中國人的民族自信，蒙上陰影。我們的國家，現今是天下二分。中共的大陸沒話說，窮困落後；國府的台灣情況較好，國民所得超過三千美元。然比起美日兩國，仍是相對貧窮的地區。所以就整個形勢而言，中國人現階段應該注意的，倒是「貧而無諂」，至於「富無驕」「富而好禮」的不急之務，恐怕還需等上半個世紀。到那時候，再寫一本《醜陋的中國人》不遲。無奈愛名好利的柏楊，不作此想，恨不得超美趕日，把中國人的醜事，愈早抖出愈好。他的計畫很大，不準備獨個兒炮製，希望大夥一齊參與，共襄醜化中國的盛舉。也許有了一次不愉快的經驗，知道凡事要深謀遠慮，邀大家寫，一來可以壯大聲勢，添增醜化的效果，二來又可消除日後煩勞別人送飯遞水的災禍。眞是一舉數得。

現在讓我們來觀察一下，醜化中國文化，對善良的老百姓可能引起的不良效果。我們可以用柏楊自己的事，作爲一個實例。據柏楊說，他夫婦來愛荷華是承燕京飯店老闆裴竹章先生出錢邀請的。裴先生告訴柏楊：「我在沒有看你的書之前，我覺得中國人了不起，看了你的書之後，才覺得不是那麼一回事，所以說，我想請你來見見面。」柏楊說：「裴先生在發現我們文化有問題後，深思到是不是我們中國人的品質有問題？」對於裴先生的疑問，柏楊的高見是：「我想不應是品質有問題，這不是自我安慰，中國人可是世界上最聰明的民族之一，在美國各大學考前幾名的，往往是中國人，許多大科學家，包括中國原子科學之父孫觀漢先生，諾貝爾獎金得主楊振寧、李政道先生，都是第一流的頭腦。……我想我們中國人有高貴的品質。」好一個高貴的品質！原來他的所謂品質，竟指的是生理品質，而不是文化品質。就生物學的觀點，世界上各民族、各人種頭腦的腦容量不相上下，科學家們都不相信民族之間大腦品質存有差異的說法。爲什麼有的民族，在某一時期表現得特別聰明，過後就沒落湮滅了？爲什麼英國人在牛頓那個時代，人才輩出，現在卻是風燭殘年、了無生氣了呢？現在的英國人和牛頓時代的英國人，頭腦的品質難道就不一樣麼？當我們看見瞎子，常常驚嘆他們超凡的聽力。其實瞎子的聽覺細胞和常人一樣，只不過瞎子較普通人更能挖掘他們的聽覺潛能而已。中國人唸書很厲害，智力表現一流，很多社會學家、心理學家，和教育學家都在研究，希望能從中國人的文化品質中找出原因。中國這個富韌性有耐力的陽剛文化，任何民族吃了，可以醫懶治愚。像日本、南韓，都是擺在眼前活生生的例子。翻開美國的權威科學雜誌如《物理觀察》，每一期，中國人在上面發表的論文，份量多得驚人。所以說，文化是聰明品質的要素。當我們走在中國大地上的任何一個角落，而對攢聚的人群，心靈深處常會興發一種茫無涯際的智慧之海的感受。醬缸論的柏楊，蹧蹋中國文化之心有餘，但要貶損中國人的聰明力又不足，只好一廂情願地把中國人的聰明，從文化品質之中豁出去。這就是柏楊的罔顧因果，不從多方面考慮問題的「鑑賞」結果。

柏楊說，中國人對人類文化極少貢獻，自孔子以後數千年沒有出過一個思想家，這個文化有如一潭死水，就是中國的文化醬缸。醬缸發臭，使中國人變醜陋。這番見證，客氣一點說是常識貧乏，不客氣一點說是無理取鬧。初中學生都知道，孔子以後有孟子，再後還有朱熹、王陽明等理學大師，這幾位都是屈指可數的大思想家。就讓我們來談一下孟子吧！孔子的政治思想，在《禮記．禮運篇》裏說得極具體，極有系統。但是這個思想體系並非天衣無縫，站不站得住腳還是一個有待斟酌的問題。孔子談君論民，遺憾的是沒有把民和君的關係交代清楚。到了孟子，儒家的政治理論有了進一步的提升和突破。孟子說：「君有大過則諫，反覆之而不聽，則易位。」「諸侯危社稷，則變置。」「民爲貴，社稷次之，君爲輕。」孟子闡明國家、君主皆爲民而立，若國君不能稱職，就當更置。孔子的卓絕政治思想最基本的精神，就是「天下爲公」這句話，而孟子的民本主義，淸楚地道出了這個「公」就是「民」，因此「天下爲公」就具備了民有、民享的理念。中國人兩千年來孔孟並稱，實在是因爲孟子發揚光大了孔子思想。

至於中國人對人類文化很少貢獻的問題，需要從另外一個角度去理解。人類文化的傳播，資訊事業首當其衝。而古代的訊息全賴人力，經由水、陸交通相互溝通，因此地理因素對古代文明的開發、傳播，乃起着關鍵作用，（現代又何嘗不一樣，試問地處喜瑪拉雅山麓的不丹小國，能像台灣、香港，和新加坡那樣發展工商業嗎？）中國地處東亞大陸，西邊大漠綿亙，和西方交通路途，既遙遠又險阻；這種地理上的不利條件，把中國人的活動範圍，局限於亞洲一隅。數千年來，中國人凡事自力更生，在缺乏與外界接觸的環境裏，成了孤獨零仃的文化單幹戶。西方世界就大大地不同了，各地區、各民族的文化，數千年來相互交流，溝通有無，集思廣益的結果，文化得以一再突破，終有今天的成就。如果我們假定自古以來東西雙方阻礙文化傳播的地理因素不存在，或者假設中國自古即是一個歐陸國家，我們有理由相信，中國人對人類文化會有極多、極重大的貢獻。兩千年來中國儒家的民本主義思想，對當時羅馬、希臘的奴隸社會的解放，肯定會發生積極的影響；而中國人在秦始皇廢除封建制度以後，發展出來的一套平民參政的政治制度，也必會摧醒沉酣封建政治的中古世紀的歐洲。還有中國人的各種偉大發明如印刷術，也會提早五百年左右在歐洲大派用場，因此二十世紀的今日世界，也絕不僅僅是目前這個樣子而已。

中國人的文化發展到某一個頂峰，未再繼續突破，更上層樓，上面已經說過，主要原因是受到地理環境的限制，吃了文化單幹的大虧。然而，中國人可不是故步自封的民族，事實上，中國人可能是世界上對於外來思想、文化、排拒力最爲脆弱的民族。一百年來，發生在中國一連串的歷史事件，皆充滿着戲劇性——源遠流長的數千年帝制傳統，於七十年前武昌起義，一聲槍響就於焉廢除了；孔夫子兩千年來深植人心的至尊地位，經不起五四運動一群青年學子的吶喊，倏忽之間給推倒了；源自歐洲的馬克思主義，也在五四之後，一經提倡，立刻風靡全國，成爲知識份子的顯學；等到中日戰爭結束，僅僅四年內戰，國府退守台灣，中國大陸成了共產主義國家；經過三十四年的共產主義實踐，十億人口的中國又再向世人嚴肅宣佈：馬克思主義不能解釋中國的所有問題。中國人敢作、敢爲、敢變，中國人弄得今天這個地步，不是因爲死抱這個「醬缸」不放，而是把這口「醬缸」砸碎了。中國的文化大革命就是在完全否定傳統文化價値的背景下，所結出來的苦果。

柏楊說，中國人髒是中國人醜陋的特徵之一，並且說中國的髒：「比起印度人或許好一點」。筆者覺得絕大多數的中國人都不會同意柏楊的看法。以東方的亞洲來作比較，日本人的淸潔程度堪稱世界級，中華民國的台灣情況則較差，而印度最糟。數年前，美國總統卡特訪問印度，在美國的晚間電視新聞映出的國宴席上，可以看到卡特身後一印度侍者手持蒼蠅拍，爲這位貴賓拍打蒼蠅的鏡頭。如果以經濟條件作比較，日本是世界級，台灣則較差，印度最落後。因此我們不難看出，各地區的人民衛生狀況，和經濟條件之間，有着對應關係。洛杉磯有兩個中國城，一個在洛杉磯市中心（大城的市中心都趨向髒亂），一個在蒙特利公園市。蒙市的中國城夠得上整潔標準，洛市的中國城則較差。兩個地方開店做生意的都是中國人，他們的差別僅僅在於教育程度和家庭收入有所不同而已。

中國人談天說地時嗓門宏大，這種語言方面的不尋常，免不了又給柏楊掃進了中國人的醜陋特徵裏。他說：「爲什麼中國人聲音大？因爲沒有安全感，所以中國人嗓門特高，覺得聲音大就是理大，只要聲音大，嗓門高，理都跑到我這裏來了，要不然我怎麼會那麼氣憤？」梁實秋在《雅舍小品》中談到中國人說話聲音大，可能與早期之農業社會有關，早晨在田野中相遇，老遠就大聲問好。也有人認爲中國人說話聲音，可能與音調有關。例如蘇州人吳儂軟語，音調特低，就是在吵架時，聲音也大不起來。筆者覺得中國文字，一個字一個音，同音字太多，而且每個音又有平上去入四聲的區別，說話時音量不夠，聽力就會發生困難；尤其在說話快速的時候，除了大嗓門外，別無其他良方。當我們到電影院觀賞國語影片時，都會有這種經驗，如果片子不借助於中文字幕，對白往往聽不清楚。在文法上，中文也是與眾不同，中文沒有像英文的假設語氣，這也使得中國人常常要借助手勢和嗓門的抑揚頓挫來表達自己的意思。說中國話要想把嗓門壓低，唯一的方法就是慢吞吞地講，把每一個字的發音盡量拉長，保證對方可以聽得明白。依筆者看，中國人的大嗓門是無藥可醫的。既然無藥可醫，乾脆就把這「聲若洪鐘」的說話德性，當作我們中國人的國粹，不亦宜乎！

台灣交通之亂是大家親身經歷、有目共睹的事實。看看凡事以醜陋爲出發點的柏楊如何把它歸罪於中國的文化。柏楊說：「就是由於這個醬缸深不可測，以致許多問題無法用自己的思考來解決，只好用其他人的思考來解決，只好用其他的思考來領導。這樣的死水，這樣的醬缸，即使是水蜜桃丟進去也會枯死。外來的東西一到中國就變質了……你有斑馬線，我也有斑馬線，當然，我們的斑馬線是專用來引誘你給車子壓死的。」關於台灣交通安全問題，筆者思索多年，願將心得中之一二，就正於關心此方面的社會大眾。台灣的交通秩序每年都有進步，筆者認爲最大原因是擁有機動車輛的人愈來愈多，街道上有了這麼多的交通工具在流動，自然而然地在駕駛者心理上，形成一種壓力，逼使駕車的人非遵守交通規則不可，亦就是產生了所謂「生活即教育」的效果。在美國除了一般汽車駕駛員外，我們還偶爾聽到所謂的自衛駕駛員。自衛駕駛員除了是一個標準的普通駕駛員外，還有兩個條件必不能少，一是不堅持先行權；二是對於別人的冒犯，要有無故加之而不怒的雅量。台灣一般駕駛人或多或少都具備這一、二兩個條件，但本身卻又不是一個標準的普通駕駛員。這種駕車特性，乃造成台灣交通大亂中有不亂，不亂中又有大亂的奇異現狀。爲什麼中國人開車和美國人開車如此不同呢？如果我們從太平洋兩岸的駕駛執照考試方面單刀直入，或不難看出端倪。美國人學駕車是在馬路上練習，從一開始就要實地學習遵守交通規則和交通安全。執照考試時，亦是在馬路上進行。路考除了方向盤操作、煞車的運用外，還包括行車速度、前後車距離、十字路口通過、左右轉線道選取、換線、先行權的遵守等等。待考得執照，在考者心裏也同時建立了一個汽車駕駛的標準範式，就是以後用來作爲實際駕駛的依據。有的時候實際駕駛和路考駕駛情況不盡相同，譬如上下班汽車流量密集時候，駕駛者就無法按照路考時所要求的那樣，一板一眼地駕駛，否則就到達不了目的地；處此情況，駕駛者乃以路考時在心中建立的那個駕駛範式，視需要而作某種變通，這樣靈活運用的結果，交通乃得以安全暢通。台灣可就不是這樣，在台灣學習駕車，是在駕車學校固定的場地上練車，練車的人只學習打方向盤、踩煞車和控制油門的動作。至於路試考執照，也僅僅在監理所的電動考場測試方向盤、加油門、踩煞車等操作技術。這種教車、路考方式，就好像小學低年級學生學習算術，只知道數字方面的加、減、乘、除，而不知道如何去做算術應用題。路考通過，所得的一張執照，與其說是駕駛執照，倒不如說是操作執照來得恰當。及至開上大街，心胸之中根本沒有一個駕駛範式，橫衝直撞，有如一個沒規矩的野人。在台灣，絕大多數開了十年、幾十年的汽車老手，藏在心中的駕駛範式，都不是標準的，而且是隨時可以變型的。筆者笑稱這種駕車範式爲橡皮模式。所以說，台灣的交通問題歸根究底不是人的問題，更不是什麼文化的問題，而是政策問題。由於政策不對頭，以致政府當局對交通秩序的改進，成效不著。

寫到這裏，令人想起被蘇俄放逐來美的諾貝爾文學獎得主索忍尼辛，數年前發生的一段往事。索氏在一次慶典活動中，應邀發表演說。人們原先期待他會有一篇精彩的有關自由、人權之類的演說，孰料他將他的話鋒，轉向批評美國的經濟制度。他攻擊美國商人喪盡天良，爲了賺取蠅利，不惜把有害人體的防腐劑加進食品之中。

演說甫畢，迴響立刻傳來，美國發行額最大的《紐約時報》，撰文還以顏色。《紐約時報》說，雖然索氏在蘇俄爲一己之信念不屈不撓，歷盡苦難，令人佩服，但不能因此就取得隨意批評美國社會的權利。從此以後，未再聽聞索氏有類似的演說發表。可能是他噤若寒蟬，也可能不再有人請他演講了。在一個言論自由的國度裏，信口說話、出口傷人的事，政府、法律對之奈何不得，但是權威報紙的裁制力量，往往令人吃不完兜着走。我們中國人還沒有這樣一份權威報紙，但我們有輿論，願有良心的中國人站出來，爲我們中國人、中國文化，說幾句公道話。

◎執筆者張紹遷先生。

◎文載一九八五年四月三日至九日洛杉磯《論壇報》。

中國文化之「抹黑」與「搽粉」

幾個月前，柏楊先生在愛荷華州以「醜陋的中國人」為題，發表演講，在美國華人社會中，引起了不小的震撼，到現在仍餘波盪漾。兩個月來的《論壇報》上，幾乎每期都有一兩篇討論柏楊及「醜陋」的文字。最近一期上，又讀到劉前敏先生〈中國文化不容抹黑〉一文，除了指責柏楊故意醜化中國文化外，還對國人諸般缺點，提供了很多解釋和藉口。

劉先生的大作相當長，足見他很費了一番功夫思索中國文化問題，也處處顯示他對中國文化的熱愛。劉先生的研究精神和愛心，很令我佩服。不過他的很多論點，都不是本人所能接受的，現在謹討論如次：

一、劉先生說中國人應先「貧而無諂」，至於「富而無驕」並非當今急務。

愚見以為這兩種心態有極大的因果關係，倘若有錢有權的人氣燄高張，愛人奉承，那麼包圍他的人，一定都是諂媚專家（也就是柏楊說的「搖尾系統」）。唯有位尊多金之士先懂得尊重朋友，窮朋友才能「無諂」得起。

二、劉先生說英國在牛頓時代人才輩出，現在則了無生氣。

爲了看看英國到底「風燭殘年」到什麼程度，隨手翻一下從一九六〇年到一九八四年諾貝爾獎得主名單（一九六〇年前，大英帝國風華仍盛，得獎率高不在話下），發現過去二十五年中，總共有一百五十三人得到科學獎（物理、化學、生理及醫學三項），其中英國人佔了二十五位半（一九七五年化學獎得主John Cornforth是奧地利籍，但始終在英國做研究，所以一半榮譽歸英國。歷年來華裔得物理獎的三位，因爲既是美籍，又在美國做研究，名單中已不提他們的中國祖籍矣。）剛好是六分之一，得獎率僅次於美國。誠然，一次世界大戰後英國已失去始自牛頓時代的科技前導的地位，但若說她已到了「了無生氣」的地步，未免誇大其辭。

三、劉先生說中國人活動範圍局限亞洲一隅，對文化發展不利。

這種說法眞有趣，難道在大量殖民新大陸以前的西洋人活動範圍，便不局限歐洲一隅？中國一國的土地人口，都可與全歐洲相頡頏。兼之中國歷史上有一半時間是大一統局面（不像歐洲中古以後小國林立，國與國之間有語言、文化、政治、宗教等種種隔閡），各地之間的文化交流應該更容易才是。但爲何文藝復興、啓蒙運動、民主憲政、產業革命，統統在歐洲一隅產生？

愚見以爲，中國文化與工藝，到了宋代，便滯留不前，是由於思想受到理學的束縛。本來自漢代以降，儒學定於一尊，對學術思想自由，已有極大妨礙。宋代的程頤、朱熹等理學大師，再將儒家範圍縮小，認為每個人，至少是每個讀書人，都應終身無旁騖，學做聖人。等到理學成為儒學的主流，中國文化中的靈性，遂受了無情的摧殘。同時士大夫們為了鞏固自身權位，用自由心證劃分出「士農工商」四個階級，把專業人才（工）和商人的社會地位，壓到最低。工藝上的發明，往往被認為是「爭淫鬥巧」「雕蟲小技」，很少得到應有的報償。在那種社會心態下，才能高的人都想做官，等而下之的才去經營工商。社會如此輕工輕商，何敢盼望科技、工藝有所突破？其實南宋時，中國已粗具發展成資本主義社會的條件，倘若當時學術自由、政府獎勵工商，產業革命或可能先在中國發生。

四、劉先生問：「地處喜馬拉雅山麓的不丹，能像台灣那樣發展工商業嗎？」

我的回答是：「事在人為！」君不見阿爾卑斯山麓的瑞士，國土小於不丹。她不但發展了工商業，還能在多種行業中，執世界之牛耳。按照劉先生的地緣理論，西班牙、義大利、希臘、埃及諸國均處水陸交通要衝，工商業應該更繁榮才是，為何她們反比不上內陸山國瑞士，和眞正地處歐洲一隅的挪威和瑞典？

五、劉先生認為中國改變國體、政體和經濟政策，均輕易完成，可證明中國人對外來思想排斥力弱。

請教劉先生，前述的種種改變，是否經過中國人民全民投票通過，或者由眞正民選產生的國會，經合法程序通過？如果答案是肯定的，劉先生的論點才站得住。如果這些改變只憑當權者一紙法令，或由御用國會以「橡皮圖章」式通過，那只能證明中國缺少民權。統治者用槍桿取得政權後，選任何政體、行任何政策均可，不必考慮人民是否同意。

「文化大革命」雖以否定中國傳統文化為口號，但它竟然被發動的本身事實，卻更可說明中國傳統獨裁政治的本質，和中國人「勇於私鬥、窩裏反」的習性。因此我仍認為：「文化大革命」乃是不折不扣「醬缸文化」的產物，它絕不會發生在重視人權的民主國家。

六、劉先生說，中國人說話嗓門大是因為漢語異聲的音不夠，必須靠打手勢兼大聲叫才能表達意思。

劉先生的話若是對的，我們眞不敢想像中國人怎樣通電話？在不能打手勢的情形下，要用多大的聲音才能使對方聽明白？讀者們不妨馬上與親友通個電話，若不須大聲也能溝通的話，劉先生的理論便缺少說服性。

愚見以為中國人缺少會議程序訓練，不懂得尊重別人發言，往往不等對方講完，便開始反駁他的論點。這種中途打斷別人的現象，在一般社交談話中也經常發生。由於大家爭着發言，所以才必須大嗓門。

七、劉先生花了很大篇幅，想說明中國交通亂是因為中國人在練車場上學駕駛，不及美國人在馬路上學來得實際有效。因此中國人雖考到執照，仍將馬路當成練車場，開車橫衝直撞。

我雖對台灣練車場教學情形不甚了解，但想像中練車時用喇叭的機會不多，也不會遇到斑馬線不讓行人（否則大概通不過執照考試）。可以一上了馬路便猛揿喇叭，而不尊重斑馬線？願劉先生有以教我。

以上是個人對劉先生大作的幾點讀後感，劉先生說柏楊在抹黑中國文化，我則認爲劉先生在替中國文化的汚點搽粉。不過無論是強調我們文化的缺點，或是替它文過飾非，我都相信作者的動機是純正的。因此對劉先生說柏楊諂外這一點，認爲不但有傷忠厚，而且不合邏輯。柏楊若是諂媚之輩，他諂媚的對象也應是國民黨，而非洋大人。以柏楊之才和其與救國團的淵源（他曾擔任救國團旗下青年寫作協會總幹事），若肯稍稍奉承當局，可能早已成政壇紅人矣。柏楊卻寧可寫以抨擊時弊的雜文爲生，以至觸怒國民黨，身繫囹圄九載。有如此情操的人，也許會驕傲，但相信絕不會諂媚，不知劉先生以爲否？

⊙執筆者朱桂先生。
⊙文載一九八五年三月十三日洛杉磯《論壇報》。四月十二日台北《自立晚報》。五月十六日香港《百姓》半月刊。

偉大的中國人

柏楊先生有一篇講辭：「醜陋的中國人！」我的意見跟他相反：「偉大的中國人！」

凡是中國人聚居的地方，誠於中，形於外，第一個表徵，便是「擠、噪、髒、亂」，「擠」是爲了看熱鬧；「噪」是爲了先聲奪人；「髒」是爲了和光同塵；「亂」是爲了自由自在。

中國人對別人痛苦的關心，表現在看熱鬧上。殺頭要看，死人要看，失火要看，淹水要看，大車禍更要看。別人的遭遇越悽慘，看得就越起勁，不如此，便平白喪失了享受人生幸福的大好時機。「憐我世人，憂患實多」！看着別人的悲痛，而慶幸自己倖免於難，實爲人生最大的一項享受。

十幾年前，台灣縱貫全島的南北高速公路正在修築的時候，台北基隆之間，只有一條北基一路，有一次，在汐止國民小學前，發生了車禍，一位穿越馬路的學童，被疾駛中的汽車輾死在馬路當中，那輛肇事的車輛竟在眾目睽睽之下，揚長而去，成千上萬的目擊者，居然沒有一個人肯挺身而出，向警政機關提供凶手的任何線索，更不要說記下行凶車輛的牌照了。大家只一窩蜂地湧向現場去看熱鬧，警察先生用盡一切鎮暴手段，大力防堵，群眾卻像潮水一樣排山倒海而來，頓時把一條馬路堵塞的水洩不通。人群中有一個約莫四十多歲的壯健男子，一臉的興奮，嘴裏不乾不淨地說着：「幹那娘！又輾死人了！」興高采烈地由人潮中擠進來，準備一睹這難得一見的精彩鏡頭。等到他擠進圈子裏一看，突然，像觸電一樣，放聲大哭……十幾年了，我只要一閉上眼睛，腦子裏仍清晰地存留着那副景象。

幾年前，台灣高速公路三義段，曾經發生過一次六七十輛大小車輛追撞的大車禍，最初的原因，只是一輛車出了車禍，過路的車子停下看熱鬧，以致後來的車剎車不及，互相追撞，鬧了個一場糊塗。在有中國人的地方，只要有災難發生，總少不了一擁而上看熱鬧的觀眾，熊熊大火燃燒着屋宇，烈焰騰空，被困在火海中的災民呼天搶地，在火場和救火隊之間永遠隔着一圈看熱鬧的人牆。深山中，礦坑發生了災變，無數礦工被困坑底，生死存亡，只在呼吸之間。這時節，一定有許多「好心人」，不辭山高路遠，長途跋涉，組成一團亂糟糟的人群，堵在礦坑口，和營救人員爭路。只要有糖的地方，不管多隱密，螞蟻都會聞風而至，火車出軌，飛機失事，大水決堤，有人自殺，槍決要犯，中國人都會像螞蟻聞到糖一樣趕來看熱鬧。

二十多年前，有一個男子，一時想不開，爬到台北市館前街某大飯店的十樓頂上，揚言要自殺。頓時招來了滿坑滿谷看熱鬧的觀眾，警察大人如臨大敵，一面在樓下撒下了安全救護網，一面派人上樓去勸說，新聞記者端起照相機，取好鏡頭，準備獵取那最珍貴的一刹那，那男子卻也作怪，任憑警察老爺說破了嘴，他仍堅持非自殺不可，可又不肯立刻就跳，就這樣一點鐘兩點鐘乾耗着。中國人看熱鬧的耐心是天下第一的，抬頭仰望兩三小時，脖子再瘆，也不肯休息片刻。眼看對面火車站前的時鐘已經敲出十一點了，跳的還不肯跳，看的還不肯走，這時候，有一個提着空菜籃的主婦，嘴裏嘟囔着道：「要跳還不趕快，老娘等着看完了還要去買菜！」

爲什麼中國人愛看災難場面呢？因爲中國人的一生就是一場災難，作一次中國人就經歷一次浩劫。災難永遠是中國人的孿生兄弟，誰也免不了的，只爭什麼時候來，什麼地點來。《道德經》上說：「故有無相生，難易相成，長短相形，高下相傾，音聲相和，前後相隨。」苦和樂，幸福和災難，都是相對的，不是絕對的。「他人騎馬我騎驢，向前看，我不如，向後看，還有推車漢，比上不足，比下有餘」。別人遭遇到莫大痛苦，而我僥倖逃過，看着別人的悲慘遭遇，想一想自己倖免於難之樂，這種享受在一生之中，難得遇上幾回，不把握時機，充分享受，豈非罪孽？中國人一直都是悲劇的主角，一旦遇上別人上演悲劇，怎肯輕易錯過？

記得抗戰的時候，在重慶朝天門江畔，冬令水淺，渡輪不能直接靠碼頭，必須經過一段簡陋的浮橋。渡輪一靠岸，所有的乘客照例要使出中國人的傳統特技，衝鋒陷陣，爭先恐後，拚命擁擠，有一位老太太被擠落江中，載浮載沉，岸上成千上萬的人看熱鬧，江面上千百隻大小船隻也在看熱鬧，就是沒有一個人想到要救人。這時候，人群中來了一位美軍，脫掉大衣，縱身跳入江中，經過了千辛萬苦，總算把那落水的老太太救了起來。那位美軍完成了救人的壯舉後，去找自己脫下的大衣，卻已不知去向。

洋軍人只掉了一件大衣，在下的遭遇可就更慘了。三十五年前，我在台中火車站，遇見了一件影響我一生的事情，有一位單身的陌生人，突然病倒在車站門口，當時的情況非常緊急，我竟貿貿然招來一輛三輪車，把他送到醫院去急救，到了醫院，還沒有辦好手續，那位陌生人就已嚥氣了。醫院裏要我立刻把屍體搬走，以免影響他們的生意。我孤零零一個人，人生地不熟，教我把一具不知名的死者屍體搬到哪裏去呢？幸而醫院招來了警察，警察要我供出死者的姓名，死亡原因，還要我把屍體安頓在一個適當的地方，聽候檢察官來檢驗。折騰了一天，好容易找到了死者的家屬，他們一來即提出了一個更嚴重的問題，說死者身上的五十塊錢不見了。我又被警察抓去問口供、作筆錄、找保人，一直忙了一個月，幸而祖上有德，死者家屬終於講了老實話，原來恐怕我要他們歸還代墊的車錢、寄屍費，所以謊稱丟了五十塊錢，先「將」我一「軍」，千幸！萬幸！鄉下人老實，只說丟了五十塊錢，他們倘若說丟了五萬塊錢，那我豈不要坐一輩子牢。

中國人對別人的苦難，以明目張膽、興高采烈的看熱鬧的方式，寄其同情；對於別人的成就和幸福，則以諱莫如深、極端隱密、極端惡毒的嫉妒心待之。寬宏大量的中國人絕不能容忍相識的人比自己強，尤其同是苦難隊伍中的難友，絕不能容忍其中任何一份子脫離苦海。所謂「見不得窮人米湯碗上起皮」。大家都窮得喝米湯熬日子，萬一有人多弄了點米，米湯煮得稠了些，碗面上居然結了一層薄皮，這可不得了啦，斯可忍，孰不可忍。非把他整垮不可。大家都吃陽春麵，快快樂樂，相安無事，一旦情況改變，我只能吃肉絲麵，你居然大吃排骨麵，那我這日子怎麼能過？「己飢人飢」，便不覺其「飢」，「己溺人溺」，便不覺其「溺」，跳井也得找個墊背的。在中國人的社會裏，從失敗者的口中可知：成功者永遠欠失敗者的情。老朋友絕不能做成功者的好部屬，成功者也絕不會用老朋友做部屬，陳涉盡殺「夥頤」舊友，雙方都有殺身致死之道。

中國是一個沒有英雄崇拜的民族，中國人崇拜的都是失敗的倒楣鬼！關老爺大意失荊州才被人焚香膜拜；楚霸王因自刎烏江才被推為英雄蓋世；諸葛亮鞠躬盡瘁才被尊為妙算如神；倘若關老爺守住荊州，楚霸王得了天下，諸葛亮復興漢室，後世人是否還對他們這樣崇拜，那就很難說了。對於死人，尚且如此，對於活着的，又是和自己相同出身的同類，他若膽敢向上爬，不拉下馬來行嗎？這種「窩裏反」的精神，是中華民族幾千年優秀傳統之一。

中國人對於強大的外人，一向講究和平，尤其對凶悍的外人，縱令騎到頭上來，拉屎撒尿，也寬宏大量，坦然受之。唯獨對自己人，眼睛裏揉不進一粒沙子，心胸裏容不下半句閒話，使拐子、打悶棍、下毒藥、放冷箭，這些窩裏反的伎倆，無所不用其極。尤其捏詞匿名告密，更是中國人冠絕古今、獨步天下的絕技。中國人就有這個癖好，不管是什麼形式的政權，只要手握生殺予奪的權柄，便像吸毒犯染上毒癮一樣，熱烈地愛好告密，盲目地聽從告密。據說商鞅有「誣告反坐」之法，什麼都保存下來的中國人，就只這一點沒保存下來。老友長弓先生，能寫能畫能刻，爲人古道熱腸，心直口快。北洋政府時代，被人告密，以「革命黨」罪名，判處死刑；還沒有來得及執行，北伐就成功了。滿洲國時代，又被告密爲「重慶份子」，再判處死刑；只差一天，日本人就投降了，否則必死無疑。中共佔據東北，又被告密爲「漢奸」及「國特」雙重身份，第三度判處死刑，後來交換俘虜，給換了回來。來到台灣，又被告密爲「匪諜」，判處七年有期徒刑，如今長弓先生已經八十二歲了，不知道還會不會再戴上別的帽子。

一個中國人，聰明才智，能力幹勁起來，都是一等一的，可是駕馭十億中國人，卻和趕綿羊一樣容易，你只要讓他們同樣地吃苦，同樣地受氣，那他們準能吃別人所不能吃的苦，受別人所不能受的氣。比賽吃苦受罪，含垢忍辱，中國人一定得冠軍。他們也只會這些，此外便只有被人用皮鞭在後面抽着，聚集成千上萬像螞蟻一樣的奴工蟻，修長城、挖運河。千萬不能試圖改善他們的生活，最聰明的辦法，耐心傾聽他們的訴苦，作出一副如同身受的同情狀，這樣就已足夠了。

中國人「打破鍋大家都沒有飯吃」的事，人人會做；「大家拾柴火焰高」的事，卻覺得划不來。

電影院上映孤兒寡婦窮途潦倒的悲慘鏡頭，滿座觀眾，一把鼻涕，一把眼淚，此起彼落，滿場盡是欷歔聲，好像銀幕上演的就是觀眾身受的一樣，此時的中國人，把「人飢己飢，人溺己溺」的同情心，發揮到了極致。電影演完散場了，走出場外，就在路邊躺着殘廢的兒童、衰病的老人，哀哀求乞，還紅着眼睛的那些好心人士，卻昂然而過，視若無睹。這就是中國人，生活在兩個世界，永遠有着雙重人格。一個是理想的世界，充滿了仁義道德，人人都講究忠孝節義；一個是現實世界，充滿了戰爭飢餓痛苦死亡，人與人之間拚殺得你死我活，唐堯虞舜當不得一個燒餅。詩云子曰，下不了鍋，煮不了飯，修齊治平是別人家的事，肚子餓了只有自家知道。

中國到底是個古老民族，有五千年歷史文化，也有五千年困苦生活的實際經驗。古聖先賢給我們留下一套做人應該如何的理論，五千年艱苦生活磨練出一套要如何作才能活下去的寶貴經驗。理論上應該這樣作才算正常，事實上必須那樣作才有活命的希望，「理想」和「現實」永遠相反，既不能放棄理想，又不能不顧及現實。於是只有分別生活在理想和現實兩個世界中，一身具備了雙重人格。理想世界中的中國人，講道德，說仁義，具備了忠孝仁愛信義和平一切美德；現實世界的中國人，一直在飢餓線上掙扎，在生死邊緣徘徊，人生第一件大事無過於保命，爾虞我詐，苟且偷生，只要能夠保命，沒有什麼事不能幹的。理想世界的做人道理，是說給別人聽的，現實世界的作爲，是自己實踐的。所以你永遠不能從中國人語言中猜出他的意向，他說他最討厭客套，你可不能有絲毫隨便；他說他今天不想講話，那你就非請他講話不可。要只是這樣，那也簡單，我們給他來個反其道而行，不就可以嗎？斯又不然，中國人講話，有的時候是反話，有的時候又是當眞的，你就是他肚子裏的蛔蟲，也無法了解他的眞正意向。

老張和老王是老朋友，老張的大兒子結婚，沒有給老王下帖子，這下老王可抓住理了。事後碰見老張，氣勢洶洶地興師問罪：

「你瞧不起人，是不是？怎麼兒子結婚也不通知一聲。」

「小孩子的事，不敢勞動大駕。」

「什麼話？咱們是什麼交情，怎麼能不通知一聲。」

「對不起！對不起！下禮拜天，老二結婚，無論如何一定請賞光！」

「啊！唉！」

於是老王到處宣揚老張接連借兒子結婚爲由，大打抽豐！還偷偷向人事行政局密告老張違犯公敎人員十大革新規定。

中國的先哲把人抬得太高了，對人的要求也太苛刻了，他們訂了許多行爲規範，不是一個有血有肉的人所能完全遵守的，也不是現實社會中所能行得通的。倘若誰要一板一眼照着那些規則去作，不被人當作傻瓜，也必自取滅亡。而且他們還一口咬定：「不爲聖賢，便作禽獸！」聖賢只有廟裏泥塑木雕的神像才能作得到，禽獸跟人到底有些分別。人是人！雖然有做聖賢的傾向，但畢竟不是聖賢，人也有做禽獸的傾向，可也不就是禽獸，人是有七情六欲的動物，人生第一件大事是要活命，幾千年艱苦的生活把中國人磨練得乖巧多了。什麼是最高原則，什麼是最大理想，保持活命便是最大理想。中國人都希望人人急公好義，濟弱扶傾，以天下事爲自己份內事，起碼能路見不平，拔刀相助，仗義執言，主持公道。可是幾千年來的實際教訓，告訴人們，千萬不能好管閒事，好管閒事的結果，重則殞命，輕則也惹來一身痲煩。要想活命的唯一方法，就是要學烏龜，得縮頭時且縮頭。「各人自掃門前雪，休管他人瓦上霜」，「業可養身須着己，事非干己莫勞心」。除非活得不耐煩了，才去作什麼荆軻、聶政。

在十字路口，一個騎摩托車的騎士被撞倒在馬路中央，鮮血直流，危急萬分，肇事者已逃得無影無蹤，過往車輛，都繞道而行，絕塵而去，誰也不願惹痲煩，突然有一位好心的計程車司機，路過這裏，忍不住一時衝動，竟然停下來，把傷者抱上車，急送醫院，並代繳保證金，總算救回了一條命。等到傷者從鬼門關被救轉回來後，反咬一口，誣賴他的救命恩人就是撞傷他的凶手，理由很簡單，要不是他撞的，彼此素昧平生，爲什麼平白無故把一個血淋淋的垂死傷者抱上自己的車，送往醫院，還代繳醫藥費呢？法官也相信這個理由充分，於是那位好心的司機，終於得到了應有的惡報，賣了車子補償自己救人的過失，還被判坐牢半年。

下雨天，公共汽車上擠滿了乘客，車窗又關得密不透風，這時候，一個小混混兒在車上狂吸香煙，煙霧嗆得滿車乘客，一把鼻涕，一把眼淚，咳嗽得喘不過氣來，可就沒有人敢勸告那位吸煙者不要吸煙。在中國，只要一件事侵犯到兩個人以上的權利時，絕對不會有人挺身而出，提出抗議。「受害的又不是我一個人，別人都能忍受，我又何必強出頭，得罪人呢？」中國人比賽忍耐的功夫，是誰也比不上的。

對於自己權利受到侵犯，只要別人也一同受害，中國人總是忍氣吞聲，退一步海闊天空，絕不肯傻里傻氣，自己得罪人，讓別人去佔便宜；對自己權利無關的事情，中國人最會明哲保身，置身事外，作一個看熱鬧的旁觀者，絕不會淌渾水。好手豈可逗臭狗屎，你說他冷血嗎？不冷血，他怎能長命百歲！

不管什麼時候，作中國人永遠是一種災難。五千年來，中國人一直在飢餓線上掙扎，一直在鬼門關前徘徊，「衣食足而知榮辱，倉廩實而後知禮節」。當生死存亡在呼吸之間時，那容你雍容揖讓，當你四五天沒有東西吃，餓得兩眼發黑，什麼狗肉不能吃、牛肉不能吃，連人肉也照吃不誤。中國聖人說：「不患寡而患不均，不患貧而患不安！」這是天下最糊塗的兩句話，「寡」了，怎麼能均？一個蘋果分給一萬人吃，你怎麼個平均法？「貧」了，又怎麼能安？一個人五六天點滴沒有入口，他如何能揖讓而升，退而等死？「不患寡而患不均」，是教大家一樣忍飢受苦，「不患貧而患不安」，是要求每個中國人馴服地由飢餓線上向鬼門關邁進。富足的人不一定慷慨，但貧窮和吝嗇一定是孿生子，貧窮和吝嗇又是培育「自私」的溫床。中國人「自私」不「自私」，我不知道。一九四九年，有一家公營工廠中的一個小職員，皮鞋底穿洞了，想找塊皮子來補，他看中了馬達上帶動機器的那條兩丈多長的大皮帶，趁着夜晚停工的時候，偷偷地剪下兩尺來，皮鞋是補好了，可是工廠的機器整個停工了。那時節那種皮帶尚需由外國進口，他老兄這一剪，害得整個工廠停頓了兩個多月。小職員沒受過好教育，補皮鞋又是本身急需的事情，當然情有可原。大學教授該受過教育吧！有一年，某教授團參觀一個機關，看見人家花園的一個涼亭上，紫藤花開得很美麗，那種紫藤只有一根主幹由地面長起，爬到亭頂上，才分散出許多細枝，在整個亭頂搭成一個涼篷，有一位教授看見了，非常喜愛，趁衆人不注意的時候，拿出鋼剪，喀嚓一聲，在主幹上攔腰剪下一段，拿回自己家裏去栽培。中國人爲了自己的方便、自己的利益，爲公衆帶來了多大的災禍，都在所不惜。堤防是幾千萬人生命財產攸關的東西，有人僅只爲了幾毛錢，不惜把蛇籠上的鐵絲剪下來當廢鐵賣，一旦洪水爆發，造成幾千幾萬人死亡，幾億幾兆財產損失，那是「你家的事，與我何關」。一九五九年八七水災，便是鐵證。各位總還記得，若干年前，某機關標售過損壞獸用盤尼西林，某代表標得後，改裝爲人用盤尼西林出售，一時因注射而致死者，接踵不斷，後來也還是不了了之。現在市面上不是還有很多醫院裏的回籠塑膠注射針出售嗎？一部價值幾千萬美元的機器是公衆的，我把它上面的一枝鋼管敲下來作手杖，雖然值不得幾十元，但那是我自己的，不明乎此，即不配爲中國人。

幸而各公共場所都改用自動門，使中國人少了一個丟人現眼的機會。在過去流行彈簧門的時候，只要是中國人通過，一腳踢開門，大步跨進去，也不向後看一眼，猛然放手，讓門打到後面跟來人的鼻子上，這就是中國人的德性。

現在台灣有錢了，也開放觀光旅遊了，中國人又多了一個表現優良傳統的機會，供應觀光客的餐飲，多採自助餐方式，中國人雖然口口聲聲說「吃虧是福」，事實上，卻是最怕吃虧。取用食物時，不管酸甜苦辣，也不估計一下自己的胃口有多大。看見東西就往盤子裏裝，滿盤子堆的東西足可撐死一頭大象，可是實際吃的還比不上別人多，白白蹧蹋了滿盤子的東西。

「天地者，萬物之逆旅」。中國人把自己的國家當作旅館，只將就着住一宿，從不做長久打算。凡事急功近利，得過且過。「官不修衙」，是爲不讓別人撿現成便宜；「少不種核桃」，因爲核桃要十幾年才能結實。中國人修房子所用的材料，都是土木，磚瓦已是很耐久的建材了，邉論鐵石，中國雖有幾千年歷史，卻很少有幾百年的建築，洋人雖只有幾百年歷史，卻到處都是比它的歷史還古老的建築。外國的許多教堂，從設計到完工，大都經歷一兩百年。中國的一般廟宇，一兩百年之內，不知已歷經多少次浩劫。

中國人對於暫時寄住的天地大旅館，一點也不愛惜，從不爲後來的旅客設想，這也是太窮的緣故，窮到隨時隨地都瀕臨餓死邊緣，根本就來不及再想別的事情。中國人對於天地間人類賴以爲生的東西，大都採用殺雞取卵、竭澤而魚的手法，但求目前應急，無暇作養羊剪毛的長期打算。凡是中國人居住過的地方，土地被濫墾、森林被濫伐、鳥獸被濫獵、漁蝦被濫捕，本來可以供養萬物的土地，都被中國人撕剝得赤裸裸底，成爲萬里黃沙。在〈禹貢〉九州中「厥田上上」的雍州，如今卻「有水不見舟，十山九禿頭」。東北以及台灣所以富庶，是因爲這兩塊土地中國人得到最晚，自然資源，還沒有完全破壞淨盡。

「君子愛財，取之有道」。一點都不錯，人應該追求正義，也應該追求利益。「義」和「利」本來是並行不悖的，甚至相輔相成的。可是中國有些聖人卻一口咬定「義」和「利」是互相衝突的，互不相容的。「正其誼不謀其利，明其道不計其功」。硬是要人口是心非，說什麼見義忘利，說人麼不求成功，口頭上天天打高空、說大話，實際生活上全不是那麼一回事。

在義和團教育中長大的這幾代中國人，一開口就說「由於西方功利主義的瀰漫，才使得中國人道德淪喪」。事實正好相反，世界上最重實利的莫過於中國人，中國人無論做什麼事，首先第一個考慮的問題：「它有什麼用處？」牛頓沒有發現地心吸力以前，大便落到茅坑裏，發現地心吸力之後，大便還是落到茅坑裏，並不是沒有發現地心吸力之前，大便會滿天飛。所以中國人中永不會有牛頓那種大笨蛋。伽利略發現了自由落體原理，在中國人看來，那也只是玩物喪志，並沒有實用價値，賢者所不爲。

中國人拜菩薩，菩薩保佑他中愛國獎券頭獎，他就演戲酬謝，若不能保佑他中獎，去他的泥塑木偶。只要有好處，中國人什麼神都信，要是沒有好處，什麼神都不信，基於實利主義的觀點，中國人沒有宗教熱狂，沒有殉教的聖徒，也不會發生宗教戰爭。

中國人更沒有愛得要死要活的愛情故事，中國人講「中庸」，講「克制」，講適可而止。說穿了，還是以實利爲出發點。不肯讓熱情奔放，更不肯執着於某一點，凡事都擺在利害的天平上秤一秤，算一算划算不划算。

「何必呢？」是中國人向一切惡勢力屈服時的最高指導原則。你被別人整了寃大頭，坑慘了，鬧了個家破人亡，妻離子散，你要報仇，你要討回公道。你的朋友一定勸你：「何必呢？事已至此，你就是寃屈得伸、大仇得報，但是死者不能復生，散者不能復聚，對你又有什麼用處呢？」「何必呢？」「又有什麼用處呢？」就是這兩句話，使中國社會永遠沒有正義，使中國人永遠不能堅持原則。

在實利主義的支配下，一些冒險犯難的事業，在中國人看來，都是瘋子在發瘋。「千金之子，坐不垂堂」，「暴虎馮河，死而無悔者，吾不與也」。世界上許多冒險的事業，像高空跳傘、衝下瀑布、駕車衝火牆……那麼二百五、半吊子的事情，眞正中國人是不會幹的。因爲它除了找尋刺激而外，沒有實際的利益。

中國人開會時絕不肯正確說出自己的意見，會議後絕不肯放棄自己的意見。跟中國人講道理那只是白費。事前徵詢意見，人人沒有意見；事情決定之後，人人都有意見。總而言之一句話，中國人永遠不可能團結一條心，中國人永遠不會主動去守規則，所以有中國人的地方一定就會亂。中國人永遠不去想別人的感受，永遠不顧別人的死活，自己說話的時候，希望全世界都聽得見，自己在講話時以爲全世界的人都在聽，所以要聲震屋瓦，先聲奪人，只要有兩個中國人在一起就要吵死人；中國人所到之處，沒有不髒的。全世界有十億以上的中國人，那能不擠？噪、擠、髒、亂之外，再加上「愛看熱鬧」卻又「自掃門前雪，不管他人瓦上霜」；滿口仁義卻又自私自利，一方面高舉「民胞物與」的大纛，卻又天天在窩裏反。

總之，中國人真是一個偉大的民族，偉大得令人無法理解她在地球上怎麼能生存五千年？

⊙執筆者張香華女士。
⊙文載一九八五年六月十二日台北《自立晚報》。七月一日香港《百姓》半月刊。

你這樣回答嗎？

——比裔美籍司禮義神父談「醜陋的中國人」

耶穌說了這話，旁邊站着一個差役，用手掌打他說：「你這樣回答大祭司麼？」耶穌說：「我若說的不是，你可以指證那不是；我若說的是，你爲什麼打我呢？」

——若望福音十八章二十二節

和司神父相處，常給你驚奇的經驗。

在館子裏，面無表情的女侍把菜單扔到我們面前，司神父悄悄問我：「妳知道她爲什麼這種態度？」我還沒找出適當的答案，他卻幽默的說：「她不喜歡我。」

街上，幾個年輕女孩走近，司神父望着T恤上印着外文的一位叫我看，我說我不懂法文。司神父爲我翻譯，那幾個字的意思是：「來亂搞我！」他搖頭嘆氣：「她一定不知道這個意思。」

司神父住在台北市萬大路附近，那一帶拜拜風氣很盛，大街小巷處處是廟宇，和私人開設的神壇，司神父告訴我：「昨晚這裏上演酬神戲，妳知道他們演什麼？」我答：「布袋戲。」心想這回一定答對了。誰知司神父的答案是：「他們表演脫衣舞。」

——今年七十餘歲的司神父，是比利時裔的美國人，前後十餘年在中國大陸以及台灣的生活體驗，使他對中國十分熟悉，加上他是中央研究院研究殷墟文字的學者，他對中國語言、文字、民俗的研究，已有五十年之久。從一九三〇年起，司神父開始習中文，曾經是趙元任、陳世驤兩位語言學家的學生；一九五五年得柏克萊加州大學東方語言學博士，他精通英文、法文、德文、俄文、希臘文、拉丁文，熟諳中文、西藏文、蒙古文、梵文、日文。一九三七年，他到中國大陸北方，一面傳教，一面作中國民俗研究、歌謠收集工作，並用英、法、德文等多種語言，發表過學術論着三十餘種。

我告訴神父，我很吃驚，因爲他老是提醒我這個中國人，身邊許多習而不察，或察而不覺的現象。我心想，爲什麼不請他就「醜陋的中國人」這個主題，說說他的看法。以他對中國人的了解之深，對中國人的感情之濃，加上他來自西方文明世界的精神，他豐富的學識和修養，一定會給我們帶來跨國性和跨民族性的啓示。

司神父說：「妳不在乎我的話令妳驚奇？」

我說：「我正在期待你給我最大的驚奇。」

司神父本名 Paul L-M. Serruys，司禮義，是他的中國名字，從這個名字，看出他受中國文化的影響。可是，司神父答覆我的禮義之問，卻說：

「禮，是很好的東西，是人類行爲的規範。但，中國人只講禮，不講理。於是禮的好處就變了質。因爲禮應該接受理——正確的原因（the right reason）的指導。」

「義難道不是正確的原因？」我說：「我們中國人一向有『禮義之邦』之稱。」

「禮義之邦？」司神父沉吟一會，「我沒聽說過。『義』字的英譯，應該是Right或者還有一個意義相近的字Justice。可是我認爲中國人最缺乏的，就是社會是非觀念（Social Justice）。中國人講的義，是用來要求別人而設的，人人都覺得自己是例外，可以不必遵守。也就是說，中國人的『義』是雙重標準。」

我問：「從什麼事情，使你對中國人產生這樣的印象？」

「交通現象就是一張中國社會的圖畫，」司神父說：「中國人對做爲一個國民，應該盡什麼義務，完全沒有觀念。交通規則在中國，只是訂來要求別人遵守的，自己不但不遵守，一旦受到指責，立刻覺得沒面子。又譬如說，我今天這樣批評中國人，大多數中國人的反應，恐怕是生我的氣。平時，常常有人說我太驕傲，或者來勸我，不能用西方文明世界的標準談論中國人。其實，我很不願意傷中國人的感情。」

「不見得人人都會生你的氣，我就不會，」我說，「我也不怕感情受傷，我就是盼望聽聽你傷中國人的心，傷得有沒有道理。」

司神父舉一個例子：有一次，在一項學術會議討論過程中，司神父提出與某位中國學者不同的意見，對方從頭到尾都不理不睬。甚至從一開始，這位學者聽到司神父有不同的意見，就非常不高興，立刻面露慍色，拒絕和他討論。第二天，司神父親自到這位學者的辦公室，準備再試試和他溝通。誰知道學者明明在辦公室，卻教祕書小姐說：「不在。」使司神父知難而退。

「所以，」司神父說，「我覺得和中國人講理，比登天都難。有時候，你眞是一點辦法也沒有。因爲，他用逃避問題的態度來對待你，使你無計可施。其實，根本的原因是，他不想講理，因爲講理會使他失去面子。妳想，連學術界都只講面子，不講理，造成權威和壟斷，又如何能求一般的人民講理？」司神父接着說：「當然，有時候，我和中國學者在一起討論問題，我提出不同的意見，也有學者會說：『我不同意你，不過，我現在說不出道理，等我回去想想，再來和你討論。』然而，能用這種態度來討論問題的，實在沒有幾個。」

我問：「你是不是認爲中國人講禮，妨礙了講理？」

「其實，講禮和講理，是可以同時進行的，」司神父強調，「但必須經過學習，同時要有起碼的彼此尊重，能力也要相稱，才能夠講理。至於『禮義之邦』大概是中國人後來附會的說法，應該稱『禮樂之邦』才對，因爲中國歷史上說周公制禮作樂。」

司神父對中國古籍了解之深，令我驚訝。

「紀元前五世紀蘇格拉底時代，希臘人自稱是『理樂之邦』，」司神父用筆寫出中文「理」字，表明不同於「禮」字，「他們非常重視音樂，認爲音樂是理的完美表現，理如果脫離音樂，就像人生失去了美。希臘人的人生哲學，可以用一句話來概括：kalos k'agathos

，前面一個字kalos，是『美』，後面一個字agathos，是『善』，中間一個k'是kai的簡寫，是『和』的意思。希臘人認爲，人生最高的境界就是達到kalos k'agathos，美與善合一。善，存在於理中，美，表現在音樂裏，所以，希臘人自稱『理樂之邦』，和中國人自稱『禮義之邦』，是很有趣的東西文化對照。」

我靜靜地聽着。

「不過，」司神父說，「中國人講『禮』，卻只是虛禮——面子，『理』則受到壓抑，不能伸張。且音樂的藝術功能，在整個中國文化發展中，一直受不到重視，連帶和文學結合的戲曲，也發展得很遲，直到十三世紀元朝，蒙古的統治者，還不懂向中國民間藝術伸出政治高壓的巨掌，中國戲曲才開始得到萌芽。」

中國人的禮，就是面子，司神父的話像一記春雷。

「另外和音樂相關的詩歌，中國也和希臘詩歌，大不相同，」司神父說，「中國人沒有史詩（epic），沒有像荷馬那樣壯闊的史詩。中國人的詩，常常只寫一己、一時、一地的感受。詩意（image）雖美，但只注重個人，不着重對大自然的觀察和描寫。即使寫，也只是用來烘托個人的感受，更不要說對整個民族觀照的史詩。還有一點奇怪的是，蒙古人和漢人不同，蒙古人有史詩。」

「這個原因是什麼？」我問。

「我還不是很清楚的知道，只是發現這個現象。也許妳可以告訴找，中國人爲什麼輕視這些？」

聽到司神父的問題，然而，我的思維卻仍環繞在他前面講的那句話上：「中國人的禮，就是面子。」久久不去。使我回想起，不久前和司神父一起用餐的一幕：台北市中山北路二段，有一家裝潢十分高雅考究，取個洋名叫 Royal，中譯作「老爺」的餐廳，三樓的明宮廳供應中國菜。我們去的那天，生意非常好，等了一會兒，終於等到一張剛空出來的桌子。司神父和我坐定後，女侍把前面客人吃剩的菜肴撤去，就在染了一攤醬油汚漬的白桌布上，加鋪一小塊橘紅方巾，立刻擺上我們的碗筷。她的動作，嫻熟而自然。司神父等女侍走開後，指着露出醬油汚漬的白桌布，說：

「妳看，這就是面子！加上一塊小紅巾，就有了『面子』，下面是什麼，骯不骯髒，就不需要計較了。」

平時，常聽到有人說：

「這是太不給面子了……」

「不給面子，就是存心跟我過不去嘛！」

「賞臉的話，請……」

「這樣做，眞是夠有面子……」

這類話，在我們日常生活中，豈不比比皆是！在這一張張「面子」之下，我們中國人是不是忽略了「裏子」？我們的生活中，類似「老爺餐廳」高貴的金碧輝煌之下，掩蓋着多少醬油汚漬，又有多少人注意到？

神遊到這裏，才想起我無法回答司神父的問話，於是我問：

「你是語言學家，從語言上，中國人的思考方式和西方人有什麼不同？」

「中國人的語言，和其他國家的語言，並沒有不同，」司神父簡潔的說，「中國人常常喜歡自負的說，中國語言是獨一無二的，這個態度和世界上許多國家的人的態度一樣，其實，這是膚淺、幼稚的說法。」

「中國語言動詞沒有時態變化，」我說，「名詞沒有單數、多數之分，不是和西方語言不同嗎？」

「那只是表達方式不同，並不是語言系統、思考邏輯上的不同。例如：中國人用『過』『了』，表示時態，用『兩個』『三個』表示數量，並不是說中國人沒有時態或數量觀念。中國人可以用語言，把思想表達得非常精確。問題關鍵在，中國人想不想表達得清楚？如果他不想表達清楚，他就可以表達得很模糊。」

「請作進一步說明。」我請求。

「中國語言在文法上，可以省略主詞，英文卻絕對不能。因此，你如果存心想講不清楚，也可以用語言使別人誤會，」司神父說：「中國人在語言上，並不特殊，我認爲眞正特殊的是中國的文學，那裏面有中國人特有的精神。可是，現在研究自己文學的中國人，偏偏拿中國的文學來和西方文學並論，用西方人研究文學的方法來做『比較文學』，用這個方法研究中國文學，是行不通的。」

「你的意思是說，語言只是傳達觀念的工具，觀念差異，言語就有差異，是嗎？」我問。

司神父同意的點點頭。

「你認爲是什麼樣的觀念，影響中國人生活形態最大？」我接着問。

司神父直截了當針對我所盼望聽到的主題，說：

「我認爲造成中國社會落後，有一個原因來自中國人受儒家思想的影響太大。孟子說：『勞心者、治人；勞力者、治於人；治於人者、食人；治人者、食於人。』這句話支配了中國知識份子的思想和行爲，使中國人的知識，無法實驗。知識和技術，無法運用在日常生活上。而西方的學者，往往是手拿釘鎚、斧頭的人。在西風東漸之前，中國學者，是不拿工具，不在實驗室中做工的。西方的知識、技術，卻在實踐的過程中，獲得不斷的修正和突破。而中國人縱有聰明的思考力，精於算術，很早能發明火藥、羅盤、弓箭，卻沒有辦法推動科技，發展機械文明。因爲，在儒家思想影響之下，高級知識份子的領導階層，輕視用手做工。機器的發明與運用，只限於末流的平民階段，大大的阻礙了知識的發展。」

我承認這是中國士大夫階層的特徵。

「身居領導地位的知識份子，高高在上，和大眾生活脫節，知識的斷層，使中國人思考與行爲分家，嚴重的妨礙中國社會的進步。」司神父提起一位已故的中國考古學家李濟先生，他說：

「其實，以上這個見解，是李先生說的，我只是同意他的意見而已。」

李濟先生當年在河南安陽，親自參與挖掘古物出土，結果被人誤當作幹活的粗人的經驗，使他說了上面一段話。而司神父在山西大同一帶，做民俗、歌謠、語言的研究工作時，由一位乞丐帶着他深入民間，到處尋訪。他曾經用一個制錢換一句俚言的方法，向圍繞在他四周的中國孩子，交換俚語。而當地的人，對他這種行徑，視做怪誕，甚至把他當作一個瘋子。所以，司神父覺得中國人的學問，完全被儒家士大夫的傳統觀念架空。

「另外，阻礙中國變成一個現代化國家的原因，是缺乏法治和民主的觀念，」司神父繼續他的話，「中國的法律，從很早開始，有唐律、宋律、明律、清律，但，基本觀念只有一種，就是犯罪法，也就是人觸犯了法律，應接受什麼樣的刑罰。而羅馬法基本上有二：一是公民法，讓人民知道，天生下來自己有什麼權利。另一才是犯罪法，讓人民知道，觸犯了刑案，得受什麼處罰。這二者相輔相成，既保護自己，也保護他人。所以，人民對法律產生重視和遵守的心理。

反觀中國，在西化之前，人民對自己的權利毫無概念，甚至連一己的性命，都認爲是君王所賜，更遑論其他。傳統中國社會中，權勢假道德之名行使統治，領導階層稱爲民之父母，人民只知道服從權威，完全沒有現代法治的觀念，這是基本上很大的錯誤。

在這種單軌法律統治之下，中國人不知道法是可以保護自己的規則。所以，對法律只有產生畏懼、逃避，甚至枉法、違法，基本上是因爲不知道尊重法律的緣故。」

司神父下了一句斷語：「在現代化的社會中，孔子那個時代『以德化民』的政治理論，完全沒有立足餘地。」停了一會，司神父看我保持沉默，他繼續說：

「一個國家在上述那種單軌法律治理下，五千年之久，不是一代、兩代就能改變，因爲人民一下子還不能去掉根深蒂固的思想。所以，也不能怪人民，這實在是歷史文化累積的結果。譬如，今天的中國人仍然對民主毫無概念。」

「我們已有選舉和立法機構。」我說。

「世界上沒有一個一黨專政的國家，是民主國家。所以，雖然有選舉和立法機構等民主的外形，卻沒有實質，」司神父說，「民主是現代化國民的生活方式，人民必須知道怎麼樣做一個國民。受了苦要知道怎麼樣去奮鬥、爭取，不是只坐着等政府來改善。我最常聽到中國人民對不合理的事的抱怨是：『沒有辦法！』對空氣汚染如此，對交通紊亂也如此，一切都『沒有辦法！』」

司神父感慨的說：「歸根究底是，中國人民並不眞的想改善！」

「請你再說說，」我說，「中國人受了那麼多苦難、專制、腐敗、戰爭、貧窮、外侮、內亂，層出不窮，是不是這些阻礙了中國的進步？而且，世界上別的國家受難之後，很快能復興，爲什麼中國不能？」

司神父思如泉湧，情感澎湃，表現出他對中國觀察之深，對中國人寄望之殷。聽到我提出這個問題，他一口氣提出了下面幾個看法。

他認爲中國復興得慢，起碼有幾個原因：

第一，中國人只有家的觀念，沒有國的觀念，中國人的美德、忠誠、愛心、保護力，都以家爲目標，一切努力，到此爲止。

司神父說：「中國人的心目中，國家是一部收稅的機器，也是一部剝削人民的機器。因爲，在上位的人不管人民是怎麼過活，他本身是這部機器的受益人，在下位的人民，是這部機器的被剝削者，他沒有辦法抗拒剝削，變成一種惡性循環（Vicious Circle）。」

「你會不會太悲觀了一點？」我問：「你不覺得我們在進步？」

「也許是有點悲觀，但大致上說來，我覺得中國進步得太慢。至少，中國人對國家的觀念，到目前仍是一成不變，」司神父心情沉重，說，「中國有些在上層領導的人物，本身是個好人，可是，他們就是不懂別人是怎麼活的。這種上下層人物不能溝通，是很可悲的。又有些人，從貧窮出身，但，一旦當權之後，不但不再設身處地，站在原來自己那個階層發言，甚至，故意不提自己的出身，反而認爲窮人是懶惰、活該。」

司神父引用自身一個例證，提明中國人很怕面對自己的弱點。他從書架上拿出一疊資料，翻出一篇台北一位名詩人楊君的詩，拿給我看。「我知道他，楊君是他寫詩的筆名，他姓王，曾經在台大……」我的話未完。

「這是一九七六年，他在西雅圖華盛頓大學時寫給我的詩：〈獻給一位比利時漢學家〉

。因爲，他當時需要一份教職，要我介紹他到華盛頓大學任教，本來他對我很尊敬，也很感激。但，有一回，他在課堂上講授詩歌，他的學生對他的講法有疑問，轉來請教我，而我的講法和他有所牴觸，從此，他就不再理我了。這次在我來台灣之前，曾寫信給這位先我回台任教的詩人楊君，他竟不回我的信，那麼，使我覺得他以前的獻詩是一種僞造的作品。」司神父一面說，一面摩挲着楊君寫給他的詩，我接過來，看到詩句中說：

你看到每棵樹都在長大繁榮枯萎
而且互相支持着護衛着

我感覺得到，這位曾經受過司神父推薦的中國詩人楊君，已經在司神父的心中枯萎了。

司神父忽然振作的說：

「我們再來談國家問題吧。」

第二，中國文明發展到淸初，達到了極點，自以爲四海之內，唯我獨尊，閉鎖的心態使中國對外來的一切，毫無心理準備去接受，老大與僵固，封鎖了中國人向外學習的能力。

第三，中國人被船堅砲利的事實說服，發現必須向西方吸收科技時，中國在內政上矛盾與衝突百出，在派人到西方學習科技的主張上，也缺乏一套統一的政策。和日本相比較，日本可就有計畫得多。他們一旦認定這是生存之道，馬上選派最好的人才，到西方去深造。

「我親眼看到那時被派到比利時的中國留學生，」司神父說，「有些資質不好，通不過考試，被學校淘汰，卻從此居留下來，中國政府沒有想辦法更換。日本則不然，日本在選派人才時，十分嚴格甄選，一旦在外成績不佳，馬上另派人來替換，而且，學成之後，一定要回國建設。中國的留學教育，就缺乏這樣一套有效的辦法。」

第四，中國民族性不如以色列強悍，中國人一切聽天由命慣了，以色列人則還擊力（fight back）很強，遇到苦難，他們會掙扎，要對方付出代價。中國人是「算了，算了。」一句話，一筆勾銷。

第五，中國人不知道法治爲何物，德國人則向來唯法是從，對紀律之重視，舉世無匹。所以，希特勒只是因緣際會，在優秀的日爾曼人身上，建立自己的功勳，並不是他本身有多大能耐，而是人民訓練有素。正因此，二次戰敗後的德國，很快就找到自己復興的軌道。中國人的「沒有辦法」，與德國人的「守法」，正好相反。

「從以上五點來看，中國人之所以復興得慢，實在是有以致之。」

司神父結束了縱橫的議論，久久無語。

「你知道嗎？」在沉默了一陣之後，司神父說，「我是一九三七年到中國來的。在我來中國之前，很早就對中國好感與好奇。我十四歲時，第一次讀到利瑪竇到中國的故事，種下了我日後到中國的種子。另外有件事，使我對中國人困惑不解，更促成了我親自到中國來的動機。」

司神父曾經讀到一篇報導賽珍珠（Pearl Sydenstricker Buck）在紐約，應中國留學生邀宴的文章，賽珍珠在筵席間當場宣布，她準備把中國古典小說《水滸傳》，翻譯成英文，向西方人介紹中國文學時，在紐約的中國留學生，登時提出異議，這些留學生認爲把中國下層社會的黑暗面，打家劫舍，殺人越貨，吃人肉等殘酷的暴行，介紹到外國去，無疑是一件丟中國人臉的事，他們希望賽珍珠翻譯一本描寫中國人純潔無邪的書。司神父對這些留學生的意見，感到異常震驚，他說：

「他們是高級知識份子，卻持這樣的看法，認爲《水滸傳》是中國人的恥辱，難道不知道世界上無論什麼地方的人，都有情欲，都有人性的黑暗面，有誰會因莎士比亞寫邪惡的人物、淫蕩的女子，就會輕視英國的文化？因此，這些中國留學生給我的印象是，他們自欺得厲害。這種『自欺』（Self-delusion），實在是中國人的好面子，喜歡矇騙一切眞相的根本原因。」

「中國人有沒有優點？」我想從另一個角度，看看這位外國人對中國人的評價。

「當然有，」司神父首先舉出了『忠心』（loyalty），「和中國人相處，開始時他們很多疑，但一處久了之後，他們對人非常忠心。」

「什麼叫『忠心』？」我問。

「譬如，他們會竭盡所能來幫助你，爲你服務，保護你。中國人當他們一旦和你成爲眞正的朋友時——雖然，那往往要經過很長的時間，他願意無條件爲你做許多事，且不求回報。

其次，中國人很富於外交能力。中國人天生就富口才，個個是外交家。即使目不識丁的文盲，他們都有很強的說服力，他都有令人難以拒絕的本領，使你為了說一個『不』字，感到很不好意思。」

「那算是優點嗎？」我問。

「起碼，那是一種性格的特質（quality），」司神父說，「中國人的忍耐力是驚人的，是巨大無比的。」看過中國農村貧苦生活的面目，體驗過中國人近代亂紛迭起的變遷，司神父說，「我沒有看過比中國更能吃苦的民族。」

「另外一點，」司神父繼續說，「中國人對知識學問充滿了崇仰，學習被看作很重要的事。」

「柏楊說，中國人喜歡上學，卻不喜歡讀書，」我提出質疑，「你以為如何？」

「中國人的確喜歡上學，對學習甚至崇敬般感動，但，他們的動機我還不清楚。」

在語言學和甲骨文中鑽研數十年，躋身於中國學術界最高階層——中央研究院的司神父說，「在中國，絕大多數時候，我都和中下階層的中國人相處，偶然才和上流社會的中國人打交道。我發現上流人士中，有許多正派、高尚又仁慈的人，然而，有一項不變的事實是：這些上流人士對中國傳統社會體制中產生的嚴重不公，毫無知覺——這種社會體制目前仍持續保持。雖然，他們有時慈悲為懷，但，身為高級知識份子，他們對這種不公應負責任，應採取變革，竟毫無概念。從頭到尾，他們一貫的想法，就是不要任何改變。」

我想起寫《資治通鑑》的司馬光，正是這樣一個典型。

「保持既有，不求改變，正是儒家的精神，」司神父見我墜入沉思，繼續高昂的說，「中下階層的小市民當然在整個國家現代化的建設中，並不是完全清白無辜，但，他們那種對苦難的承擔，和無休無止做苦力的精神，與生俱來的謙卑和殷勤，實在是令我心折，儘管他們語言粗魯，但，在我的面前，他們從不失敏感和纖細。」

從客觀立場來評估中國傳統文化的司神父，在他發表了那麼豐富的言論之後，我想聽聽他再談談儒家。

「你對儒家是全盤否定？」我問。

「應該這麼說，」司神父又補充說，「對儒家負面影響的看法，我曾經遭受過很強烈的反對，我必須承認，這個問題的看法，有許多不同的角度。但，總括來說，後來的儒家學派，對中國社會是一點助益也沒有。雖然，在早期儒家著述中，『對暴政有革命權利』的思想，偶然也曾靈光一閃，但，卻後繼無人，即使有，也不曾發生過影響力！」

「我提出了中國人那麼多的缺點，我想我一定完了，大概有很多人會因此憤怒不已，」司神父重提他的憂慮，他認爲一個外國人要批評中國人是一件危險的事，因爲忠言畢竟逆耳，「不過，我這些『醜話』，一點也沒有『醜化』中國人的意思。有些人是沒有辦法懂的，就好像我常常找不到東西時，我會開玩笑的向旁邊的人說：『我眞的需要一位太太來幫我的忙！』立刻就有人覺得我的話驚世駭俗，把我當做一個行爲不檢的神父來看待，妳說糟不糟！」

「我聽得懂你的話，」我告訴司神父，我說，「我完全懂你的意思，因為，我也常常找不到東西，我比你更需要一位太太。」

國家圖書館出版品預行編目資料

醜陋的中國人 / 柏楊作. -- 初版. -- 臺北市
: 遠流, 2008.05
面；　公分. --（柏楊精選集 ; 37）
ISBN 978-957-32-6315-9（平裝）
1. 民族性 2. 中國

535.72　　97008435

柏楊作品一覽表

1. 柏楊版資治通鑑
2. 柏楊版通鑑紀事本末
3. 柏楊全集
4. 【倚夢閒話】
 4-1 玉雕集
 4-2 怪馬集
 4-3 堡壘集
 4-4 聖人集
 4-5 鳳凰集
 4-6 紅袖集
 4-7 立正集
 4-8 牽腸集

16. 祕密
17. 莎羅冷
18. 曠野
19. 掙扎
20. 怒航
21. 天涯故事
22. 凶手
23. 蝗蟲東南飛
24. 古國怪遇記
25. 打翻鉛字架
26. 中國人史綱
27. 中國帝王皇后親王公主世系錄
28. 中國歷史年表
29. 【帝王之死】